|交通运输科技示范工程系列成果|

滨海地区高速公路
低影响高品质改扩建创新技术与应用
——广西钦北高速公路实践

▶覃炳贤 徐 剑 著

人民交通出版社
北京

内 容 提 要

本书以交通运输部科技示范工程"广西滨海地区高速公路低影响高品质改扩建科技示范工程"为依托,围绕安全快速施工与通行能力保障、废旧材料循环再利用、品质提升及出行服务功能提升等领域的技术研究和示范应用展开论述,总结科技示范工程的创新成果和管理经验。

本书可供公路改扩建工程的设计、施工、监理和管理等人员参考,亦适合高等院校相关专业教师、研究生学习参考。

图书在版编目(CIP)数据

滨海地区高速公路低影响高品质改扩建创新技术与应用:广西钦北高速公路实践 / 覃炳贤,徐剑著. — 北京:人民交通出版社股份有限公司,2024.3
ISBN 978-7-114-18963-0

Ⅰ.①滨… Ⅱ.①覃…②徐… Ⅲ.①海滨—高速公路—改建—道路工程—研究—广西②海滨—高速公路—扩建—道路工程—研究—广西 Ⅳ.①U418.8

中国国家版本馆 CIP 数据核字(2023)第 160937 号

Binhai Diqu Gaosu Gonglu Di Yingxiang Gao Pinzhi Gai Kuojian Chuangxin Jishu yu Yingyong
——Guangxi Qinbei Gaosu Gonglu Shijian

书　名：	**滨海地区高速公路低影响高品质改扩建创新技术与应用** 　　　**——广西钦北高速公路实践**
著 作 者：	覃炳贤　徐　剑
责任编辑：	周佳楠　朱伟康
责任校对：	孙国靖　卢　弦
责任印制：	刘高彤
出版发行：	人民交通出版社
地　　址：	(100011)北京市朝阳区安定门外外馆斜街 3 号
网　　址：	http://www.ccpcl.com.cn
销售电话：	(010)59757973
总 经 销：	人民交通出版社发行部
经　　销：	各地新华书店
印　　刷：	北京市密东印刷有限公司
开　　本：	787×1092　1/16
印　　张：	19.75
字　　数：	322 千
版　　次：	2024 年 3 月　第 1 版
印　　次：	2024 年 3 月　第 1 次印刷
书　　号：	ISBN 978-7-114-18963-0
定　　价：	100.00 元

(有印刷、装订质量问题的图书,由本社负责调换)

本书编写组

主　　编： 覃炳贤　徐　剑

副 主 编： 王　杰　王泽能　杨凯吕　熊剑平

参编人员： 谢树志　常　嵘　李用鹏　谭泽文　韦港荣　张洪刚
农纪源　王敏华　何升锋　陈修阳　周　彰　陆弘任
高　明　陈南波　李瑞娇　权　磊　张仰鹏　刘卫东
武珂缦　孙明志　赵美玲　倪　栋　赵娜乐　贾　宁
王　丹　张杜锋　周　健　韦程元　梁　胡

前 言

"十四五"时期是开启全面建设社会主义现代化国家新征程、向第二个百年目标进军的第一个五年，也是凝心聚力建设新时代中国特色社会主义壮美广西的关键五年。广西拥有沿海、沿边、沿江的独特区位优势，在推动共建"一带一路"高质量发展、高水平共建西部陆海新通道、服务构建新发展格局等战略中具有重要地位。广西作为首批交通强国建设试点省区市之一，地理位置优越，是西南地区连接东盟国家的"桥头堡"，肩负"三大定位"新使命和"五个扎实"新要求，志在打造"南向、北联、东融、西合"全方位开放发展新格局。

广西钦北高速公路是《国家公路网规划》的重要组成部分，是西部陆海新通道中"三出海"主通道的重要公路通道组成部分，也是北部湾地区乃至我国西南地区对接粤港澳大湾区建设的重要公路通道，还是与东盟进行经济贸易便捷的大通道，在国家高速公路网中具有十分重要的地位和作用。

依托钦北高速公路，广西承担了本地有史以来第一个交通运输科技示范工程——"广西滨海地区高速公路低影响高品质改扩建科技示范工程"。按照科技示范工程"紧扣工程特点，贴近建设需求，突出典型示范"的总体思路，针对钦北高速公路改扩建工程沿边路、沿海路、疏港路、生态路、旅游路的项目特点，以及征迁困难多、保通压力大、安全保障难、服役环境差、环保控制严、智能需求大的工程难点，紧扣"低影响、高品质"改扩建主题，立足广西滨海地区高温、高湿、高腐蚀施工环境，集中开展了安全快速施工与通行能力保障、废旧材料循环再利用、品质提升及出行服务功能提升共计4个专项、多个子项目的技术研究和示范应用，总结形成了一批可复制、可推广的，引领广西、示范全国、辐射东盟的高速公路改扩建工程系列科技成果及实践经验，为建成人民满意、保障有力、世界前列的交通强国以及"走出去"战略做出了积极贡献。

本书共分为6章。第1章阐述了依托工程概况及项目建设的特点与难点。第2章至第5章按照安全快速施工与通行能力保障技术、废旧材料循环再利用技术、工程品质提升技术、出行服务功能提升技术4个方面，分别从技术简介、实施方案及实施效果等方面，详细阐述了各项子项目的关键技术成果。第6章为改扩建科技示范工程的成果与经验总结。

鉴于编写时间仓促、水平有限，书中难免存在疏漏和不足之处，恳请广大读者批评、指正！

作　者
2023年8月

目 录
catalogue

第 1 章　概述　　　　　　　　　　　　　　　　　　　　　　　**001**
　■　1.1　项目概况……………………………………………………… 003
　■　1.2　项目建设意义 ……………………………………………… 004
　■　1.3　项目特点与工程难点 ………………………………………… 005
　■　1.4　科技示范的必要性 …………………………………………… 008
　■　1.5　实施内容……………………………………………………… 009

第 2 章　安全快速施工与通行能力保障技术　　　　　　　　　　**011**
　■　2.1　桥（涵）下部桩柱一体化的装配式快速施工 …………… 013
　■　2.2　基于智能汇合控制和主动安全预警的施工期交通
　　　　　安全动态管控技术 ………………………………………… 026
　■　2.3　软土及占地受限区泡沫轻质混凝土路基修筑技术 ……… 033
　■　2.4　预制混凝土管桩软基处理技术 ……………………………… 042
　■　2.5　移动钢护栏应用技术 ………………………………………… 052
　■　2.6　技术小结……………………………………………………… 059

第 3 章　废旧材料循环再利用技术　　　　　　　　　　　　　　**061**
　■　3.1　废旧混凝土全组分再利用技术 ……………………………… 063
　■　3.2　高速公路废旧护栏修复翻新再利用技术 …………………… 084
　■　3.3　基于镍铁渣的复合吸声屏障技术 …………………………… 090
　■　3.4　钢渣混凝土安定性及质量提升应用技术 …………………… 098
　■　3.5　蔗渣纤维制备技术及其在沥青路面工程中的
　　　　　示范应用…………………………………………………… 110
　■　3.6　技术小结……………………………………………………… 134

第4章　工程品质提升技术　　137

- 4.1　复合改性橡胶沥青与水泥面板组合式耐久性
  路面技术⋯⋯⋯⋯⋯⋯⋯⋯⋯⋯⋯⋯⋯⋯⋯⋯⋯⋯⋯ 139
- 4.2　基于内养生原理的滨海地区机制砂混凝土
  抗腐蚀技术　⋯⋯⋯⋯⋯⋯⋯⋯⋯⋯⋯⋯⋯⋯⋯⋯⋯ 162
- 4.3　机械发泡型温拌沥青混合料节能生产技术 ⋯⋯⋯⋯⋯ 179
- 4.4　BIM + GIS 公路工程正向设计技术⋯⋯⋯⋯⋯⋯⋯⋯ 207
- 4.5　一线工人驻地社区化管理体系应用 ⋯⋯⋯⋯⋯⋯⋯⋯ 212
- 4.6　技术小结⋯⋯⋯⋯⋯⋯⋯⋯⋯⋯⋯⋯⋯⋯⋯⋯⋯⋯ 223

第5章　出行服务功能提升技术　　225

- 5.1　全厚式透水路面与零坡段路表快速排水技术 ⋯⋯⋯⋯ 227
- 5.2　人文地域特色服务区建造技术　⋯⋯⋯⋯⋯⋯⋯⋯⋯ 246
- 5.3　路域景观融合提升技术 ⋯⋯⋯⋯⋯⋯⋯⋯⋯⋯⋯⋯ 264
- 5.4　基于安全提升的新一代交安设施应用技术 ⋯⋯⋯⋯⋯ 284
- 5.5　技术小结⋯⋯⋯⋯⋯⋯⋯⋯⋯⋯⋯⋯⋯⋯⋯⋯⋯⋯ 293

第6章　成果与经验总结　　295

- 6.1　科技示范成果 ⋯⋯⋯⋯⋯⋯⋯⋯⋯⋯⋯⋯⋯⋯⋯⋯ 297
- 6.2　技术创新成果 ⋯⋯⋯⋯⋯⋯⋯⋯⋯⋯⋯⋯⋯⋯⋯⋯ 303
- 6.3　实施经验总结 ⋯⋯⋯⋯⋯⋯⋯⋯⋯⋯⋯⋯⋯⋯⋯⋯ 304
- 6.4　行业贡献⋯⋯⋯⋯⋯⋯⋯⋯⋯⋯⋯⋯⋯⋯⋯⋯⋯⋯ 306

参考文献　　307

第1章 概 述

第1章 概述

广西滨海地区高速公路低影响高品质改扩建科技示范工程依托广西钦州至北海高速公路(以下简称钦北高速公路)改扩建工程,充分发挥科技创新优势,推动科技成果集成应用和快速转化,形成引领广西、示范全国、辐射东盟(东南亚国家联盟)的高速公路改扩建工程系列科技成果,用科技示范为钦北高速公路改扩建工程"畅通钦北路,乐游北部湾"建设理念、"建一流改扩建高速公路,创北部湾百年动脉工程"目标提供有力保障,为打造向海经济提供强大的公路交通运输支撑。

1.1 项目概况

1.1.1 项目背景

为加快交通运输行业科技成果转化,充分发挥科技在转变发展方式、发展现代交通运输业中的支撑和引领作用,交通运输部组织实施了一批科技示范工程,有力地推动了新技术、新材料、新工艺的推广和应用,并有效促进了工程建设理念、质量和技术水平的提升,对经济、社会和生态产生了良好的效益。

兰州至海口高速公路广西钦州至北海段是《国家公路网规划》(发改基础〔2022〕1033号)中的重要组成部分,是《西部陆海新通道总体规划》中三条出海主通道的重要公路通道组成部分,也是北部湾地区乃至我国西南地区对接粤港澳大湾区建设的重要公路通道,还是与东盟进行经济贸易便捷的大通道,在国家高速公路网中具有十分重要的地位和作用。

广西滨海地区高速公路低影响高品质改扩建科技示范工程依托钦北高速公路改扩建工程,针对其沿边路、沿海路、疏港公路、生态路、旅游路"五路"的项目特点,以及征地拆迁困难多、保通压力大、安全保障难、服役环境差、环保控制严、智能需求大的工程难点,紧扣"低影响、高品质"的改扩建主题,立足广西滨海地区高温、高湿、高腐蚀施工环境,集中开展安全快速施工与通行能力保障、废旧材料循环再利用、工程品质提升及出行服务功能提升等领域的技术研究和示范应用,总结形成可复制、可推广的广西滨海地区高速公路改扩建成套技术及实践经验。通过合理运用新技术,最大限度地降低高速公路改扩建工程对沿线生态环境、交通运行和沿线居民的影响,让人民群众以安全舒适、社会物资以高效畅通的方式穿越滨海地区,促进交通、生态、旅游、文化的高品质融合发展，有机串联起海洋经济和陆域经济，实现陆海经济互动融合。

广西壮族自治区是全国第一批13个交通强国建设试点省份之一，依托本项目可取得广西滨海地区高速公路改扩建工程相对完善的系统性成果，培育若干在交通强国建设中具有引领示范作用的试点项目，形成一批可复制、可推广的先进经验和典型成果，在交通强国建设试点领域实现率先突破，为建成人民满意、保障有力、世界前列的交通强国以及"走出去"战略做出积极贡献。

1.1.2 依托工程概况

钦北高速公路位于广西壮族自治区钦州市及北海市境内，是广西壮族自治区北部湾经济区的骨架公路，分为主线兰海高速公路钦州至山口段、北海支线两段。根据《国家公路网规划》，主线钦州至山口段是国家高速公路网"7射、11纵、18横"主干线中兰州至海口高速公路(G75)的重要组成部分，北海支线是泉南高速公路的联络线柳北高速公路(G7212)的重要组成部分。

钦北高速公路改扩建工程是在国家深入推进"西部陆海新通道"建设背景下实施的项目，总里程139.479km，设计速度120km/h。其中，主线起自六钦高速公路南北枢纽，止于桂粤交界处桂海收费站，全长111.879km，采用"四改八"外侧加宽为双向八车道，路基宽42m；北海支线起自主线石湾互通，止于北铁互通，全长27.600km，采用"四改六"内侧加宽为双向六车道，路基宽33.5m。项目批复概算总投资140.3739亿元，建设工期4年，2019年12月26日正式开工，2023年完工。

钦北高速公路改扩建工程主要工程量：特大桥4279m/1座，大桥2718.76m/10座，中小桥2249.48m/53座；涵洞5088m/305道，通道3648m/219道；路基填方476万m^3，挖方828万m^3；路面垫层304.1万m^2，水稳基层276.1万m^2，混凝土基层271.0万m^2，沥青混凝土下面层694.0万m^2，中面层551.3万m^2，上面层532.8万m^2；互通式立交12处，分离式立交23处；服务区4处，收费站7处。

1.2 项目建设意义

打造向海经济是一种新的经济发展模式，在深化对外开放格局、推动国内经济转型升级与高质量发展方面具有重要意义。向海经济是以科技创新为驱动，以生态文明建设为保障，以完善现代海洋产业体系、有效衔接陆海通道、实现陆海经济互动融合为目的的开放式经济新模式。打造向海经济，先要有一个便捷高效的公路交通运输网络骨架，通过构筑面向东盟的大通道，建立西南、中南地区开放发展的战略支点，从而为向海经济的发展提供强大的公路交通运输支撑。

钦北高速公路改扩建工程的实施必将促进沿线中心城市和沿线地区迅速形成经济带，大大改善投资环境，对完善沿海港口高速公路网、增强沿海港口集疏运能力、加大区域内路网密度，以及形成较为完善的连接国内周边地区公路出海通道网络和通往东盟地区的国际大通道有着重要意义。

随着中国—东盟自由贸易区 2010 年 1 月 1 日正式全面启动，钦北高速公路的地位也随之变得更为重要。同时，根据北部湾港口规划，2030 年广西壮族自治区北部湾港口货物吞吐量将达 5 亿 t，大量货物的集疏需求令港口与内地经济腹地的联系进一步加强，对大运量的交通需求更加强烈。因此，钦北高速公路改扩建工程的实施，将有机地串联海洋经济和陆域经济，实现陆海经济互动融合，通过"以路促海"提升向海经济驱动力。

1.3 项目特点与工程难点

基于钦北高速公路的区位优势和战略地位，该项目具有沿边路、沿海路、疏港公路、生态路、旅游路的"五路"特点，存在征地拆迁困难多、保通压力大、安全保障难、服役环境差、环保控制严、智能需求大的六大工程难点问题。具体如下：

(1) 征地拆迁困难多，集约节约用地要求高。本项目地处我国广西滨海地区，沿线经济较为发达，土地资源附加值高，土地供需矛盾突出，见图 1.3-1。项目实施过程中与沿线其他工程交叉制约因素较多，如与其他高速公路、国道等道路交叉或相接，跨越既有铁路与规划铁路（图 1.3-2），既有公用设施拆迁，林业用地征地拆迁等，要求尽可能集约节约用地，减少土地占用。

(2) 保通压力大，高效快速施工要求高。钦北高速公路是国家高速公路网的重要组成部分，是广西壮族自治区首府南宁与北海、钦州、防城港三市的便捷联系通道，是广西壮族自治区北部湾经济区的骨架公路，是国内与东盟进行经济贸易便捷的大通道，也是我国中西部地区的出海大通道，交通量繁重，无法长时间中断交通施工，见图1.3-3。因此，要求改扩建工程必须在不封闭交通的条件下实施，这对工程的高效快速施工提出了很高要求。

图1.3-1　沿线城镇分布密集

图1.3-2　既有路线上跨铁路桥

图1.3-3　工程实施过程中现场拥堵情况

（3）安全保障难，工期交通组织要求高。不封闭交通条件下的改扩建施工放大了安全生产的复杂性、艰巨性和风险性，对项目施工的结构安全、施工安全和交通安全以及重大事故发生时的应急疏导和救援工作提出了更高的要求。交通安全应急救援及施工期交通组织见图1.3-4、图1.3-5。

图1.3-4　交通安全应急救援

图1.3-5　施工期交通组织复杂

（4）服役环境差，耐久性能提升要求高。钦北高速公路所处地区的太阳年辐射量 104.6～108.8kcal/cm²，年平均降雨量 1600～2000mm，属于典型的高温、高湿、高腐蚀的工作环境，见图 1.3-6。较不利的工作环境对材料的耐久性和结构全寿命周期的性能设计提出了更高的要求，凸显了质量和品质管控风险。

图 1.3-6 混凝土墩柱的腐蚀及软土地基

（5）环保控制严，节能减排降耗要求高。北部湾亚热带海洋景观、壮乡人文资源独特，生长着中国天然林面积最大的红树林。本项目穿越山口国家红树林自然保护区、钦州八寨沟等国家自然风景区以及多个饮水保护区，环境保护要求高，见图 1.3-7～图 1.3-9。此外，项目沿线区域植被资源丰富，陆地植物共 228 科、931 属、近 2000 种，其中乔木 670 种，分别占广西和全国乔木树种的 60% 和 23%，生态保护压力大。

此外，项目所在地经济发达、生态敏感，对改扩建工程产生的大量废旧桥梁混凝土、废旧护栏、废旧路面材料，如不进行再生利用，将会对生态环境保护产生巨大压力；公路建筑材料供应紧张，优质河砂等来源受到严格限制，也会对工程建设质量和进度形成巨大挑战。

图 1.3-7 钦北高速公路沿线植被景观

图1.3-8 山口国家红树林自然保护区

图1.3-9 钦州八寨沟

（6）智能需求大，信息化智能化要求高。钦北高速公路交通量繁重，高峰时段交通压力大，拥堵现象极为常见，与百姓对便捷、舒心出行的期盼存在较大差距。在主体基础设施扩容的同时，还要推进信息化、智能化赋能交通发展，使交通系统具备感知、互联、分析、预测、控制等能力，以充分保障交通安全、发挥交通基础设施效能、提升交通系统运行效率和管理水平，为通畅的公众出行和可持续的经济发展服务。

1.4　科技示范的必要性

本项目对广西所有在建工程项目均具有很强的辐射带动效应，对推动广西交通科技水平提升和科技成果应用具有重要意义。

1）钦北高速公路改扩建工程的科技示范带动价值巨大

（1）地处广西壮族自治区北部湾区域的钦北高速公路，集湿热多雨地区、生态敏感地区、经济发达地区、临海沿边地区于一体，极具地域特点和代表性，形成的科技成果对我国东南沿海地区高速公路工程具有很好的示范和借鉴价值。

（2）本项目属于改扩建工程，这是未来我国高速公路发展的主要工程类型之一，也是工程科技水平需求最大的领域之一，形成的科技成果对我国的高速公路改扩建工程有广泛的示范和借鉴价值。

（3）钦北高速公路地处北部湾，是与东盟进行便捷经济贸易的大通道，是西部陆海新通道中"三出海"主通道的重要公路通道组成部分，通过科技示范工程形成的"广西经验"，对东盟国家极具辐射带动效果，有助于我国"走出去"战略的实施。

2）开展科技示范是高质量完成钦北高速公路改扩建工程的现实需要

钦北高速公路改扩建工程面临征地拆迁困难多、保通压力大、安全保障难、服役环境差、环保控制严、智能需求大等工程难点，对工程建设质量与进度、生态环境保护、百姓日常交通出行等有着巨大影响，急需通过科技示范工程进行科技成果推广，推动新技术、新材料、新工艺应用，化解工程难题，保障钦北高速公路改扩建工程高质量完成。

3）开展科技示范对推动广西交通科技水平提升和成果应用具有重要意义

广西交通运输行业高度重视交通科技创新和科技成果推广应用，迫切期待通过开展科技示范工程，突破交通建设重大关键技术，实现科技成果集成应用和快速转化，推动广西优势交通科技资源整合，培养工程建设、科研和管理人才，提升广西交通运输系统科技水平以及广西工程建设理念、质量和技术水平。

1.5 实施内容

依据交通运输部办公厅《关于同意广西滨海地区高速公路低影响高品质改扩建科技示范工程立项实施的通知》（交办科技函〔2021〕569号），本科技示范工程实施紧扣"低影响、高品质"改扩建主题，针对广西滨海地区高温、高湿、高腐蚀施工环境，集中开展高速公路改扩建安全快速施工、废旧材料循环利用、工程品质及服务功能提升等领域四个专项多个子项目的技术研究与应用，见表1.5-1，总结形成可复制、可推广的广西滨海地区高速公路改扩建成套技术及实施经验。

钦北高速公路低影响高品质改扩建科技示范工程实施内容　　表1.5-1

序号	示范主题	示范内容
一	改扩建工程安全快速施工与通行能力保障技术研究与应用	桥（涵）下部桩柱一体化的装配式快速施工
		基于智能汇合控制和主动安全预警的施工期交通安全动态管控技术
		软土及占地受限区泡沫轻质土路基修筑技术
		预制混凝土管桩软基处理技术
		移动钢护栏应用技术

续上表

序号	示范主题	示范内容
二	改扩建工程废旧材料循环再利用技术研究与应用	废旧混凝土全组分再利用技术
		高速公路废旧护栏修复翻新再利用技术
		基于镍铁渣的复合吸声屏障技术
		钢渣混凝土安定性及质量提升应用技术
		蔗渣纤维制备技术及其在沥青路面工程中的示范应用
三	改扩建工程品质提升技术研究与应用	复合改性橡胶沥青与水泥面板组合式耐久性路面技术
		基于内养生原理的滨海地区机制砂混凝土抗腐蚀技术
		机械发泡型温拌沥青混合料节能生产技术
		BIM+GIS 公路工程正向设计技术
		一线工人驻地社区化管理体系应用
四	改扩建工程出行服务功能提升技术研究与应用	全厚式透水路面与零坡段路表快速排水技术
		人文地域特色服务区建造技术
		路域景观融合提升技术
		基于安全提升的新一代交安设施应用技术

第2章 安全快速施工与通行能力保障技术

钦北高速公路改扩建工程地处我国广西滨海地区，是集"高温、高湿、高盐"地区、生态敏感地区、经济发达地区、临海沿边地区于一体的广西滨海地区高速公路改扩建工程代表性案例。在该区域集中进行安全快速施工与通行能力保障技术应用，对提升我国广西滨海地区高速公路改扩建技术水平具有重要意义，社会效益显著。

2.1 桥（涵）下部桩柱一体化的装配式快速施工

2.1.1 技术简介

随着经济的快速发展，已有道路通行能力已经不能满足日益增长的交通需求。针对既有道路(城市主干道、高速公路)的改扩建工程已经越来越频繁地实施。在改扩建工程中，为了尽可能降低对既有交通的影响，对临时施工场地、永久场地、施工时间均提出了严苛的要求，如何保障施工质量和速度成为改扩建工程中十分重要的问题。

2.1.1.1 现有技术存在的问题

目前，传统的桥梁下部结构形式分为现浇式和部分装配式。这两种方式均存在施工养护时间长、场地占用大、无法快速恢复交通、对既有交通影响较大的问题，并不能很好地满足改扩建工程中对桥梁下部结构施工迅速、场地占用小的要求。

2.1.1.2 桩柱一体化工艺结构

针对上述问题，项目围绕改扩建工程中"无感化施工、高品质扩容"的目标开展了为期三年的研究，创新性地提出了桥梁全装配式下部结构桩柱一体化工艺结构。桥梁全装配式下部结构桩柱一体化工艺结构(图2.1-1)包括预制盖梁和预制管桩。预制盖梁的底部设置相互连通的预留孔和预留注浆孔，预制管桩和预制盖梁采用波纹管灌浆连接；预制管桩的顶部插设至预留孔中，底部插设至地面预先开设的预埋孔中，并通过水泥土固连；预制管桩包括至少两节段管桩，所有节段管桩沿其长度方向依次设置，相邻两节段管桩之间通过连接结构相互连接；预制管桩的顶部设置有若干预留钢筋，预留钢筋与预制管桩内的主筋相

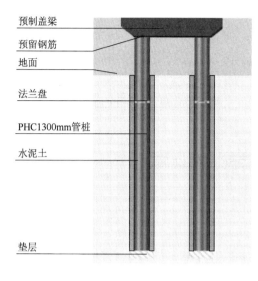

图 2.1-1 工艺结构图

连,预留钢筋位于波纹管内。

预制盖梁底部开设的预留孔数量与预制管桩的数量相同,预留孔的位置与地面预先开设的预埋孔一一对应。管桩之间的连接结构为法兰盘,法兰盘的材质为 Q345 钢。预制管桩的底部设置有垫层,垫层的材质为 C50 混凝土、厚度为 30cm。预制管桩内主筋设置的数量与预留钢筋设置的数量相同,且一一对应并连接。预制管桩为 PHC1300,里面包含 24 根 HRB400 预应力主筋,主筋直径为 25mm,采用 C70 高强混凝土填充。

2.1.1.3 全装配式下部结构施工方法

基于上述工艺结构,项目组还提出一种桩柱一体化预制装配桥梁下部结构的施工方法,包括以下步骤:①桩基、桩柱以及盖梁全部采用工厂化预制生产;②桩基旋挖成孔后植入大直径预制桩,再通过与桩柱等直径的法兰盘连接预制桩柱;③桩周采用反循环填充改良的水泥土,桩底下导管灌入水泥垫层,然后通过坐浆法将桩柱下放至孔底;④安装预制盖梁,完成下部结构施工。由于整个下部结构全部采用工程预制、现场快速拼装的形式,真正实现了"建桥如同组装汽车"一般,在减少施工现场场地占用的同时也极大地提高了现场施工速度,实现了改扩建工程中的"无感化"施工。

2.1.2 示范工程实施及效果

在钦北高速公路改扩建工程 K2197+592.367 天桥、K2199+621.215 天桥实施了桥(涵)下部结构桩柱一体化的装配式快速施工技术示范应用。

2.1.2.1 工艺试验

1)模型试验概况

为验证装配式桥梁桩柱一体化工艺的可行性,固化桥梁装配式下部结构桩柱一体化设计、制造、施工、检测全套工艺流程，项目前期进行了与桥位地质情况类似的1:1模型试验，验证了包含设计、制造、施工、检测在内的全过程工艺可行性，见图2.1-2～图2.1-8。检测结果表明，桩柱竖向承载力、水平承载力以及法兰连接可靠性均满足设计及国家相关规范要求。

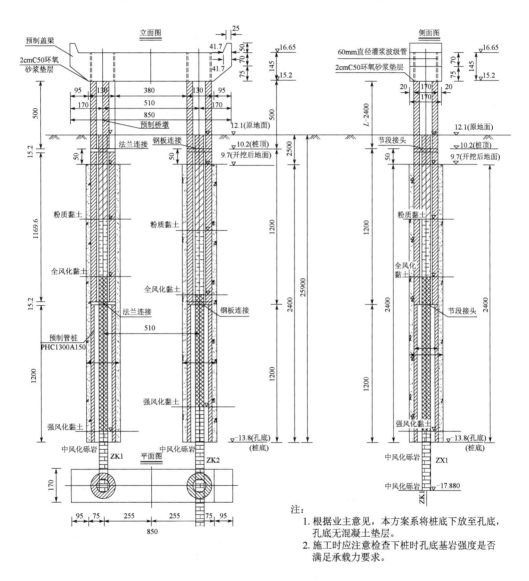

图2.1-2 设计图纸（尺寸单位：cm，高程单位：m）

图 2.1-3 工厂化制造　　　　　图 2.1-4 盖梁安装

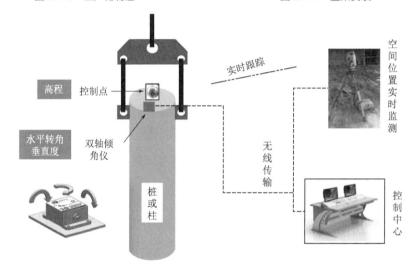

图 2.1-5 空间姿态实时控制系统

a) 竖向承载力检测　　　　　b) 水平承载能力检测

图 2.1-6 试验检测

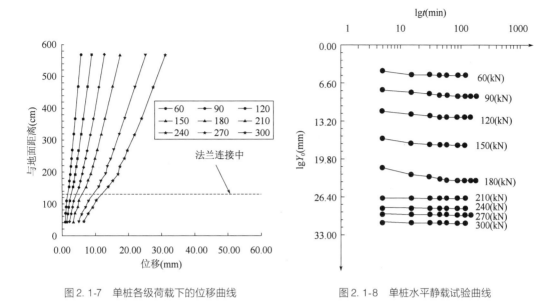

图 2.1-7 单桩各级荷载下的位移曲线　　图 2.1-8 单桩水平静载试验曲线

2) 设计效果

对该新工艺进行了如下针对性的设计：①针对下部结构在移动荷载、温度荷载、汽车制动力、混凝土收缩和徐变影响下的水平承载力进行了设计；②针对下部结构在恒载以及活载下的竖向承载力进行了设计；③针对桩柱间连接、柱与盖梁连接进行了设计，其中桩柱间连接分别设计了焊接连接和法兰连接两种形式，并对最终采用的法兰连接进行了优化设计；④针对桩柱间连接处的防腐进行了设计，包含腐蚀余量、腐蚀涂装、外包铁皮注入聚氨酯密封胶在内的三重防腐措施；⑤提出了施工工艺要求，并针对施工全过程提出了质量控制指标。

在前期工艺试验研究的基础上，对预制管桩法兰连接进行了优化设计，方便了制造和施工包括：①优化设计了吊装装置，加快了施工进度；②对法兰连接增加了三道防腐设计，并按设计要求进行了法兰连接制造以及防腐施工。从实施效果来看，制造和施工工艺基本能满足设计对防腐的要求，确保了连接处的耐久性。

3) 施工效果

本次试验施工主要内容包括预制构件运输、成孔、吊装平台安装、预制构件吊装、法兰连接、水泥土循环清底、水下混凝土浇筑、管桩空间位置调整、盖梁安装。通过这一整套施工流程可以得到如下结论：

(1)现有施工工艺基本能满足桩柱一体化施工要求。

(2)从施工资源消耗对比结果看,桩柱一体化施工在消耗的时间和场地要求方面,相较于常规方式具有明显的优势。

4)检测效果

(1)过程中质量检测:

过程中质量检测内容主要包括套筒与主筋拉拔试验检测、预制构件质量检测、成孔质量检测、沉渣厚度跟踪检测、水泥土配合比检测、连接处螺栓连接质量检测、连接处防腐质量检测。通过过程中质量检测可知,目前常用的检测方法满足桩柱一体化工艺对检测的要求。

(2)成品质量检测:

成品质量检测内容主要包括竖向承载能力检测、水平承载能力检测以及连接性能检测。检测方法与常规的桩基承载能力检测方法一致。通过检测结果可知,本次试验桩的竖向承载能力检测、水平承载能力检测以及连接性能检测均满足设计及相关规范要求,试验达到了良好的效果。

5)质量验收

与传统的现浇下部结构对比,桩柱一体化工艺的下部结构形式以及施工方式不同,使得某些部分的质量很难直接检测,具体体现如下:

(1)桩周采用水泥土填充,其质量无法采用常规检测方式检测。

(2)桩底采用混凝土垫层,是否含有夹层以及承载能力是否满足要求无法直接检测。

(3)桩柱间采用法兰盘连接,导致传统的低应变法无法检测桩身完整性。同时,由于桩柱内为水泥土填充,无法通过超声波法检测桩柱质量。

(4)法兰连接位于地下,其性能不易检测。

针对上述(1),本次试验采用最佳水泥土配合比,并将预制管桩下放到距孔底50cm之后,进行正循环使水泥土充分填充桩周。通过水平承载力试验验证了桩周土强度满足要求。

针对上述(2),在施工过程中将预制管桩下放到距孔底20~30cm后,通过水泥浆正循环清底,持续检测,直到无泥块从孔口流出即清底完成。通过竖向承载能力试验验证了桩的竖向承载能力满足要求,证明了桩底混凝土垫层承载能力能满足要求。

针对上述(3)、(4)，在制造完成后，进行全面的预制构件的质量检测，同时在安装过程中对法兰连接质量进行跟踪检测，特别是法兰螺栓的安装质量。通过水平承载力和竖向承载力试验验证了桩柱一体化的质量以及连接处的性能满足规范要求。

通过本次试验可知，只要对施工过程中的质量进行严格控制，桩柱一体化工艺的下部结构承载能力可以满足规范要求。因此，针对桩柱一体化工艺的下部结构总体验收思路为：对施工全过程质量严格控制，并需要出具相应过程的检测结果，合格后方可进行下一步工作；对施工过程中检测结果存疑的下部结构以及对整个采用桩柱一体化工艺的下部结构需要按一定的比例抽检，进行承载能力(竖向承载力、水平承载力、连接性能)试验。

2.1.2.2 施工前准备

1) 成孔质量检测

本次示范工程中对天桥所有用到的孔均进行了成孔质量检测，检测内容包括孔径、孔深、垂直度。在施工中对部分孔的沉渣厚度进行了多次测量，从表2.1-1测试结果和效果可以看出，孔径、孔深、垂直度均满足质量要求。

成孔质量检测结果 表2.1-1

项目	对比	1-1号	1-2号	允许偏差	是否满足要求
孔深(m)	设计	32.70	32.70	≥设计值	是
	实测	32.70	32.70		
孔径(mm)	设计	1300	1300	≥设计值	是
	实测最大	2006	1974		
	实测最小	1325	1305		
	实测平均值	1587	1435		
垂直度(mm)	设计	≤0.5%	≤0.5%	≤0.5%桩长，且不大于200	是
	实测	0.1%	0.08		

2) 预制构件质量检测

装配式桥梁下部结构的预制构件质量对于整个桥梁的施工质量尤为重要。因此，在施工前对预制构件的混凝土强度、钢筋保护层厚度、外观尺寸以及法兰盘外径、端板外径、预留螺栓孔径、螺栓孔间距、预留钢筋位置等的重要参数进行了检测。检测现场见图2.1-9、图2.1-10。检测结果表明预制构件的制造满足相关设计要求。

图2.1-9 结构尺寸检测照片

图2.1-10 构件现场检测照片

2.1.2.3 施工工艺

本次施工位置为K2197+592.367天桥1-1号孔和1-2号孔，施工流程如图2.1-11和图2.1-12所示。

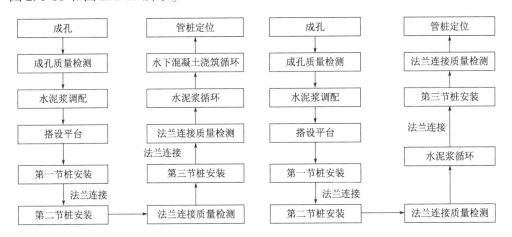

图2.1-11 K2197+592.367天桥1-1号孔管桩施工流程

图2.1-12 K2197+592.367天桥1-2号孔管桩施工流程

1）安装平台

当冲孔机成孔验收后，吊装第一节管桩时，需搭设抱箍平台，以卡住管桩上部安装好的抱箍，以便进行第二根管桩或墩接桩。平台底部铺填30cm碎石找平，在对称的两侧分别放置一条约4m的双拼工字钢，在双拼工字钢上放置由工字钢焊接而成的 3.0m×1.7m 方形平台。施工现场见图 2.1-13。

图 2.1-13 平台安装

2）管桩吊装

吊装采用 220t 汽车起重机起吊，采用两个弓形卸扣和两个钢丝绳吊索分别扣住管桩抱箍两端，单点起吊，缓缓将管桩起吊至竖直，起吊后管桩底部离地面不大于 1.0m。

用汽车起重机将管桩吊至孔口后，保持管柱竖直，停止晃动后，通过汽车起重机微调管桩位置，使管桩中心与钻孔中心大致对中，对中后缓慢将管桩沉入孔中，沉桩速度控制在 0.5m/min 左右。沉桩过程中实时监控桩位及桩身垂直度，避免管桩碰撞孔壁引起塌孔。施工现场见图 2.1-14、图 2.1-15。

图 2.1-14 管桩定位　　　　　　　图 2.1-15 管桩起吊

第一节管桩下放至抱箍卡在平台工字钢上时，观察抱箍两侧是否水平，如不水平则在低的一侧的工字钢上加小钢板垫高，直至两侧在同一水平。

3）接桩

将抱箍卡在平台工字钢上后开始接桩，本次试验设计选用法兰连接接桩形式。

第一节桩与第二节桩采用法兰连接，桩头开设有 32 个螺纹孔；第二节桩与第三节墩柱采用法兰连接，第二节桩头开设 32 个螺纹孔，第三节桩头开设 16 个螺纹孔，两根桩之间通过法兰盘用六角螺栓与桩头开设的螺纹孔连接，工厂预制时已将法兰盘与上节桩底部连接好，在吊装前将定位螺栓安装好，将法兰盘与上节桩底部连接好，接桩时只需连接法兰盘与下节桩。接桩时把上节桩吊放到下节桩的桩端头上，用人工将法兰盘上定位螺栓与下节桩头的螺纹孔对齐，先用人工拧上对称的四面的四颗螺栓，再采用扳手初拧使上下节桩对齐固定，然后将剩余螺栓人工对孔，最后用扳手拧紧，拧紧时要 2 人以上对称同步拧紧，至所有螺栓无法加力。施工现场见图 2.1-16、图 2.1-17。

图 2.1-16　孔法兰连接接桩

图 2.1-17　法兰连接接桩

4）连接质量检测

连接质量检测即法兰盘连接质量检测，主要通过外观检测和现场施工过程中的跟踪监督进行检测。检测现场见图 2.1-18。

图 2.1-18　法兰盘连接质量检测

5）法兰盘密封

1-2 号孔完成法兰盘连接质量检测后，对法兰盘进行密封。从上端板处开孔灌入密封胶，先灌入 50% 的密封胶，然后采用铁皮作为模板，与管桩外包钢板紧贴密实并焊接牢固，防止密封胶漏出。1-1 号孔完成法兰盘连接质量检测后，对法兰盘进行密封，在法兰盘表面抹上一层 3～5mm 厚的密封胶。现场见图 2.1-19、图 2.1-20。

图 2.1-19　法兰盘密封胶灌入

6）清底

完成接桩后，松开抱箍继续沉桩至上节桩抱箍卡在平台时，桩底距离孔底约 50cm，开始进行水泥土循环。水泥土循环采用正循环法，持续往泥浆池中添加水泥并搅拌，直到水泥土比重达到 1.5 即可停止循环，进行下道工序。现场见图 2.1-21。

图 2.1-20　法兰密封胶灌入近景图

图 2.1-21　水泥浆调制

7）水下混凝土浇筑

1-2 号孔施工未进行水下混凝土浇筑。1-1 号孔施工从管桩中心下放导管至距离孔底 15～30cm，浇筑 4m³ 水下混凝土。施工现场见图 2.1-22、图 2.1-23。

图 2.1-22　导管下放　　　　　图 2.1-23　浇筑水下混凝土

8）管桩定位

水泥浆调制完毕后应立即进行桩位、桩顶高程及桩身垂直度调试，调试应控制在混凝土初凝前完成。调整方式为在桩顶中心安装倾角仪和棱镜，用全站仪连接计算机实时监测桩身垂直度及桩位。对桩位调整方式目前暂无可控的措施，现场采用汽车起重机配合人工、挖掘机调试至满足误差在允许范围内，桩身垂直度可通过抱箍两端设置的千斤顶来微调。施工现场见图 2.1-24、图 2.1-25。

图 2.1-24　1-2 号桩传感器、棱镜安装

图 2.1-25 定位

2.1.2.4 实施效果

本工艺在 K2197+592.367 天桥、K2199+621.215 天桥处实施。本工艺的意义在于首次将大直径预制管桩用于桥墩施工中,同时利用法兰盘代替传统承台,开创了桥梁全装配式下部结构施工的先河;提出了一套实时、高精度、可视化空间姿态控制系统,解决了行业装配式施工安装精度控制难的问题;形成了桥梁装配式下部结构桩柱一体化工艺质量检验方法及验收标准。实施效果见图 2.1-26。

图 2.1-26 钦北高速公路改扩建工程桩柱一体化天桥

桥梁装配式下部结构桩柱一体化工艺的预制质量控制、拼装精度控制、拼接接头防腐、质量检验评定等难题得到了解决,满足了桥梁改扩建工程"无感化施工、高品质扩容"的需求。

2.2 基于智能汇合控制和主动安全预警的施工期交通安全动态管控技术

2.2.1 技术简介

在高速公路改扩建作业区段,由于作业人员和社会车辆都集中于有限的道路空间内,一旦作业区交通组织不完善、社会车辆驾驶员疏忽大意或者作业人员不遵守安全作业规程等情况发生,就会产成安全隐患,甚至酿成事故,存在较高的安全风险。本研究基于多年的作业区段研究经验和作业区交通安全科研积累,分析、总结了高速公路改扩建作业区交通运行安全风险以及可能造成的事故,为后续深入研究作业区安全预警技术奠定理论基础。

随着 ITS(智能运输系统)技术的不断发展,在道路交通安全领域中此项技术也越来越多地应用于各种传感和预警设备之中。本研究内容考虑改扩建作业区段中人员和车辆的安全,研发雷达、视频(雷视)一体化作业区安全预警系统,通过布设于作业区段的预警装置完成并实现如下功能:

(1)对社会车辆起到警示作用。以防驾驶员疏忽大意,误闯入施工区域,造成意外后果。

(2)对作业人员起到危险监测及提醒功能。在有车辆闯入作业区时及时通过示警手环和声光报警等方式提醒作业人员,为作业人员争取 5~10s 的逃生时间。

(3)对高速公路监控中心人员起到监测提醒、辅助处理功能。在车辆闯入作业区后及时向监控中心进行示警,监控中心可联动调取作业区域现场的监控设备视频源,及时展示事故视频,为工作人员判断是否采取应急救援等提供辅助,加速事故的处理流程。

2.2.1.1 车辆闯入检测算法

1) 预警算法

(1) 行驶速度大于60km/h；

(2) 距离作业区(渠化设施边界)垂直距离小于或等于200m。

在作业车道上行驶的车辆同时满足上述两个条件即在作业区缓冲区内的可变信息标志上发布一级预警信息："车辆逼近，请注意！"。

当上述(1)条件不变、(2)的条件为距离作业区(渠化设施边界)垂直距离小于或等于75m时，发布二级预警信息，可变信息标志显示："车辆试图闯入，请躲避！"；同时单兵装置执行预警行为，即中等级别的振动。

2) 报警算法

车辆越过作业区边界(渠化设施边界)立即报警。此时发布三级报警信息，可变信息标志显示"车辆闯入，请立即躲避！"，同时单兵装置发出强级别的振动。

防闯入安全预警算法流程如图2.2-1所示。

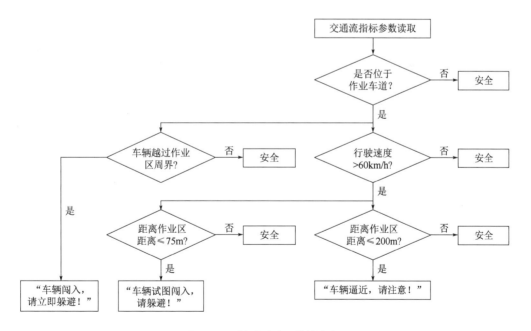

图2.2-1　防闯入安全预警算法流程

2.2.1.2 系统设计与实现

雷视一体化作业区安全预警系统架构如图 2.2-2 所示，由报警装置、数据检测模块、控制中心、数据存储模块、通信模块和供电模块组成。报警装置通过可变信息标志、声音报警和单兵装置与外部进行信息传递；数据检测模块通过毫米波雷达和卡口视频两个硬件对交通运行风险进行检测；控制中心内置预警和报警的内部核心算法；整个系统通过数据存储模块、通信模块和供电模块这些功能模块实现无障碍运行，其中的数据存储模块存储了车辆轨迹、速度数据和车牌数据，通信模块通过 4G 或 5G 实现无线数据传输，供电模块主要包括太阳能板、移动电源和设备内置电源。

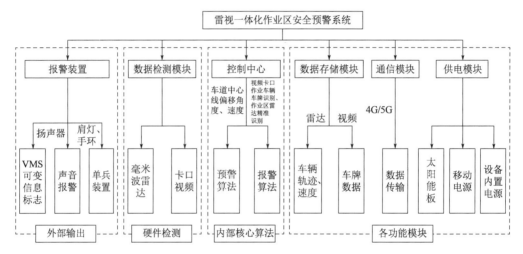

图 2.2-2　防闯入安全预警系统架构

雷视一体化作业区安全预警系统的主要设备——雷视一体机设计图如图 2.2-3 所示，其结构由两个球机、一个毫米波雷达、一个系统主机、一个可变信息标志、一套固定支架和滚轮组成。雷视一体机的样机如图 2.2-4 所示。样机以橙色为主色系，与作业区临时交通标志的底色一致，且符合国家标准《道路交通标志和标线　第 4 部分：作业区》（GB 5768.4—2017）的规定。

2.2.2　示范工程实施及效果

2.2.2.1　方案介绍

雷视一体化作业区安全预警系统的硬件设施包括雷视一体机、可变信息标

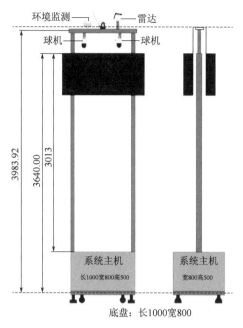

图2.2-3 雷视一机化设计图（尺寸单位：mm） 　　图2.2-4 雷视一机化样机

志、声光报警器、作业人员佩戴的手环和便携式中心控制计算机，设备布局如图 2.2-5 所示。将设备现场应用于半幅封闭、半幅车辆通行的作业路段，封闭半幅（即两车道）按照《公路养护安全作业规程》（JTG H30—2015）过渡区梯级过渡设置。雷视一体机位于过渡区和缓冲区交界处，位置桩号为 K2225+894；声光报警器和可变信息标志位于缓冲区和工作区交界处，位置桩号为 K2225+744；手环共有 10 套，分别给工作区内距离社会车辆最近的 10 个工人佩戴。

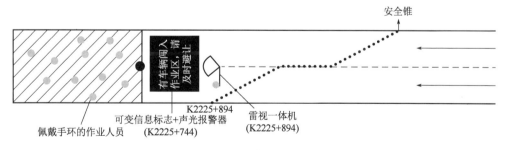

图2.2-5 系统布设场景示意图

当有车辆闯入作业区时，示警手环会发出振动，声光报警器会进行声光报警，可变信息标志会显示车辆闯入的信息，同时，中控机会向高速公路监控中心发出风险信号，监控中心可以在后台连线本地摄像头，调取风险事件的视频，并根据现场情况判断是否采取应急救援措施。

预警系统依据交通流理论构建车辆闯入三级预警核心算法，借助无线通信、传感和大数据技术，研发基于雷视一体化的作业区安全预警系统，作业人员可通过无线穿戴设备、可变信息标志实时获取车辆闯入信息，适时采取自救措施，最大限度地降低事故损失，进而实现车辆闯入的实时预警和多维管控。

2.2.2.2 示范工程实施过程

（1）试验路段为封闭半幅（全幅四车道）的路段，项目组在封闭路段内用安全锥搭建试验场景。试验场景为封闭外侧一车道，为配合雷达的检测距离将系统样机与作业区边界距离调整为20m，一级预警位于作业区上游120m，二级预警位于作业区上游70m。

（2）试验前的准备工作包括设备运输、车辆租用和临时牌照办理等。预警系统设备在满电情况下显示12.80V，设备在电量为0的情况下显示12.10V。

（3）开展设备各项参数指标的内部测试工作，包括一级、二级、三级预、报警功能的测试和预、报警时延的测试等。测试之前务必通过雷达对施工作业区周界进行标定，并确保雷达的X坐标与作业区车道方向重合。本次试验采用现场人员手持雷达反射设备多次往返行走于施工作业区边界的方式，通过调整作业区安全预警系统的布设位置标定作业区边界顶点坐标。雷达的精度可能受到作业区外车辆的影响，因此软件算法中应屏蔽掉作业区外的其他车辆。雷达的高度对于人员的识别精度和距离的识别精度都会产生不同程度的影响，雷达位置设置得越高，对于人员识别越不灵敏，可检测到的距离越长。目前雷达的可检测距离仅为190m，后续应进一步提高雷达的检测距离，使其满足至少检测400m的要求。本次测试只针对作业区所在车道的车辆闯入作业区的预警和报警功能开展测试，报警算法以闯入作业区周界为依据，越界即报警；预警算法以与作业区的距离和车辆速度为依据，当作业区所在车道上的车辆与作业区有一定距离的条件下，速度超出预设边界阈值即发出警报，预警分为两级，每一级的阈值可以在核心算法内人为修改，一级为较低风险，二级为较高风险。相比于预警，报警的风险等级为最高。测试过程中，系统各配件的时延不同，距离中控机最近的可变信息标志和声光报警器时延小，手环采用4G无线传输的方式，其时延随距离样机的距离增加而增大。

(4) 国家道路及桥梁质量监督检验中心评测设备的各项指标参数。对报警和误报分别开展100次测试，预警测试开展10次，预警的误报测试开展10次。测试结果显示，车辆闯入报警准确率为99%，误报率为0%，一级、二级风险预警准确率为100%，风险误报率为0%，报警时延为1s左右（待测试），后续应进一步提升报警时延的精准度，使其满足0.2s的要求。

(5) 开展物料溢出、人员越界和机械越界等现场试验，以及与监控中心的数据联调。物料溢出试验的物料为碎石，试验人员用小推车在作业区边界将碎石卸至作业区边界之外，用系统自带的摄像头拍摄下视频。人员越界试验拍摄人员佩戴安全帽和未佩戴安全帽，以及穿着不同颜色衣服、以不同步速越出作业区边界的视频。机械越界试验分别拍摄小客车、大型施工车辆和小型手推车越出作业区边界的视频。系统与监控中心的数据对接通过安装于监控中心的软件来实现，监控中心工作人员通过手环来接收车辆闯入的预警和报警信息，车辆闯入的视频可同步显示于监控中心的计算机上。

(6) 收尾工作，包括设备打包和寄回。

试验过程中的视频图像资料如图2.2-6～图2.2-13所示。

图2.2-6　试验实施点位

图2.2-7　设备安装

图2.2-8　设备布置于试验路段　　　　图2.2-9　课题组沟通测试方案

图2.2-10　课题组调试软件算法　　　　图2.2-11　核心算法示例

图2.2-12　国检中心工作人员开展样机测试　　　　图2.2-13　物料溢出试验

2.2.2.3　实施效果

经具备CNAS（中国合格评定国家认可委员会）资质的第三方检测机构测试，车辆闯入算法的检测准确率不低于99%，检测报告如图2.2-14所示。

中路高科交通检测检验认证有限公司
（国家交通安全设施质量检验检测中心）
检测报告

编号：2021-CJ-0452B

检测项目		技术要求	检测结果	
			检测值	单项结论
1.报警功能	1.1 车辆闯入作业区报警功能	当车辆闯入作业区报警区域时，系统发出报警	符合要求	合格
	1.2 风险报警功能	当车辆以行驶速度不低于系统预设速度阈值驶入系统前方120米时，系统发出二级风险报警；当车辆以行驶速度不低于系统预设速度阈值驶入系统前方72米时，系统发出一级风险报警	符合要求	合格
2.报警检测率	2.1 车辆闯入作业区报警检测率，%	车辆沿行车方向行驶闯入作业区报警区域100次，系统报警检测率不小于95%	99	合格
	2.2 风险报警检测率，%	2.2.1 车辆沿行车方向以不低于系统预设速度阈值驶入系统前方72米10次，系统一级风险报警检测率不小于90%	100	合格
		2.2.2 车辆沿行车方向以不低于系统预设速度阈值驶入系统前方120米10次，系统二级风险报警检测率不小于90%	100	合格
3.报警误报率	3.1 车辆闯入作业区报警误报率，%	车辆沿行车方向行驶至距离作业区区域1米处100次，系统报警误报率不大于1%	0	合格
	3.2 风险报警误报率，%	3.2.1 车辆沿行车方向以不低于系统预设速度阈值驶入系统前方72米10次，系统一级风险报警误报率不大于20%	0	合格
		3.2.2 车辆沿行车方向以不低于系统预设速度阈值驶入系统前方120米10次，系统二级风险报警误报率不大于20%	0	合格
4.预警时延		4.1 车辆沿行车方向以不低于系统预设速度阈值驶入系统前方72米100次，系统发出一级风险报警的平均报警时延不大于90s	符合要求	合格
		4.2 车辆沿行车方向以不低于系统预设速度阈值驶入系统前方120米100次，系统发出二级风险报警的平均报警时延不大于90s	符合要求	合格

图2.2-14 第三方检测报告

2.3 软土及占地受限区泡沫轻质混凝土路基修筑技术

现浇泡沫轻质混凝土是土建工程领域近年发展的一种新材料。它是用物理方法将专用泡沫剂水溶液制备成所需要的泡沫，与水泥基胶凝材料、水、必要的集料(包括粉煤灰、矿渣、脱硫石膏及选矿尾砂等工业废料)及外加剂等按照一定的比例均匀混合搅拌,并经物理化学作用硬化形成的一种轻质高强材料。

2.3.1 技术简介

泡沫轻质混凝土因其自重轻、整体性好、固化后自立性好等特点,在道路拓宽中具有以下明显优势:

(1)可垂直填筑,节约用地,减少拆迁,节省投资。

(2)在软基路段加宽,可不进行软基处理或降低软基处理强度和范围。

(3)构造物台背填土可大幅度降低填土荷载,减少地基的附加应力,抑制地基的不均匀沉降和侧移;可缓解桥台与台背路基的刚性突变;消除填料自身的工后沉降。

(4)施工时自动密实,不需振捣和碾压。

(5)采用泵送施工,大幅地减少对现有交通的影响。

(6)施工工期短,对环境无污染,社会经济效益好。

2.3.2 示范工程实施及效果

在钦北高速公路改扩建工程兰海高速公路主线及兰海高速公路石湾互通段,实施了软土及占地受限区泡沫轻质混凝土路基修筑技术的示范应用。全线使用泡沫轻质混凝土共计27万 m^3。

2.3.2.1 示范路段

兰海高速公路主线 K2167+475~K2168+254、K2182+606~K2182+760、K2182+630~K2182+760 段及兰海高速公路石湾互通段 K2169+192~K2169+484、K2170+935~K2171+554、B匝道 BK0+702~BK0+906 段受征地范围和主线竖曲线整体抬高等因素影响,设计为填筑泡沫轻质混凝土。

2.3.2.2 施工工艺

泡沫轻质混凝土施工工艺流程见图 2.3-1。

1)施工准备

(1)泡沫轻质混凝土施工前,应对原材料进行检验,泡沫轻质混凝土料浆沉降率应满足《泡沫混凝土用泡沫剂》(JC/T 2199—2013)一等品的要求,即料浆沉降率不超过5%。

(2)施工所用的其他钢材、砂、石、水泥均应经过检验,合格后方可进场。

(3)在开工前对轻质混凝土搅拌机、发泡装置、空压机、发电机、泵送系统、测量及质检等仪器进行检测、调试,并试运行正常。切实做好机械设备的维修、保养工作,配齐专业维修技术人员,配足常用易损配件,确保机械正常运转。

(4)根据设计图纸给出的坐标等数据,在现场放样出各个控制桩。

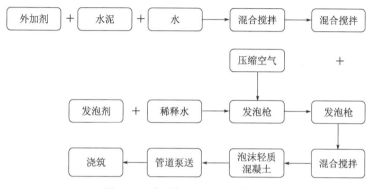

图 2.3-1 泡沫轻质混凝土工艺流程

2)开挖台阶

图 2.3-2 为本项目开挖台阶和地基处理现场。对于拼宽段路基的泡沫轻质混凝土,施工前应按照要求,将原路堤边坡表面的防护结构物拆除,并清除表层 30cm 的土,然后对原路堤边坡按 1∶1 削坡挖台阶,台阶宽度不小于 1m,并做成向内倾斜 2% 的反坡。台阶必须密实、无松散物,示意见图 2.3-3。

图 2.3-2 开挖台阶和地基处理现场

新建路段的泡沫轻质混凝土使用示意见图 2.3-4。需要将原地面清表 30cm 后,对原地面进行开挖台阶处理,其中横向第一级台阶(最低处)的宽度不小于 3m,其余台阶宽度不小于 1.5m。

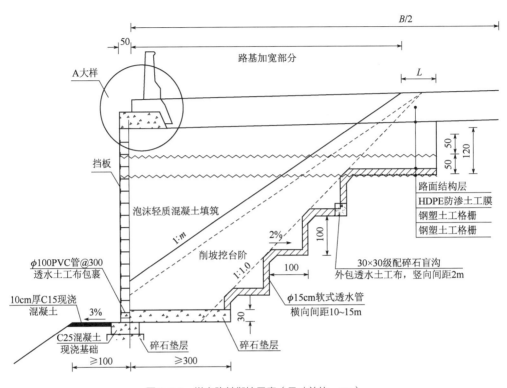

图 2.3-3 拼宽路基衔接示意（尺寸单位：cm）

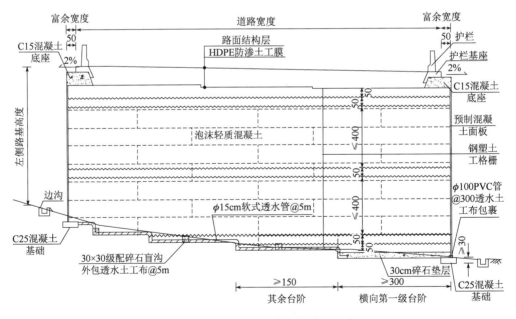

图 2.3-4 新建路基示意（尺寸单位：cm）

拼宽或新建路段的每级台阶均应每间隔5m设置30cm×30cm级配碎石盲沟，外包透水土工布，同时横向间距5~15m布置ϕ15cm软式透水管。

3) 地基承载力检测

按设计图纸的承载力要求对基底进行检测，采用轻型动力触探试验的方法确定其承载力满足要求后进行下一步施工。基底承载力不小于100kPa。

4) 挡板预制安装

按各断面上保护挡板为整数的要求确定各断面保护挡板基础顶面高程。根据设计要求，挡板采用预制的方式，采用C30细石混凝土，单块挡板的尺寸为90cm×30cm，厚度为4cm。在基础上每隔90cm预埋75mm×75mm×6mm的角钢，在角钢上焊接连接钢筋，用以固定保护挡板。具体布置见图2.3-5~图2.3-7。

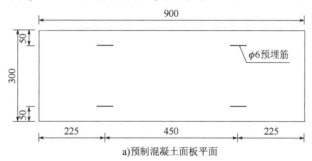

a) 预制混凝土面板平面

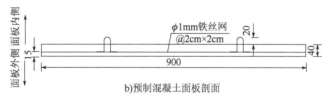

b) 预制混凝土面板剖面

图2.3-5 预制挡板设计(尺寸单位：mm)

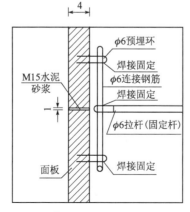

图2.3-6 挡板固定示意(尺寸单位：cm)

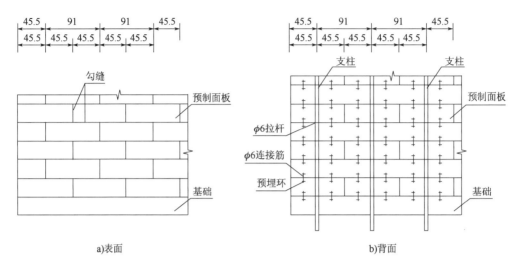

a)表面　　　　　　　　　　　　b)背面

图 2.3-7　挡板构造(尺寸单位：cm)

图 2.3-8　挡板安装示意

挡板通过图 2.3-8 所示的拉杆与角钢焊接固定。挡板的拉杆、连接钢筋及支柱均需要进行防锈、防腐处理。在预留沉降缝和伸缩缝处，挡板及其基础应断开，同时需注意挡板的宽度和拉杆位置。

在边部和角隅位置存在的异形挡板，预制时须注意。此时宜适当调整预埋筋的位置，同时需采取措施注意固定好异形挡板。挡板之间勾凹缝，也可勾平缝。勾缝需光滑、圆顺、美观。在浇筑挡板基础时，应预留出渗水盲沟的出水空间。

5) 填筑及养护

轻质混凝土施工前，应将路基划分为面积不大于 $400m^2$、长轴不超过 30m 的浇筑区，每个浇筑区单层浇筑厚度宜为 0.3~1.0m。轻质混凝土路堤每隔 10~15m 应设置一道变形缝。

当轻质混凝土填筑体高宽比 (H/B) 大于 1 时，应分级填筑，每级填筑体高宽比均不应大于 1。下级填筑体和上级填筑体之间设置不小于 1.0m 的平台，平台顶部设置向外侧倾斜的、横坡大于 2% 的排水坡，平台顶部采用 C25 混凝土防护，与上级轻质混凝土挡板基础一同浇筑，现浇 C25 混凝土基础厚度不小于 30cm，见图 2.3-9。

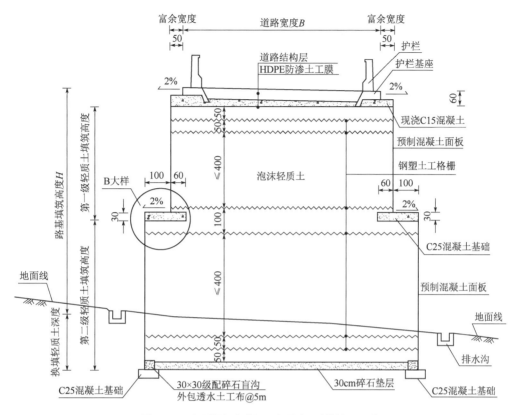

图 2.3-9 轻质混凝土分级示意图（尺寸单位：cm）

泡沫宜采用压缩空气与发泡剂水溶液混合的方式生产，不得采用搅拌发泡法生产泡沫。施工用的原材料配合比应采用电子计量，计量精度均为±2%，且用于制备泡沫轻质混凝土的料浆在储料装置中的停滞时间宜不超过1.5h。

泡沫混凝土通过软管浇筑，出料软管前端出料口直接埋入已浇筑的轻质凝土中。单个浇筑区浇筑层的浇筑时间不得超过水泥浆的初凝时间。上下相邻两层浇筑间隔时间宜不少于8h。

浇筑时应沿浇筑区长轴方向自一端向另一端浇筑；如采用一条以上浇筑管浇筑时，可并排地从一端开始浇筑，或采用对角的浇筑方式；浇筑过程中，当需要移动浇筑管时，应沿浇筑管放置的方向前后移动，而不宜左右移动浇筑管；如确实需要左右移动浇筑管，则应将浇筑管尽可能地提出当前已浇筑轻质混凝土表面后移动。泡沫轻质混凝土浇筑示意见图2.3-10。

轻质混凝土路基为现浇，其顶部水平，泡沫轻质混凝土浇筑完毕后，顶面做台阶形水平打造，同时通过级配碎石垫层调整纵、横断面坡度。泡沫轻质混凝土顶面设置一层高密度聚乙烯（HDPE）防渗土工膜，采用GH-1型聚乙烯土工膜，厚度为0.5mm，搭接宽度不小于5cm。

图2.3-10　泡沫轻质混凝土浇筑示意图

泡沫轻质混凝土纵向每隔10～15m设置一道变形缝，变形缝宽1～2cm，全断面填塞聚苯乙烯板，聚苯乙烯板的表观密度不宜低于15kg/m³。变形缝附近横向铺设ϕ15cm软式透水管。

泡沫轻质混凝土不得在雨天施工。已施工尚未硬化的轻质混凝土，在雨天应采取遮雨措施。泡沫轻质混凝土浇筑至设计厚度后，应覆盖塑料膜或无纺土工布进行保湿养护，养护时间宜不少于7d。不宜在气温低于5℃时浇筑，否则应采取保温措施。仅当路基顶部轻质混凝土强度不小于0.5MPa时，方能进行后续路面施工。

泡沫轻质混凝土顶部以下1.0m高度范围内设置两层钢塑土工格栅；填筑高度5m≤H≤8m时，在轻质混凝土路基顶、底部1.0m以内分别设置两层钢塑三工格栅；填筑高度H＞8m时，除在轻质混凝土路基顶、底部1.0m以内分别设置两层钢筋网外，每隔4m再设置两层钢塑土工格栅。钢塑土工格栅采用GSGSS0-80型，钢塑格栅铺设时应采用ϕ8钢筋锚固，锚固点按1.5m×1.5m间距设置。

最后对以下内容继续检查：

①检查台阶开挖是否按设计设置反坡。

②检查模板线形与垂直度。

③在上一层泡沫轻质混凝土浇筑前检查下一层轻质泡沫混凝土强度是否达到要求。

④上一道工序验收合格后方能进行下一道工序施工。

2.3.2.3 质量控制

依据相关设计文件和图纸、施工技术规范及安全技术规范、现场实际施工条件等资料，按照相关程序文件精神和规定的程序、编制验收资料。主要依据以下资料：

(1)《中华人民共和国安全生产法》；

(2)《公路路基施工技术规范》(JTG/T 3610—2019)；

(3)《工程测量标准》(GB 50026—2020)；

(4)《公路工程技术标准》(JTG B01—2014)；

(5)《公路工程施工安全技术规范》(JTG F90—2015)；

(6)《公路工程施工质量检验评定标准 第一册 土建工程》(JTG F80/1—2017)；

(7)《气泡混合轻质土填筑工程技术规程》(CJJ/T 177—2012)。

1) 质量控制程序

泡沫轻质混凝土质量控制流程如图 2.3-11 所示：

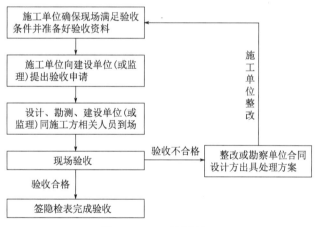

图 2.3-11 工序验收流程

2) 验收内容

(1) 基底验收：

①基底不应有明显积水和杂物。

②基底高程与设计值的偏差不应超过 ±0.1m，边界宽度或长度与设计值的偏差不应超过 ±0.1m。

(2) 浇筑层质量控制、中间检验及外观鉴定见表 2.3-1、表 2.3-2。

轻质混凝土浇筑层中间质量检验基本要求　　　　　　　表 2.3-1

序号	检查项目	检查频率及合格标准	不合格判定	不合格的处理措施
1	湿密度	每一浇筑层检查 6 次，湿密度全部满足设计要求	在设计规定的范围之外	当前浇筑层停止浇筑，未浇筑部位留待下次浇筑
2	沉陷	浇筑完毕后的 8~12h 内进行外观检验，如有明显沉陷点则进行沉陷距测量，合格标准为沉陷距不超过 3cm	沉陷距超过 3cm	沉陷区域或沉陷点外边界 1m 范围内当前浇筑层的轻质混凝土予以铲除
3	开裂	浇筑完毕后的 8~12h 内进行外观检验，如有明显开裂则对最宽裂缝的宽度测量，合格标准为裂缝宽不超过 3mm	裂缝宽度超过 3cm	整条裂缝外边界 1m 范围内当前浇筑层的轻质混凝土予以铲除

轻质土路基工程质量检验实测项目　　　　　　　表 2.3-2

序号	检查项目	规定值或允许偏差	检查方法和频率
1	抗压强度（MPa）	$q_{u,7d} \geq 0.5 q_c$ 或 $q_{u,28d} \geq 1.0 q_c$	1 次/500m³ 泡沫轻质混凝土
2	施工湿密度	在规定值或设计范围内	每一浇筑层不少于 6 次
3	轻质土路基顶面高程（mm）	±50	水准仪每 200m 测 4 断面
4	轻质土路基顶面长度和宽度（mm）	±100	每个方向测 3 处

外观鉴定：浇筑施工至设计高程后，应对整体外观进行检查。合格标准为边线平顺，表面平整；轻质混凝土顶面无不合格沉陷和不合格裂缝。

对恢复后的场地进行洒水，以固结地表，防止产生扬尘，并促进植被的自然恢复。

2.4 预制混凝土管桩软基处理技术

预制混凝土管桩是采用预应力技术、离心成型和蒸汽养护制成的一种空心圆柱形钢筋混凝土预制桩。预制混凝土管桩具有桩身强度高、耐久性好、成桩工艺可靠、一定的抗弯能力、工期方便快捷、造价低、施工现场文明洁净、设计选用范围广、质量检测方便等优点，体现了当代混凝土技术进步和混凝土制品高新工艺水平。

2.4.1 技术简介

由于地基土质强度较低、压缩性高、亲水性好，但透水性差，在这样的土质上修建公路或其他建筑物，会因为软弱地基中孔隙水压力而导致地基变形。传统的公路工程软基处理方法能够降低软弱土质的压缩性，但对于变形沉降的处理效果并不好。应用预制混凝土管桩对公路软基进行处理，可解决软基处理中变形沉降的问题并提升公路的稳定性。

2.4.1.1 预制混凝土管桩软基处理原理

管桩处理软土地基的原理和其他桩处理软土地基的原理相似，即充分发挥桩土的协同作用，形成桩土复合地基，达到提高原状地基承载能力的目的。但管桩的桩土荷载分担比和其他桩处理软土地基相比较，前者明显大于后者。因此，管桩处理软土地基在其桩帽大小、桩间距、桩顶垫层厚度、垫层是否加筋等的设计方面，也明显区别于其他桩处理软土地基的设计。

2.4.1.2 预制混凝土管桩承载力检测方法

目前基础施工主要采用的桩基检测方法有静荷载试验、高应变动力试桩试验、动力波小应变、试验钻芯法、声波投射法等。其中静荷载试验是目前最有效的测试桩基竖向承载力的方法。

静荷载试验法是在桩顶直接分级加载，同时观测每级加载后的稳定沉降量，通过分析试验结果，确定单桩竖向极限承载力值。这种方法综合考虑了桩-土的相互作用和同条件环境，因此所得数据具有较高的真实性。一般情况下重要工程均要求在现场做静荷载试验来确定单桩竖向极限承载力。

2.4.2 示范工程实施及效果

钦北高速公路改扩建工程对于软土层厚度大于5m的路段采用预制高强混凝土管桩进行软基处理，实施部位为主线 K2172+000～K2172+080 左扩、K2172+000～K2172+480 右扩、K2173+340～K2174+015 右扩及石湾互通段 BK0+17～BK0+270 右侧、FK0+420～FK0+700 右侧软基深度大于5m处。项目所处位置地震设防烈度为6度，采用400(60)A型管桩。

2.4.2.1 施工工艺

预制管桩的主要施工工艺流程如图2.4-1所示，主要的施工要点如下。

1）预制混凝土管桩质量检测

预制混凝土管桩运到工地后，需对进入工地的所有管桩进行检验与验收。

检测标准主要包括外观质量(桩身裂缝、黏皮、磕碰、断筋和脱头等方面)、桩身混凝土质量强度、桩体标准尺寸偏差检测,如图2.4-2所示。预制混凝土管桩的桩身力学性能指标见表2.4-1。

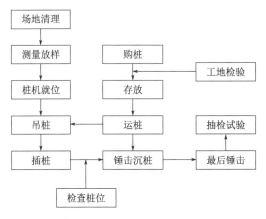

图2.4-1 施工工艺流程

图2.4-2 预制混凝土管桩质量检测

预制混凝土管桩的桩身力学性能指标 表2.4-1

抗裂弯矩(kN·m)	极限弯矩(kN·m)	桩身竖向承载力设计值(kN)
65	112	1710

2)开挖台阶

对管桩处理路段新旧路堤衔接处开挖台阶,见图2.4-3,确保新旧路基衔接的整体稳定性。台阶按1:1的坡比进行开挖,每级台阶宽度不小于1m。

3)测放桩位

根据项目概况,结合实际施工条件,对管桩放置的位置进行合理布点。依据图纸测量放线划分出的施工场地进行安全隔离,同时划分管桩桩位的施工边界。预制管桩软基处理断面设计图如图 2.4-4 所示,平面布置设计图和现场放样如图 2.4-5 和图 2.4-6 所示。

图 2.4-3 开挖台阶

4)桩机就位调试

线锤配合桩机自身垂直度控制系统对预制混凝土管桩进行调整,见图 2.4-7;使桩锤、桩帽及桩身成一垂直线,从而保证桩插入垂直度及平面位置准确。垂直度检测现场见图 2.4-8。

5)试验桩打入施工

为确定预制管桩的施工各项参数,在每段管桩施工前,先进行试验桩施工。

每段选取至少 3 根作为试验桩。以 BK0+17～BK0+270 段管桩为例,第一根试验桩试打的桩长为 12m,第二根试验桩试打的桩长为 16m,第三、第四根试验桩试打的桩长为 9m。其中,16m 管桩通过焊接接桩,焊接完成后进行外观质量检查,检查合格并且自然冷却 8min 后方可进行下一步施打。

6)桩帽施工

(1)管桩施工结束并验收合格后,随即可进行桩帽施工,桩帽通过小型构件预制场预制,运输至现场通过起重机或挖掘机安装。

(2)在桩头位置开挖,开挖的长度、宽度和深度以桩帽设计尺寸为依据。

(3)桩帽施工时要保证管桩高出地面至少 10cm,并插入桩帽中间孔洞内,调整桩帽线形后培土填实桩帽与地面空隙。桩帽施工流程见图 2.4-9～图 2.4-12。

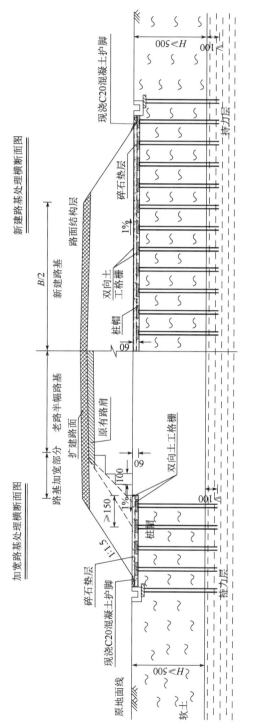

图 2.4-4 预制管桩软基处理断面设计图（尺寸单位：cm）

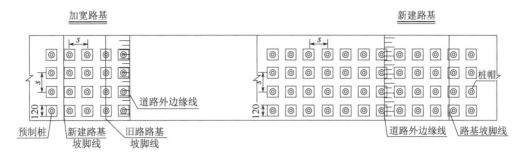

图2.4-5 预制管桩平面布置设计图（尺寸单位：cm）

图2.4-6 现场桩位放样

图2.4-7 桩机就位调试

图2.4-8 垂直度检测

图 2.4-9　机械挖出桩头

图 2.4-10　人工清理桩头土块

图 2.4-11　调运安装桩帽

图 2.4-12　桩帽安装完成

7）垫层及土工格栅施工

桩帽施工完成后，需填筑砂砾垫层及铺设土工格栅，步骤如下：

（1）铺筑第一层碎石，推土机整平，碎石缝隙用石屑填充，以激振力200kN以上的振动压路机先稳压1～2遍，再振压3～4遍。

（2）铺筑土工格栅，土工格栅应与其下的碎石垫层贴合紧密平整，不得扭曲、折皱。

（3）铺筑第二层碎石，施工工艺与第一层碎石相同。

2.4.2.2　实施效果

本工程参考《建筑基桩检测技术规范》（JGJ 106—2014）相关规定进行单桩竖向抗压静载试验检测。根据设计要求，桩竖向承载力要求随桩顶填土高度而不同，如表2.4-2所示。

桩竖向承载力要求　　　　　　　表2.4-2

填土高度（m）	单桩承载力特征值（kN）	复合地基承载力
<3	200	根据填土高度确定且不小于150kPa
3～5	400	
>5	500	

根据以上要求，BK0+17~BK0+270 段管桩的单桩承载力特征值定为 500kN，试验要求见表 2.4-3。

BK0+17~BK0+270 段管桩试验要求 表 2.4-3

检测内容	暂定数量（根）	单桩承载力特征值（kN）	最大试验荷载（kN）
单桩竖向抗压静载试验	3	500	1000

从 BK0+17~BK0+270 段管桩选取 9m 和 12m 桩进行单桩竖向承载力检测。其中，4 号桩进行了两次承载力检测，时间间隔为 10d，确保土体有足够的稳定时间，以验证设计桩长能否满足设计承载力要求。试验检测详细结果见表 2.4-4~表 2.4-6，试验 Q-s 曲线如图 2.4.13~图 2.4.15 所示，结果汇总见表 2.4-7。

BK0+090 4 号桩单桩竖向静载力试验检测结果 表 2.4-4

序号	荷载 Q（kN）	历时（min）本级	历时（min）累计	沉降（mm）本级	沉降（mm）累计 s
0	0	0	0	3.28	3.28
1	100	15	15	3.27	6.55
2	200	15	30	2.15	8.70
3	300	30	60	2.77	11.47
4	400	30	90	4.17	15.64
5	500	60	150	11.07	26.71
6	600	60	210	11.04	37.75
7	700	60	270	7.45	45.20
8	800	60	330	5.90	51.10
9	900	60	390	5.10	56.20
10	1000	60	450	2.40	58.60
11	800	30	480	0.86	59.46
12	600	60	540	-4.63	54.83
13	400	60	600	-4.96	49.87
14	200	90	690	-7.56	42.31
15	0	120	810	-13.90	28.41
最大沉降量：58.60mm		最大回弹量：30.19mm		回弹率：51.5%	

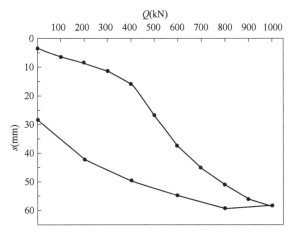

图 2.4-13　BK0+090 4号桩单桩竖向静载力试验 Q-s 曲线

BK0+080 3号桩单桩竖向静载力试验检测结果　　　　表2.4-5

序号	荷载 Q（kN）	历时（min）		沉降 s（mm）	
		本级	累计	本级	累计
0	0	0	0	0.00	0.00
1	100	60	60	3.81	3.81
2	200	60	120	3.87	7.68
3	300	60	180	4.14	11.82
4	400	60	240	2.93	14.75
5	500	60	300	2.79	17.54
6	600	60	360	1.91	19.45
7	700	60	420	3.33	22.78
8	800	60	480	3.70	26.48
9	900	60	540	3.64	30.12
10	1000	60	600	4.66	34.78
11	800	60	660	0.33	35.11
12	600	60	720	-1.25	33.86
13	400	60	780	-2.46	31.40
14	200	60	840	-1.82	29.58
15	0	780	1620	-14.75	14.83
最大沉降量：34.78mm		最大回弹量：19.95mm		回弹率：57.4%	

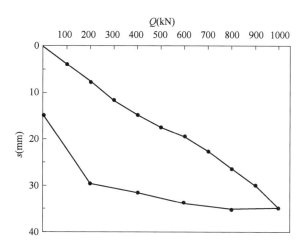

图 2.4-14　BK0+080 3 号桩单桩竖向静载力试验 Q-s 曲线

BK0+090 4 号桩单桩竖向静载力试验检测结果（第二次）　　表 2.4-6

序号	荷载 Q (kN)	历时(min) 本级	历时(min) 累计	沉降 s(mm) 本级	沉降 s(mm) 累计
0	0	0	0	0.00	0.00
1	100	120	120	5.23	5.23
2	200	120	240	4.18	9.41
3	300	120	360	5.28	14.69
4	400	120	480	7.07	21.76
5	500	120	600	5.35	27.11
6	600	120	720	6.03	33.14
7	700	120	840	5.61	38.75
8	800	120	960	5.68	44.43
9	900	120	1080	4.22	48.65
10	1000	120	1200	5.57	54.22
11	800	240	1440	-0.26	53.96
12	600	240	1680	-1.99	51.97
13	400	240	1920	-2.55	49.42
14	200	240	2160	-5.92	43.50
15	0	780	2940	-5.82	37.68
最大沉降量：54.22mm		最大回弹量：16.54mm		回弹率：30.5%	

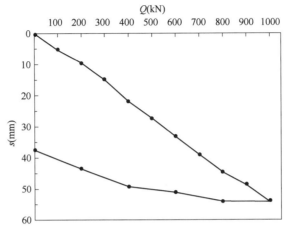

图 2.4-15　BK0+090 4 号桩单桩竖向静载力试验 Q-s 曲线（第二次）

单桩竖向承载力检测结果汇总　　　　表 2.4-7

序号	桩号	桩径（mm）	桩长（m）	最大试验荷载（kN）	对应沉降（mm）	极限承载力（kN）	对应沉降（mm）	残余沉降量（mm）
1	4 号	400	9	1000	58.60	600	37.75	28.41
2	3 号	400	12	1000	34.78	1000	34.78	14.83
3	4 号	400	9	1000	54.22	700	38.75	37.68

根据上述单桩竖向承载力试验结果可知：

（1）3 号桩（12m）加载到 1000kN 时，沉降量为 34.78mm，满足要求。

（2）3 号桩极限承载力为 1000kN，4 号桩极限承载力为 700kN。

（3）混凝土预制管桩应用于高速公路软土路基处理，有效控制了工后沉降，成功解决了高速公路拼宽段路基深厚软土地基处理的难题。

2.5　移动钢护栏应用技术

移动钢护栏是一种广泛应用于道路上的护栏，用以分隔车流、阻断通行。为防止失控车辆驶出路外，保护车辆及乘客免受重大损失，并能起到引导驾驶员视线和美化路容的作用，中央护栏可采用钢筋混凝土护栏。

2.5.1　技术简介

移动钢护栏是一种具有一定断面形状的墙式护栏，特殊之处为其"凸"字形的设计。其特点是：当汽车与护栏碰撞时，在瞬间移动荷载作用下，护栏基本上不移动、不变形(刚性状态)。碰撞过程中的能量主要是依靠汽车与护栏面接触、沿着护栏面爬高和转向来吸收，同时碰撞汽车也恢复到正常行驶方向。由于护栏高度偏低，对小型车辆有较好的防护能力，但大型车辆穿越护栏驶入对向车道造成二次事故的概率很大；此外，厚重的移动钢护栏会给小型车辆驾驶员以压抑感、引起视觉上的不悦。总体来说，移动钢护栏对碰撞车辆的爬高和转向比较有利，因此有利于减少车辆的损坏和保护车上乘员安全，但重型车辆碰撞则容易越过护栏冲向对面车道或路外。因此，移动钢护栏一般设置在中央分隔带处，且设置在易发生穿越到对向车道的转弯路段。

2.5.2 示范工程实施及效果

2.5.2.1 示范路段

移动钢护栏在钦北高速公路改扩建工程进行技术示范应用。

2.5.2.2 施工准备情况

(1)施工前，做好技术交底工作。交底必须细致齐全，并结合具体操作部位、关键部位和施工难点的质量要求、操作要点、安全要求等进行详细交底，做到安全文明施工。

(2)认真做好材料的计划采购准备，编制各项材料计划，对多种材料的采购、入库、保管和出库，制定完善的管理方法，同时加强防盗和防火管理。

(3)施工资源配置：拟安排项目部主管副经理1名、专职安全员2名、协管员5人。副经理负责安排和协调施工现场一切事务，并检查各道工序完成情况；其他工种密切配合施工。施工安装机械配置见表2.5-1，施工安装材料配置见表2.5-2。

移动钢护栏施工安装机械配置　　表2.5-1

序号	名称	单位	数量	备注
1	随车吊	台	1	
2	发电机	台	2	
3	冲击钻	台	4	

移动钢护栏施工安装材料配置　　表2.5-2

序号	名称	型号	单位	数量	备注
1	一般节	$1495 \times 500 \times 600$	个	600	
2	锚固节	$1495 \times 500 \times 600$	个	20	
3	横梁	$60 \times 100 \times 1495 \times 3$	根	600	

续上表

序号	名称	型号	单位	数量	备注
4	膨胀螺栓	200×250	根	100	
5	连接螺栓	12×20	套	1200	
6	连接方管	4.5	个	1200	
7	连接方管	3	个	1200	
8	插杆	22×570	根	2400	

2.5.2.3 安全保证措施

施工贯彻"安全第一，预防为主，综合治理"安全生产的方针，建立健全安全生产组织体系，制定施工安全保证措施。明确各岗位安全责任制，落实到人，定期考核。

2.5.2.4 施工期间交通组织及现场安全措施

根据《道路交通标志和标线 第4部分：作业区》(GB 5768.4—2017)和《公路养护安全作业规程》(JTG H30—2015)要求设立标志牌和隔离设施。本项目施工时的施工作业区应设置警告区、上游过渡区、缓冲区、工作区、下游过渡区、终止区六部分。具体设计图见图2.5-1，实施见图2.5-2。

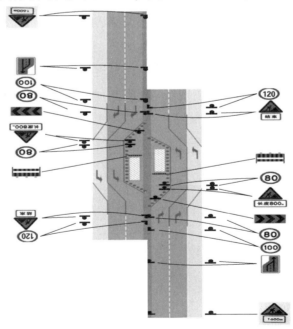

图2.5-1 交通管制设计图

图 2.5-2 交通管制实施

1) 安全技术措施

(1) 确保安装过程中移动钢护栏的顺直且牢固可靠。

(2) 移动钢护栏必须顺着车流方向安装(除特殊情况)。

(3) 必须加强巡查维护。

2) 涉路施工安全措施

各类标志标牌以及路锥严格按规范摆放,做好对工作区内的巡查,发现标志标牌或路锥倾倒时要及时摆正,避免影响行车道的安全。

2.5.2.5 施工工艺

(1) 首先移动护栏段落的起点设置端部节,在地面钻孔,孔距和端部连接底面孔距相符,孔的大小和深度符合膨胀螺栓的要求,钻孔完成后用膨胀螺栓把端部节与路面安装紧固。

(2) 用连接螺栓把方管与护栏主体连接,两端各一个连接螺栓,拧紧牢固。

(3) 端部节安装完成后再安装一节锚固节,先用连接方管把端部节和锚固节用插杆连接,连接方管上下各一个,上端连接方管厚度比下部方管厚。上端连接方管分别插入两节护栏的矩形方管,下部方管插入护栏下部的连接孔内,用插杆插入连接好后拉紧,定位后用膨胀螺栓把锚固节在地面安装紧固。

(4) 将护栏拉开拉紧。

(5) 安装标准节,标准节连接锚固节与标准节和标准节连接相同,应用连接方管,上下各一根,上面一个连接方管分别插入护栏上段方管内,连接方管的孔和护栏上段方管连接孔对齐,下面连接方管分别插入护栏下段连接件的方孔内,并和连接件的插杆孔上下对齐,上下对齐后用插杆插入连接,拉紧对齐。

(6)防眩板安装于护栏方管上,每节护栏装一片防眩板。方管安装时注意防眩板的位置和间距,不能把防眩板螺栓孔压在下面,方管上防眩板孔始终在护栏前侧,再用连接螺栓把防眩板直接连接在方管上。

(7)每16节(24m)安装一个轮廓标,直接用插杆把轮廓标固定于护栏上;每间隔50m(33节)安装两节锚固节,在整个段落最后安装一节锚固节和端部节,安装方法和起点一致。施工过程见图2.5-3。

图2.5-3 移动钢护栏施工过程

2.5.2.6 移动钢护栏安装建设质量控制措施

本工程实行"首件制度",各移动钢护栏安装施工必须通过首件认可后再进行全面施工。工程质量控制措施如下:

(1)首件工程施工过程中,项目技术负责人及质量负责人组织先进行自检,按设计要求和质量检验标准进行评定,填写验收记录表,见表2.5-3。

(2)自检合格后,由工程部约请监理、设计、建设单位组织进行检验并办理首件验收会签手续。

(3)技术部和质量部做首件总结,并根据首件验收意见调整或优化施工工艺,不经监理、建设单位批准不得进行大面积施工。

移动钢护栏检验表　　　　　表2.5-3

项目名称:

承包单位:　　　　　　　　　合同号:

监理单位:　　　　　　　　　编　号:

序号	检验项目	检查内容及允许偏差		检测方法	合格/不合格	备注
1		移动钢护栏护等级应达到《公路护栏安全性能评价标准》(JTG B05-01—2013)中的A级以上,应具有由国家认可的具有相应检测资质的机构出具的公路护栏安全性能检测报告		核查		
2		移动钢护栏所有管件及钢板的材质均为Q235,其机械性能及化学成分应符合《碳素结构钢》(GB/T 700—2006)的规定		核查		
3		现场移动钢护栏尺寸等参数与公路护栏安全性能检测报告附图中的尺寸等参数及设计图纸参数必须一致		核查		
4	护栏部件连接方式	全部采用铆接		核查		
5	固定防眩板、轮廓标位置	顶端预留防眩板孔(孔距1.2m一处)、侧面预留轮廓标螺栓孔		核查		
6	护栏高度	详见钦北高速公路改扩建项目移动钢护栏设计图纸	不低于700mm	钢卷尺水平尺		
7	护栏宽度	500mm	±5mm	钢卷尺水平尺		
8	侧板厚度	移动钢护栏设计图纸要求的侧板厚度	不低于3mm	壁厚千分尺		
9	钢管直径	设计图纸中要求的管径	±1%			

续上表

序号	检验项目	检查内容及允许偏差		检测方法	合格/不合格	备注
10	钢管壁厚	设计图纸中要求的管壁厚度	+不限 -1%	壁厚千分尺		
11	侧板及连接件	表面采用热镀锌防锈处理	侧板锌层厚度 10~15μm	涂层检测仪		
12	表面整体喷塑	静电喷涂		核查		
13	白色底漆护栏项目标识	工程项目业主图纸设计要求（字体、字号、标识）		交通标识专用	核查	
14	连续锚固间隔长度（m）	≤50m	无V形缺口 锚固合规	米尺		
15	排水设施	单节排水孔截面积≥12cm²		米尺		
16	防眩板	高度为900mm，宽度为200m		米尺		
17	轮廓标	间距21m。内侧为黄色，外侧为白色		米尺	合格	
18	安全与应急	相邻两节护栏需通过活管连接	可90°拆除	检查	合格	
联合检查组签字、日期						
项目负责人签字、日期						
设计院签字、日期						
总监办签字、日期						
指挥部签字、日期						
检查意见： 检查人员：　　　　　　　　　　　　　　　　　年　月　日						
复查意见： 复查人：　　　　　　　　　　　　　　　　　　年　月　日						

2.5.2.7　实施效果

本技术的实施提高了行车安全保障水平，减少了交通事故发生的概率，社会反映良好。实施效果见图2.5-4。

图 2.5-4 移动钢护栏实施效果

2.6 技术小结

基于提升钦北高速公路改扩建工程快速安全施工水平和施工期通行能力的需求，通过对桥（涵）下部桩柱一体化的装配式快速施工技术、基于智慧设施的作业区安全预警技术、预制混凝土管桩软基处理技术、泡沫轻质土路基修筑技术、移动钢护栏应用技术等课题开展创新攻关和推广技术研究，取得了以下创新研究成果：

（1）针对传统桥梁下部结构形式现浇式和部分装配式施工养护时间长、无法快速恢复交通、场地占用大、对既有交通影响较大的特点，创新性地提出了桥梁全装配式下部结构桩柱一体化工艺结构，不但减少了现场浇筑承台的环节，还解决了桩基处于中央分隔带时对占地要求大的问题。同时，桥梁所有构件（包含桩、柱）工厂化预制、现场拼装，真正实现"建桥如同组装汽车"的理念，在保证桥梁建造质量的同时，大幅缩短了施工时间和场地占用时间。

（2）开展基于智能汇合控制和主动安全预警的施工期交通安全动态管控技术研究，研发了高速公路改扩建施工作业区信息发布与车辆智能汇合控制系统，实现了公路施工区交通运行数据的采集、传输、处理及信息发布，有效减少了施工过渡区的交通冲突，施工区瓶颈路段的通行能力提升了13%以上。

（3）开展软土及占地受限区泡沫轻质混凝土路基修筑技术推广应用，提出了发泡产能高、性能优异、气泡稳定的发泡装置与制备工艺，确定了可制备高性能泡沫轻质混凝土的材料配方，给出了不同原材料的类型与用量，提出了泡沫轻质混凝土性能提升技术与稳定性调控技术,缩小了工程用地范围。

(4)开展预制混凝土管桩软基处理技术推广应用,提出了完整的施工工艺,应用预制混凝土管桩对公路软基进行处理,有效解决了钦北高速公路改扩建工程软基处理中变形沉降的问题,并提升了公路基础的稳定性。

(5)在钦北高速公路改扩建工程全线推广应用移动钢护栏,该护栏主要用于改扩建交通疏导,有效保障了改扩建施工期的交通安全。

第3章 废旧材料循环再利用技术

广西钦北高速公路改扩建科技示范工程紧扣"低影响、高品质改扩建"主题，集中开展废旧材料循环利用领域技术研究与示范应用，形成广西滨海地区高速公路低影响高品质改扩建技术方法体系。

3.1 废旧混凝土全组分再利用技术

废旧混凝土全组分再利用技术是通过混凝土破碎分选机将下役钢筋混凝土回收加工成再生集料，经过清洗、补强后提升再生集料的性能，从而能够应用于软土地基换填、路面垫层、路面基层、混凝土附属设施等场合，实现废旧混凝土100%再利用。

3.1.1 技术简介

废旧混凝土全组分再利用技术可最大化利用废旧混凝土构造物，为改扩建项目中产生的4万余吨废旧混凝土提供利用方案，不仅节约弃渣占地降低成本，而且有效减少碳排放，具有显著的经济效益、社会效益和环境效益。

再生集料由于表面包裹着一层砂浆，因此性能略低于天然集料，通过改善表面性状可以提高再生集料的性能。合理运用经过处理的再生集料，可以有效提高再生混凝土的服役性能，应用范围更广。

3.1.1.1 废旧混凝土再利用原理

随着我国危旧桥梁数量的逐年递增、路面改扩建项目的不断增加及公路建设的持续发展，许多桥梁和旧水泥混凝土路面需要进行拆除，大量的拆除废料随之产生。废旧混凝土再生利用，原理是将废弃混凝土构件进行破碎回收分类，按应用需求对回收集料进行处理并最终替代天然集料重复利用。

3.1.1.2 废旧混凝土破碎再生工艺

合理的破碎工艺包括满足要求的破碎设备和相关的技术参数，破碎工艺决定了再生集料针片状含量、粒形、粒径等技术参数，更决定了可实现高值化利用的再生集料产出量。结合钦北高速公路改扩建工程实施情况，混凝土再生集料的生产工艺包括以下几个环节：

步骤一：将废弃钢筋混凝土投入一次破碎仓进行破碎。

步骤二：二次破碎仓对一次破碎后的集料进行二次破碎。

步骤三：二号传送带上方的磁铁吸附二次破碎后的集料中的钢筋。

步骤四：一次筛分装置筛出粒径满足要求的集料，其余粒径不符合要求的集料通过三号传送带返回二次破碎仓中进行再次破碎。

步骤五：清洗仓对粒径满足要求的集料进行清洗。

步骤六：补强仓对清洗后的集料进行补强处理。

步骤七：二次筛分装置筛选出三种不同粒径的集料，进行分类存放。

产出的再生集料如图3.1-1所示。

图3.1-1 再生集料

该生产工艺具备以下有益效果：

(1) 经历二次破碎且对产出料粒径进行筛分，对粒径不合格的集料需进行再次破碎，可以提升下役钢筋混凝土破碎程度。

(2) 在传送带上方设置磁铁模块，可以吸附钢筋，保证产出料为合格的再生集料。

(3) 设置清洗装置，对产出的再生集料进行表面处理，降低再生集料表面差异化对再生混凝土性能的影响。

(4) 设置补强装置，可以对产出的再生集料性能进行强化，提升再生集料质量。

(5) 在输出端设置筛分设备，对产出的再生集料分档归类，提升利用效率。

3.1.2 示范工程实施及效果

本项目在广西钦北高速公路改扩建工程2-1分部、2-2分部、2-3分部以及石湾枢纽互通G匝道路基段实施了废旧混凝土全组分再利用技术示范应用。

3.1.2.1 再生集料技术参数检验

项目组根据施工单位提供的再生集料,开展了再生集料技术参数验证工作。

1)粗集料技术参数检验

破碎再生的粗集料分 5~10mm 和 10~20mm 两档,参照《混凝土用再生粗骨料》(GB/T 25177—2010)进行试验。经过室内检测,试验过程如图 3.1-2 所示,再生粗集料的各项试验结果见表 3.1-1,筛分结果见表 3.1-2,规范要求见表 3.1-3。

图 3.1-2 再生粗集料及试验

再生粗集料技术参数 表 3.1-1

项目	单位	试验结果		试验方法
		5~10mm	10~20mm	
吸水率	%	6	3.2	GB/T 17431.2
含泥量	%	0.9	0.8	GB/T 14685
表观密度	kg/m³	2320	2460	GB/T 14685
针片状含量	%	9.7	7.3	GB/T 14685
压碎值	%	25	25	GB/T 14685

筛分结果 表 3.1-2

石子规格 10~20mm	筛分前质量 1979g			石子规格 10~20mm	筛分前质量 2006g		
筛孔(mm)	筛上质量(g)	分计筛余(%)	累计筛余(%)	筛孔(mm)	筛上质量(g)	分计筛余(%)	累计筛余(%)
26.5	0	0	0	26.5	0	0	0
19	44.9	2.3	2.3	19	50.2	2.5	2.5
13.2	44.9	55.9	58.1	13.2	1117.9	55.7	58.2
9.5	1105.3	40.4	98.5	9.5	810.2	40.4	98.6

续上表

石子规格 10~20mm				石子规格 10~20mm			
筛孔(mm)	筛上质量(g)	分计筛余(%)	累计筛余(%)	筛孔(mm)	筛上质量(g)	分计筛余(%)	累计筛余(%)
4.75	0	0	98.5	4.75	0	0	98.6
筛底	23.5	1.2	99.7	筛底	22.6	1.1	99.7
损耗百分率		0.29		损耗百分率		0.25	
石子规格 5~10mm		筛分前质量1900g		石子规格 5~10mm		筛分前质量1952g	
筛孔(mm)	筛上质量(g)	分计筛余(%)	累计筛余(%)	筛孔(mm)	筛上质量(g)	分计筛余(%)	累计筛余(%)
9.5	83.9	4.4	4.4	9.5	75.3	3.9	3.9
4.75	1148.1	60.4	64.8	4.75	1182.8	60.6	64.5
2.36	413	21.7	86.6	2.36	410.3	21	85.5
1.18	64.8	3.4	90	1.18	74.8	3.8	89.3
0.6	35.6	1.9	91.9	0.6	46.9	2.4	91.7
0.3	34.3	1.8	93.7	0.3	37.8	1.9	93.6
0.15	31.8	1.7	95.3	0.15	34.7	1.8	95.4
0.075	26.9	1.4	96.8	0.075	28.9	1.5	96.9
筛底	61	3.2	100	筛底	59.7	3.1	100
损耗百分比		0.03		损耗百分比		0.04	

《混凝土用再生粗骨料》(GB/T 25177—2010)中的要求　　　表3.1-3

项目	技术要求		
	Ⅰ级	Ⅱ级	Ⅲ级
吸水率(%)	<3.0	<5.0	<8.0
含泥量(%)	<0.5	<0.7	<1.0
表观密度(kg/m³)	>2450	>2350	>2250
针片状含量(%)	<10		
压碎值(%)	<12	<20	<30

由上述检测数据以及《混凝土用再生粗骨料》(GB/T 25177—2010)标准可以看出，钦北高速公路改扩建项目中破碎再生产出的再生粗集料颗粒级配筛分结果符合规范要求。5~10mm粒径再生粗集料的吸水率、含泥量和压碎值满足Ⅲ级标准，表观密度接近Ⅱ级标准，针片状含量满足《混凝土用再生粗骨料》(GB/T 25177—2010)要求；10~20mm粒径再生粗集料吸水率满足Ⅱ级标准，含泥量和压碎值满足Ⅲ级标准，表观密度满足Ⅰ级标准，针片状含量满足规范要求。

2）细集料技术参数检验

参照《混凝土和砂浆用再生细骨料》(GB/T 25176—2010) 对再生细集料进行试验。经过室内检测，试验过程如图 3.1-3 所示，再生细集料的各项试验结果见表 3.1-4，筛分结果见表 3.1-5，规范要求见表 3.1-6。

图 3.1-3 再生细集料及试验

再生细集料技术参数 表 3.1-4

项目	单位	试验结果	试验方法
含泥量	%	2.5	GB/T 14684
表观密度	kg/m³	2250	GB/T 14684
亚甲蓝值	—	0.2	GB/T 14684
压碎值	%	28	GB/T 14684
细度模数	—	2.83	GB/T 14684
微粉含量	%	8.5	GB/T 14684

筛分结果 表 3.1-5

筛孔尺寸	筛上质量	分计筛余	累计筛余
9.5	0	0	0
4.75	0	0	0
2.36	85.3	17.1	17.1
1.18	118.6	23.7	40.8
0.6	104.3	20.9	61.7
0.3	78	15.6	77.3
0.15	44.7	8.9	86.2
0.075	37.1	7.4	93.6
筛底	29.7	5.9	99.5
损耗百分率		0.5	

《混凝土和砂浆用再生细骨料》(GB/T 25176—2010)中的要求　　　　表3.1-6

项目		技术要求		
		Ⅰ级	Ⅱ级	Ⅲ级
含泥量(%)		<1.0	<2.0	<3.0
表观密度(kg/m³)		>2450	>2350	>2250
压碎值(%)		<20	<25	<30
微粉含量(%)	MB<1.4 或合格	<5.0	<7.0	<10.0
	MB>1.4 或不合格	<1.0	<3.0	<5.0

由上述检测数据以及《混凝土和砂浆用再生细骨料》(GB/T 25176—2010)的标准可以看出,钦北高速公路改扩建项目中破碎再生产出的再生细集料颗粒级配筛分结果符合《混凝土和砂浆用再生细骨料》(GB/T 25176—2010)的要求。按规格分类,细度模数为2.8,属于中砂范畴。再生细集料的含泥量、表观密度、压碎值满足Ⅲ级标准,亚甲蓝值为0.2,微粉含量满足Ⅲ级标准。

3.1.2.2　再生混凝土室内性能试验

根据再生集料应用场景,分别设计再生混凝土配合比进行路用性能试验,验证再生集料代替天然集料的可行性。应用场景包括路面基层、路面面层、附属设施混凝土构造物。

1) 路面基层配合比室内性能试验

根据《公路路面基层施工技术细则》(JTG/T F20—2015),基层集料技术要求见表3.1-7及表3.1-8。

水泥稳定碎石集料技术要求　　　　表3.1-7

指标	高速及一级公路		二级及以下公路		试验方法
	基层	底基层	基层	底基层	
压碎值(%)	≤22	≤26	≤30	≤35	T 0316
针片状颗粒含量(%)	≤18	≤20	≤20	≤20	T 0312
0.075mm 以下粉尘含量(%)	≤1.2	—	—	—	T 0310
软石含量(%)	≤3	—	—	—	T 0320

由表3.1-1可知,5~10mm 和 10~20mm 两档再生粗集料的压碎值均为25%,符合路面底基层碎石集料的使用标准。同时,由表3.1-2和表3.1-5的筛分结果可知,单粒集配中,4.75~9.5mm 这一范围内,2.36mm 和 4.75mm 粒径集料累计筛余百分比不符合《公路路面基层施工技术细则》(JTG/T F20—2015)的

集配要求；9.5~19mm这一范围内，4.75mm、9.5mm与19mm粒径集料累计筛余百分比都符合《公路路面基层施工技术细则》(JTG/T F20—2015)的规定。路面基层再生混凝土配合比设计及用料品种见表3.1-9。

再生粗集料级配范围　　　　　　　　　　表3.1-8

方孔筛尺寸(mm)	2.36	4.75	9.50	16.0	19.0	26.5	31.5	37.5	试验方法
级配类型	累计筛余(以质量计)(%)								
合成级配 4.75~16.0	95~100	85~100	40~60	0~10	—	—	—	—	JTG F42 T 0302
合成级配 4.75~19.0	95~100	85~95	60~75	30~45	0~5	0	—	—	
合成级配 4.75~26.5	95~100	90~100	70~90	50~70	25~40	0~5	0	—	
合成级配 4.75~31.5	95~100	90~100	75~90	60~75	40~60	20~35	0~5	0	
单粒级配 4.75~9.5	95~100	80~100	0~15	0	—	—	—	—	
单粒级配 9.5~16.0	—	95~100	80~100	0~15	0	—	—	—	
单粒级配 9.5~19.0	—	95~100	85~100	40~60	0~15	0	—	—	
单粒级配 16.0~26.5	—	—	95~100	55~70	25~40	0~10	0	—	
单粒级配 16.0~31.5	—	—	95~100	85~100	55~70	25~40	0~10	0	

路面基层再生混凝土配合比设计　　　　　　表3.1-9

序号	水泥M32.5比例	水灰比	细集料 0~4.75mm	粗集料 4.75~9.5mm	粗集料 9.5~19mm	粗集料 19~26.5mm
1	4%	0.4	37%	18%	17%	28%
2	5%	0.4	37%	18%	17%	28%

根据表3.1-9中配合比进行室内7d无侧限抗压强度试验，试验过程如图3.1-4所示，试验结果见表3.1-10。

图3.1-4　再生混凝土试件与抗压强度试验

路面基层再生混凝土试验结果 表3.1-10

序号	设计指标			实测各项指标		
	加州承载比（%）	无侧限强度（MPa）	压实度（%）	无侧限强度（MPa）	最大干密度（g/cm³）	最佳含水率（%）
1	—	≥3	97	3.7	2.375	5.1
2	—	≥5	98	5.8	2.388	5.4

根据表 3.1-10 数据可以发现，两组配合比的再生混凝土试件 7d 无侧限抗压强度均满足设计指标，均可运用于路面水泥稳定碎石底基层或基层。其中，1 号配合比用于水泥稳定碎石底基层，2 号配合比用于水泥稳定碎石基层。考虑到施工时所采用材料、生产设备等因素的影响，应根据工地所用材料及设备等的实际情况，按设计强度要求重新试验予以确定，但是水泥剂量不宜超过 6%。

2）路面面层配合比室内性能试验

根据《公路水泥混凝土路面施工技术细则》(JTG/T F30—2014)，细集料应符合表 3.1-11 的技术要求。

再生细集料规格要求 表3.1-11

规格名称	工程粒径（mm）	通过下列筛孔(mm)的质量百分率（%）							公称粒径（mm）
		9.5	4.75	2.36	1.18	0.6	0.3	0.15	0.075	
XG1	3～5	100	90～100	0～15	0～15	—	—	—	—	2.36～4.75
XG2	0～3	—	100	90～100				0～15		0～2.36
XG3	0～5	100	90～100					0～20		0～4.75

根据《公路水泥混凝土路面施工技术细则》(JTG/T F30—2014)，再生粗集料集配曲线与规范集配上下限曲线如图 3.1-5 所示，再生细集料集配曲线如图 3.1-6 所示。

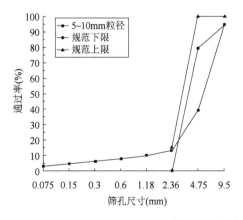 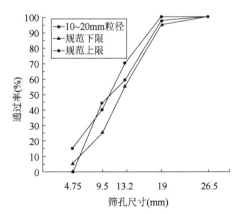

图 3.1-5 再生粗集料级配曲线

第3章
废旧材料循环再利用技术

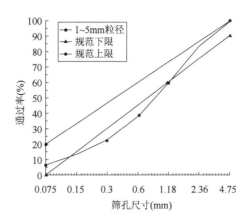

图 3.1-6 再生细集料级配曲线

由前文再生集料技术参数检验结果可以发现，各项技术指标较好。因此，可考虑利用再生集料在不同程度上替代天然碎石，开展路面混凝土配合比设计与强度验证。路面面层再生混凝土配合比设计见表 3.1-12。

路面面层再生混凝土配合比设计　　　表 3.1-12

编号	水泥用量（kg/m³）	细集料		粗集料				其他
		天然机制砂	再生细集料 0~5mm	天然集料 5~10mm	天然集料 10~20mm	再生集料 5~10mm	再生集料 10~20mm	
1	350	80%	20%	15%	35%	15%	35%	水 165kg/m³
		573kg/m³	143kg/m³	175kg/m³	409kg/m³	175kg/m³	409kg/m³	砂率 38%
2	350	100%	0%	15%	35%	15%	35%	水 165kg/m³
		716kg/m³	0kg/m³	175kg/m³	409kg/m³	175kg/m³	409kg/m³	砂率 38%
3	350	100%	0%	21%	49%	9%	21%	水 165kg/m³
		716kg/m³	0kg/m³	245kg/m³	572kg/m³	105kg/m³	245kg/m³	砂率 38%

注：上述配合比相对重度设计为 2400，砂率为 38%，用水量为 165kg/m³，考虑再生细集料取代 20% 和 0%；粗集料取代天然集料 50% 和 30%；其他比例可以根据试验结果进一步调整。

根据表 3.1-12 中配合比进行室内 28d 抗折强度试验，试验结果见表 3.1-13。

路面面层再生混凝土试验结果　　　　　　表3.1-13

编号	龄期(d)	有效强度(MPa)
1	28	4.4
2	28	4.9
3	28	5.1

根据表3.1-13数据可以发现,2号配合比与3号配合比相比,其再生粗集料用量由30%增加到了50%,而28d抗折强度变化不大,说明再生粗集料对路面的抗折强度影响有限;1号配合比与3号配合比相比,增加了20%再生细集料,但是28d抗折强度明显下降,说明再生粗集料对路面抗折强度具有不利影响,应尽量减少对再生细集料的使用。再生混凝土路面实施位置为二级公路,推荐的路面混凝土配合比见表3.1-14。

推荐配合比　　　　　　表3.1-14

公路等级		二级路
水泥(kg/m³)		350
水(kg/m³)		165
减水剂(kg/m³)		3.5
天然细集料(kg/m³)		716
天然集料(kg/m³)	5~10mm	245
	10~20mm	572
再生集料(kg/m³)	5~10mm	105
	10~20mm	245
坍落度(cm)		5~8

3)附属设施混凝土构造物配合比室内性能试验

再生集料应用于附属设施混凝土构造物施工如排水沟、路缘石时,可参照《公路水泥混凝土路面施工技术细则》(JTG/T F30—2014)对原材料的要求执行,重点关注配制混凝土的性能是否满足要求。

不同附属设施构造物对混凝土的强度要求不同,因此考虑设计C20、C25、C30三种强度等级再生混凝土配合比。为了最大限度地利用再生集料,各强度配合比设计三种再生集料掺量进行试验。附属设施再生混凝土配合比设计见表3.1-15。

附属设施再生混凝土配合比　　　　表3.1-15

强度	水泥(kg/m³)	细集料		粗集料				其他
		机制砂	再生细集料	非再生集料 5~10mm	非再生集料 10~20mm	再生集料 5~10mm	再生集料 10~20mm	
C20[a] 100%	290	0%	100%	0%	0%	30%	70%	水 165kg/m³
		0kg/m³	800kg/m³	0kg/m³	0kg/m³	332kg/m³	773kg/m³	砂率42%
C20[a] 50%	290	0%	100%	15%	35%	15%	35%	水 165kg/m³
		0kg/m³	800kg/m³	166kg/m³	387kg/m³	166kg/m³	387kg/m³	砂率42%
C20[a] 70%	290	0%	100%	9%	21%	21%	49%	水 165kg/m³
		0kg/m³	800kg/m³	100kg/m³	232kg/m³	232kg/m³	541kg/m³	砂率42%
C25[b]	320	50%	50%	0%	0%	30%	70%	水 165kg/m³
		375kg/m³	375kg/m³	0kg/m³	0kg/m³	337kg/m³	788kg/m³	砂率40%
C25[b]	320	50%	50%	15%	35%	15%	35%	水 165kg/m³
		375kg/m³	375kg/m³	168kg/m³	394kg/m³	168kg/m³	394kg/m³	砂率40%
C25[b]	320	100%	0%	0%	0%	30%	70%	水 165kg/m³
		750kg/m³	0kg/m³	0kg/m³	0kg/m³	337kg/m³	788kg/m³	砂率40%
C25[b]	320	100%	0%	15%	35%	15%	35%	水 165kg/m³
		712kg/m³	0kg/m³	168kg/m³	394kg/m³	168kg/m³	394kg/m³	砂率40%
C30[c]	350	80%	20%	15%	35%	15%	35%	水 165kg/m³
		573kg/m³	143kg/m³	175kg/m³	409kg/m³	175kg/m³	409kg/m³	砂率38%
C30[c]	350	100%	0%	15%	35%	15%	35%	水 165kg/m³
		716kg/m³	0kg/m³	175kg/m³	409kg/m³	175kg/m³	409kg/m³	砂率38%
C30[c]	350	100%	0%	21%	49%	9%	21%	水 165kg/m³
		716kg/m³	0kg/m³	245kg/m³	572kg/m³	105kg/m³	245kg/m³	砂率38%

注：[a] 上述配合比设计相对重度为2360，砂率为42%，用水量为165kg/m³；如果在拌和的过程中发现包裹不好，可以调整砂率；调整砂率的同时，对应调整各集料之间的质量变化；如果第一次试验发现强度略低，可以提高水泥用量，一般C20水泥用量在270~300之间。

[b] 上述配合比设计相对重度为2360，砂率为40%，用水量为165kg/m³；如果在拌和的过程中发现包裹不好，可以调整砂率；调整砂率的同时，对应调整各集料之间的质量变化；如果第一次试验发现强度略低，可以提高水泥用量，一般C20水泥用量在300~330之间。

[c] 上述配合比相对重度设计为2400，砂率为38%，用水量为165kg/m³，考虑再生细集料取代20%和0%；粗集料取代天然集料50%和30%；其他比例可以根据试验结果进一步调整。

根据表3.1-15中配合比进行室内7d抗压强度试验和28d抗折强度试验，试验过程如图3.1-7所示，试验结果见表3.1-16。

图 3.1-7 混凝土强度试验

附属设施再生混凝土试验结果　　　　　表 3.1-16

组号	材料组成	7d 强度（MPa）	28d 强度（MPa）
C20-2	100% 机制砂，100% 再生集料	27.0	试件破坏未做
C25-1	50% 再生砂，100% 再生集料	22.0	33.3
C25-2	50% 再生砂，50% 再生集料	24.2	36.1
C25-3	100% 机制砂，100% 再生集料	28.0	39.1
C30-1	80% 机制砂，50% 再生集料	39.2	47.9
C30-2	100% 机制砂，50% 再生集料	38.1	53.1
C30-3	100% 机制砂，20% 再生集料	33.2	52.5

根据表 3.1-16 试验数据可以发现，不同混凝土再生集料掺量下均能满足设计强度要求，说明本项目废旧混凝土再生技术产出的再生集料质量较高。因此，以保证混凝土强度和较大再生集料利用率为原则，推荐不同强度等级的配合比见表 3.1-17。

不同强度推荐配合比　　　　　表 3.1-17

强度等级		C20	C25	C30
水泥（kg/m³）		290	320	350
水（kg/m³）		165	165	165
减水剂（kg/m³）		0.5	0.8	1.0
天然细集料（kg/m³）		0	750	716
再生细集料（kg/m³）		800	0	0
天然集料（kg/m³）	5~10mm	0	0	350
	10~20mm	0	0	0

续上表

强度等级		C20	C25	C30
再生集料 （kg/m³）	5~10mm	332	337	0
	10~20mm	773	788	818
坍落度(cm)		18~22	18~22	18~22

3.1.2.3 再生集料现场应用

1）废旧混凝土防撞墙整体再利用

废旧混凝土防撞墙由于具有较高的性能，可以将其整体再利用，能有效节约施工材料、人力物力，减少混凝土废弃物，符合绿色施工原则。对钦北高速公路废旧混凝土防撞墙进行完整性检查，对表面无裂缝的防撞墙进行整块切割，应用于改扩建期间交通导改的车道分隔防撞护栏。应用方式如图3.1-8所示。

废旧混凝土防撞墙应用位置位于钦北高速公路改扩建项目全线，主要用于道路交通导改车辆分隔、临时防撞护栏以及铁山港大桥临时导改安全设施。

图3.1-8 废弃混凝土防撞墙整体利用示范

2）再生集料用于软土换填

钦北高速沿线部分路段以路堤形式从河塘、水田处通过，且多分布浅层软土，除局部农田、水塘段存在大于3m的情况外，其余厚度均小于3.5m，系褐色软塑状粉质黏土，高含水率，高孔隙比，承载力低，容许承载力在80~120kPa左右。通过软土沉降和稳定性计算，此类深层软土（部分为含有硬壳层的深层软土）由于工后沉降不满足要求，需进行处理。因此，将现场初步破碎后分拣大量片块石，需要利用片块石的路段可进行就近利用，节省转运费用。

对旧路混凝土构造物，经炮机初步破碎后产生的大粒径片块石就近应用于路基软土换填和树木挖坑开挖面回填，具体示意图如图3.1-9所示。

3）再生集料用于路床及台背回填

钦北高速公路改扩建项目部分路段存在高液限土、膨胀土，黏粒含量高，高液限和高塑性指数，大部分土源为具有弱膨胀潜势的黏土，按照规范要求不能直接作为路基填料。结合广西地区气候特点及实际施工经验，高液限土、膨胀土掺灰改良方法不太适合。本着环保与节约土地资源的设计理念，对于路基挖方高液限土、膨胀土，满足一定条件后可考虑掺砂砾、碎石或碎石土等粗粒土，改良后用于路基特定部位的填筑。应用示意图如图 3.1-10 所示。

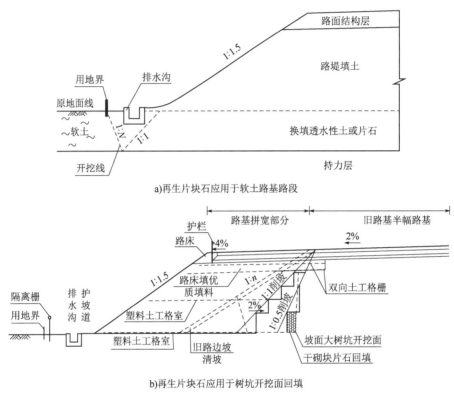

图 3.1-9 再生集料用于软土换填示意

4）再生混凝土用于路面垫层

用于垫层的级配碎石，由预先筛分 3 组以上不同粒径的碎石（31.5～19.0mm 或 26.5～19.0mm，19.0～9.5mm，9.5～4.75mm 的碎石，统一为 3 个粒级分仓堆放）及 4.75mm 以下的石屑组配而成。再生混凝土应用位置为改扩建道路级配碎石垫层、旧路设置横向排水盲沟的路段回填以及中央分隔带渗沟的碎石回填，应用位置如图 3.1-11 所示。

5）再生混凝土料用于路面基层

选用合适的再生混凝土配合比用于路面水泥稳定级配碎石底基层与基层，应用示意图如图 3.1-12 所示。

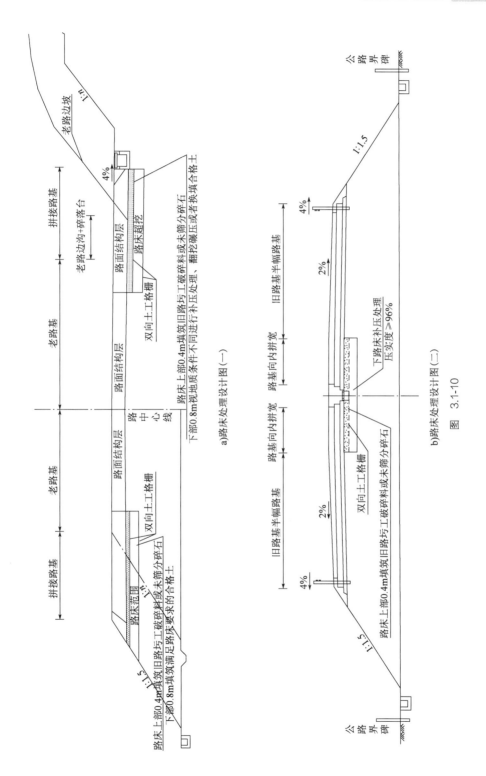

c) 再生集料用于主线路床换填现场

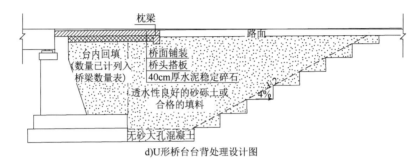

d) U形桥台台背处理设计图

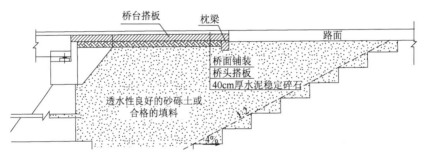

e) 肋式桥台台背处理设计图

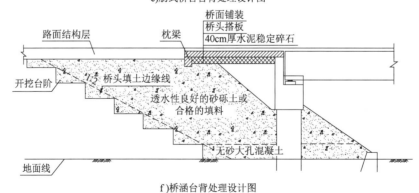

f) 桥涵台背处理设计图

图 3.1-10

第3章
废旧材料循环再利用技术

g)桥涵台北回填再生集料现场

图 3.1-10 再生集料用于路床及台背回填示意

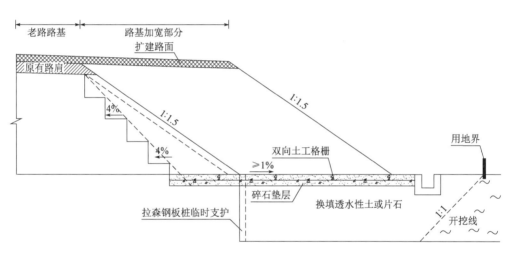

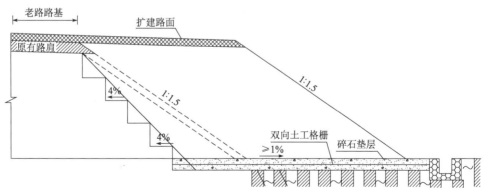

a)再生混凝土用于道路级配碎石垫层

图 3.1-11

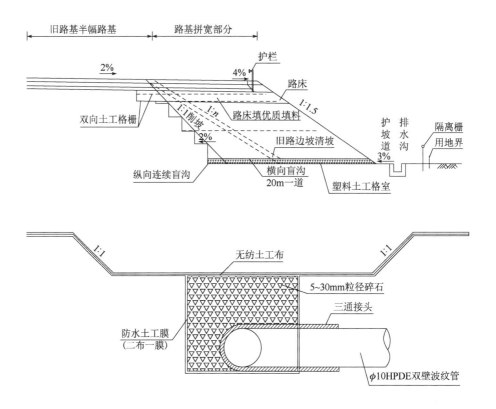

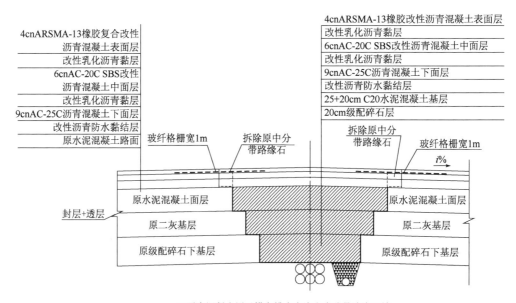

b) 再生混凝土用于横向排水盲沟和中分带渗沟回填

图 3.1-11 再生混凝土用于路面垫层示意

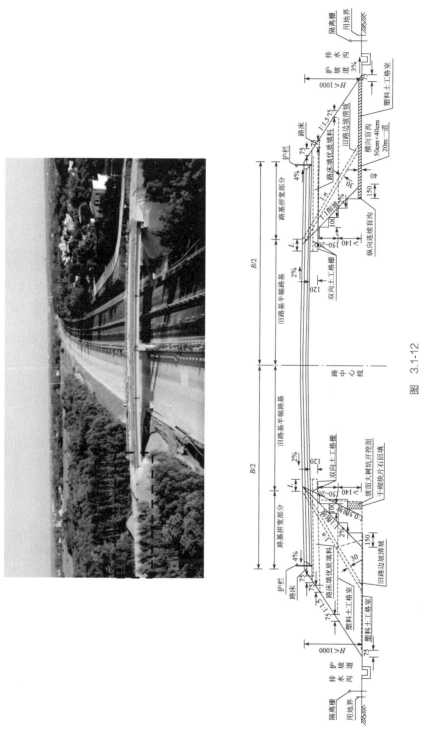

图 3.1-12

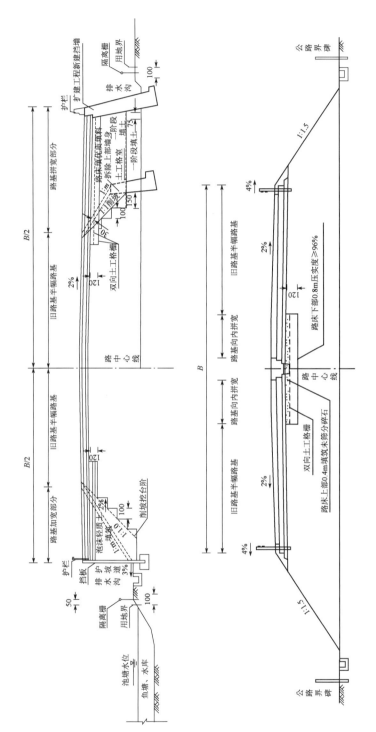

图 3.1-12 再生混凝土料用于路面基层示意图(尺寸单位：cm)

6)再生混凝土用于路面面层

再生混凝土路面应用于 K2218+500 处跨线桥的引道，应用示意如图 3.1-13 所示。

图 3.1-13　再生混凝土用于路面面层示意

7)再生混凝土用于附属设施构造物

选用合适的再生混凝土配合比，应用于主线附属设施路缘石和排水沟等部位，应用示意图如图 3.1-14 所示。

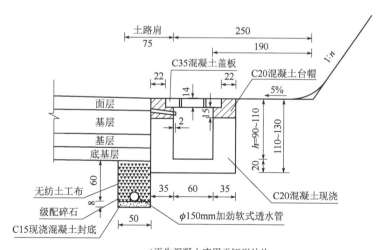

a)再生混凝土应用于矩形边沟

图 3.1-14

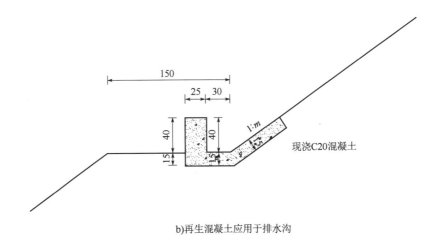

b) 再生混凝土应用于排水沟

图 3.1-14　再生混凝土用于附属设施构造物（尺寸单位：cm）

3.2　高速公路废旧护栏修复翻新再利用技术

高速公路废旧护栏修复再利用技术已在全国多条高速公路应用，车辆碰撞双层双波护栏后，护栏变形量以及损坏程度降低，维修养护工作量减少，在提高护栏防护能力的同时，实现废旧材料的循环再利用，充分体现了"环境友好和资源节约"的公路建设理念。

3.2.1　技术简介

高速公路废旧护栏修复再利用技术将改扩建拆除的废旧波形梁板用于高速公路连接线，在立柱上设置上、下双层废旧双波板，形成双层双波形梁护栏结构，见图3.2-1。结合实车碰撞试验和碰撞数值仿真模拟论证，防护等级可以达到现行标准规范的A级（160kJ），安全性能指标满足评价标准要求。

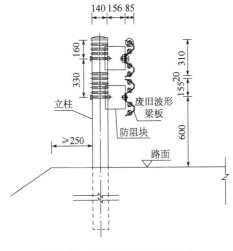

图 3.2-1　双层双波护栏结构设计
（尺寸单位：mm）

3.2.2 示范工程实施及效果

3.2.2.1 护栏过渡段设计

现场需要设置路基双层双波护栏和桥梁混凝土护栏的过渡段,设计采用《公路交通安全设施设计细则》(JTG/T D81—2017)给出的过渡段形式。护栏过渡段设置长度为11m,在此范围之内波形梁护栏立柱间距加密为2m,桥梁混凝土护栏相邻两跨立柱范围内增设一道310mm×85mm×3mm下层护栏板,下层护栏板的端头板可以采用旧波形梁护栏的端头板。设计示意图如图3.2-2所示。

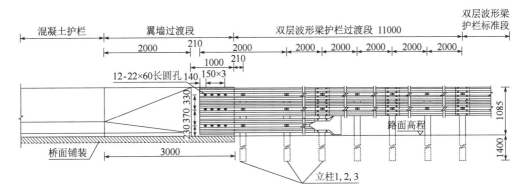

图3.2-2 护栏过渡段设计示意图(尺寸单位:mm)

需要注意的是,为了加强路基双层双波护栏和桥梁混凝土护栏的连接强度,翼墙过渡段连接螺栓使用了12个8.8级的M16螺栓,且螺栓穿透混凝土护栏墙体。工程实施时,可在护栏板安装就位后现场在翼墙上打孔,以确保螺栓安装定位准确。

3.2.2.2 护栏端头设计

双层双波护栏上游端头采用《公路交通安全设施设计细则》(JTG/T D81—2017)给出的外展圆头式端头,见图3.2-3。为了方便端头板的安装,上层和下层端头板错开布置,增设一处立柱,端部段长度增加1m,设计为13m,端头板可以采用旧波形梁护栏的端头板。下游端头除了不需要外展以外,其他设计与上游端头相同,见图3.2-4。

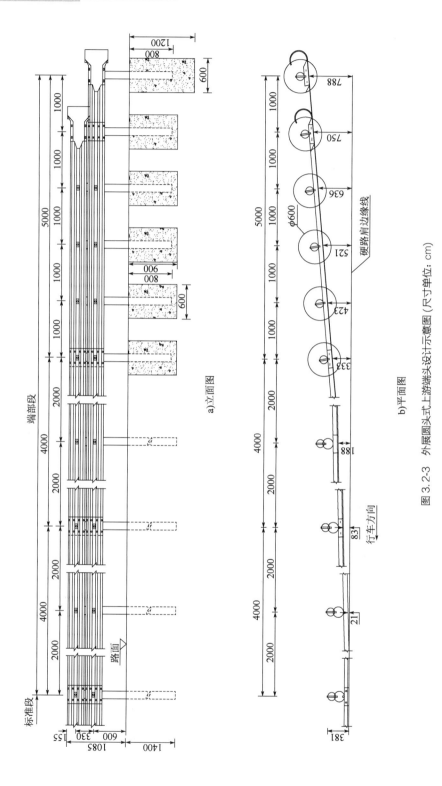

图 3.2-3 外展圆头式上游端头设计示意图（尺寸单位：cm）

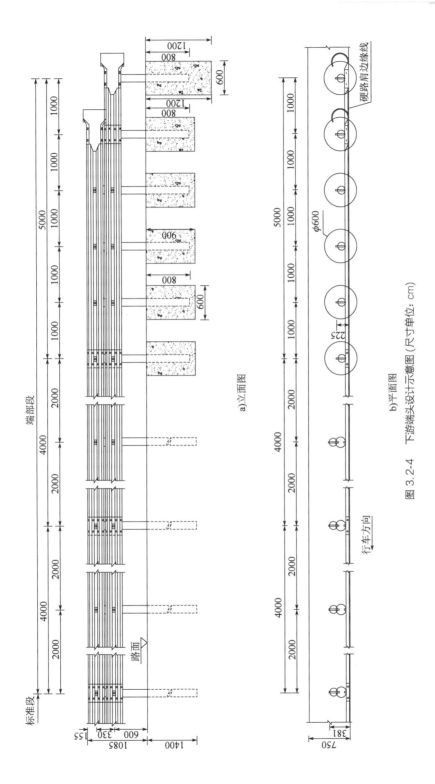

图 3.2-4 下游端头设计示意图（尺寸单位：cm）

3.2.2.3 再利用旧护栏板选取标准

调研钦北高速公路现场旧护栏板，现场见图3.2-5。检测基底金属厚度、镀锌涂层厚度、是否出现锈蚀等技术状况。护栏板基底金属厚度均符合建设期采用的《高速公路波形梁钢护栏》(JT/T 281—1995)，即不小于2.84mm。部分旧护栏板的平均镀锌涂层厚度仍满足《公路交通工程钢构件防腐技术条件》(GB/T 18226—2015)规定的"不低于84μm"的要求，这些旧护栏板的技术状况较好，没有出现锈蚀。部分旧护栏板镀锌涂层厚度较薄，出现明显锈蚀(表面泛红)。

图3.2-5 调研旧波形梁护栏技术现状

结合钦北高速公路现场旧护栏板调研以及以往锈蚀对旧护栏板力学性能的影响的研究成果，考虑钦北高速公路现场工期较紧的实际情况，确定再利用旧护栏板仅选取Ⅰ类护栏板，具体选取标准为：

(1)旧护栏板的涂层完好，没有发生锈蚀。

(2)选取4个测点(板两端各一个点，板两侧各一个点，测点位置均在距边部50mm处)，逐个点测量护栏板总厚度(采用板厚千分尺)和镀锌涂层厚度(采用涂层测厚仪，测点的护栏板两面分别测量)，用总厚度减去两面的镀锌涂层厚度之和，即为基底金属厚度。4个测点的基底金属厚度均不小于2.84mm。

(3)旧护栏板的镀锌涂层厚度应符合《公路交通工程钢构件防腐技术条件》(GB/T 18226—2015)的相关规定，在护栏板每一面的上、中、下和左、中、右各取一个测点，单面9个测点，双面共18个测点，分别测量镀锌涂层的厚度。以算数平均值表示测试结果，各个测点的镀锌涂层厚度平均值不低于84μm。若测试值中2个或以上的值低于84μm，即使算术平均值不低于84μm，仍认为不符合选取标准。该测量方法来自《公路交通工程钢构件防腐技术条件》(GB/T 18226—2015)第7.6.1条的规定。

旧端头板的选取应符合上述(1)和(3)的选取标准，即涂层完好、没有发生锈蚀以及镀锌涂层厚度满足要求。

3.2.2.4 施工质量控制和工程验收

旧护栏板再利用的波形梁护栏施工应按照《公路交通安全设施施工技术规范》(JTG F71—2006)的规定执行，按照《公路工程质量检验评定标准 第一册 土建工程》(JTG F80/1—2017)中波形梁护栏的相关要求进行工程验收。

考虑到本项目现场工期较紧，且应用路段位于高速公路出入口连接线的普通公路，如满足再利用旧护栏板选取标准并能够保证安全性能和耐久性，且没有特别的景观要求，可以不进行翻新处理。

工程验收时应对旧护栏板的基底金属厚度和镀锌涂层厚度以及旧端头板的镀锌涂层厚度进行复检，基底金属厚度和镀锌涂层厚度的检验标准与上述旧护栏板的选取标准相同。旧护栏板抽查数量为总数的5%，旧端头板全部复检。

3.2.2.5 工程现场实施

选定旧护栏修复再利用技术的示范路段，选取再利用废旧波形梁板(图3.2-6)，并进行旧护栏板试件静力拉伸试验(图3.2-7)。力学性能试验结果满足"下屈服强度不小于235MPa、抗拉强度不小于375MPa、断后伸长率不小于26%"的要求。

图3.2-6　选取再利用废旧波形梁板

根据建设工期要求开展依托工程现场实施，对建设单位技术人员、设计人员、施工人员进行技术交底，以指导可再利用旧护栏板选取、施工质量控制和工程验收，确保技术成果在实际工程中的应用质量和效果。现场已完成依托工程实施，见图3.2-8。

图3.2-7 废旧护栏板力学性能试验

图3.2-8 依托工程实施现场

3.3 基于镍铁渣的复合吸声屏障技术

基于镍铁渣的复合吸声屏障技术是指在声屏障面向道路的一侧外表面布置吸声材料，做成吸声表面，降低反射声，从而提高吸声型声屏障的降噪效果。

3.3.1 技术简介

采用工业固废——镍铁渣为基础集料，配以环保凝胶剂，通过高温聚合成型工艺制备具有大量连通微小空隙的多孔材料，再结合当地生态景观，制成生态景观型声屏障吸声材料,用于路侧声屏障建设。吸声系数峰值与公路交通噪声频率相吻合,具有高效吸声性能,适用于对公路交通噪声的吸收。该类材料具有优良的耐候、耐酸碱和阻燃性能,抗冲击性强。

3.3.1.1 高速公路噪声频率特性

人耳对各个频段噪声主观响度感受不一致。在噪声研究上,通常会对各个频段的噪声加以计权后得到表征噪声大小的参数：A声级。对噪声进行频谱分析,能为噪声控制提供依据。

噪声的频率随来源不同,存在较大差异。公路噪声频率与车型、车速、车流量、路面材料等因素相关。相对于城市道路,高速公路的中大车更多、车速更快,路面结构均为沥青混凝土,高速公路噪声的频谱特性受这些因素的叠加影响。综合目前已有相关研究发现,高速公路的噪声频谱基本上位于 63~2000Hz 之间,属于中低频段噪声。

3.3.1.2 吸声屏障降噪原理

吸声材料内部通常具有大量孔隙,而且孔隙细小、均匀分布,内部孔隙互相连通,并向外敞开,使得声波易于进入,具有一定的通气性能。

声能入射到多孔材料上,进入通气性的孔中引起空气与材料振动。由于材料内摩擦与黏滞力的作用使声振动能转化为热能而耗散掉;此外,媒质振动时各处质点疏密不同,压缩与膨胀引起它们的温度不同,从而产生温度梯度,也能通过热传导作用将热能耗散掉。原理见图3.3-1。

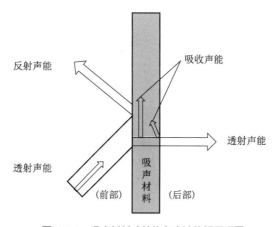

图3.3-1 吸声材料(结构)声波传播原理图

公路上汽车行驶产生的噪声能量主要集中在中低频段。声屏障如果能够较多地吸收中低频噪声，则对整体的吸声性能贡献更大。

3.3.1.3 与高速公路噪声同频匹配的聚合微粒复合吸声屏障

高速公路的噪声频谱主要位于63～2000Hz之间。因此，高速公路上设置吸声屏障进行降噪时，不应针对单一频率进行设计，应将63～2000Hz作为噪声的主要频谱分布区间，使得吸声屏障吸声频段与高速公路噪声同频匹配，并根据实际工况进行综合评价与分析，从而得出最优方案。

聚合微粒复合吸声材料的高、中、低频率吸声特性与微粒间细孔的大小、数量、构造形式、板的厚度、板后空腔的大小等密切相关，通过对粒径、板厚及空腔大小的调控，可实现其吸声频率特性可调的功能，满足高、中、低不同频段的吸声设计要求。吸声板同样厚度时，微粒材料粒径大，吸声峰值高，吸声带宽窄；微粒材料粒径小，则吸声峰值下降，吸声带宽变宽。一般选取20～40目的微粒材料制备聚合微粒复合吸声屏障，与高速公路噪声频段是同频匹配的。

3.3.2 示范工程实施及效果

3.3.2.1 聚合微粒复合吸声屏障实施位置

该技术在广西钦北高速公路改扩建工程北海支线沿线3处村庄实施了聚合微粒复合吸声屏障示范应用。实施长度约2km，分别在包家塘村（LK330+430～K331+480右侧，1045m）、沟边村（LK335+680～K336+350，530m）、店塘村（LK336+650～K336+850，374延米）安装聚合微粒吸声屏障，见图3.3-2。

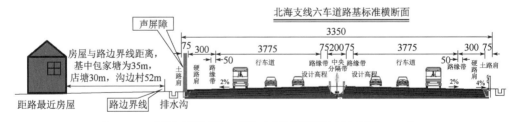

图3.3-2 公路与吸声屏障、声敏感点的横断面图（尺寸单位：cm）

3.3.2.2 聚合微粒复合吸声屏障结构设计

根据前期已有研究成果，并结合声敏感点降噪具体要求，设计出聚合微粒吸声板＋深空腔＋金属背板的一体成型结构的新型聚合微粒吸声屏障。其中，吸声板采用粒径为20～40目的天然风聚砂，使用高分子凝胶材料经过高温固化将天然风聚砂固定形成具有连续微小通孔的聚合微粒吸声板，隔声板采用薄的钢材镀锌板，在聚合微粒吸声板和背后的隔声镀锌板之间设计7～10mm深的空腔。单块聚合微粒吸声复合声屏障整体尺寸为长1960mm×宽500mm×厚80mm。

以不粉化的无机天然风聚砂作为微粒吸声板骨架材料，以环保型的高分子凝胶材料作为黏合剂。相较于市面上常用的水泥木屑板声屏障和隔音棉板声屏障，上述材料在结构强度、抗冲击性、耐酸碱性、耐久性、环保型等方面有明显的优势，适用于风级大、盐碱度高、紫外光强的沿海环境。声屏障结构由孔径适合的聚合微粒吸声面板和金属隔声背板组成，并搭配深度适合的空腔结构以起到空气共振作用。如此可使得声屏障同时具备吸声性能和隔声性能，并与高速公路的中低频段噪声同频匹配，相较于高速公路传统的单纯隔声屏障具有更优异的降噪效果。具体的吸声屏障示意图与样板等见图3.3-3～图3.3-6。

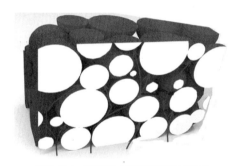

图3.3-3 微粒吸声板微观结构示意图

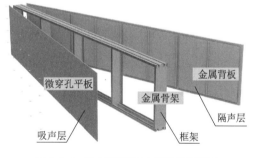

图3.3-4 复合微粒吸声屏障结构示意图

图3.3-5 复合微粒吸声屏障样板

图3.3-6 聚合微粒吸声屏障平面图

同时，该聚合微粒吸声复合声屏障具备以下性能：①防火等级为 A 级不燃；②产烟毒性达到安全级（AQ 级）；③抗折强度≥5MPa；④环保性要求 TVOC（总挥发性有机化合物）≤0.1mg/m²·h(72h)；⑤湿涨率≤0.1%；⑥25 次循环冻融无起层、无龟裂；⑦防霉性能：防霉等级为 0 级（不长霉）；⑧耐水性：720h 后不开裂、不起层、不脱落；⑨耐酸、耐碱性：360h 后不开裂、不起层、不脱落。

3.3.2.3 聚合微粒复合吸声屏障降噪效果预测

根据钦北高速公路改扩建项目声环境影响评价报告，选择包家塘村作为一个典型分析对象。结合该声环境敏感点对应环境影响评价中的营运中期车流量数据及敏感点现场环境，使用噪声环境影响评价系统 NoiseSystem，对该声环境敏感点进行建模计算及校核。

预测结果表明，在桩号 K330+400～K331+550 右侧设置高度为 3m 的聚合微粒复合吸声屏障 1045 延米，包家塘村的声环境可满足噪声质量控制要求，预计降噪量为昼间 9.5dB(A)，夜间 11.9dB(A)。安装吸声屏障后的噪声预测及计算结果见表 3.3-1 及图 3.3-7、图 3.3-8。

声屏障降噪效果表　　　　表 3.3-1

北改扩建项目声环境影响评价报告预测的包家塘村环境噪声 dB(A)					
2 类功能区		昼间		61.9	
2 类功能区		夜间		61.2	
4a 类功能区		昼间		70.0	
4a 类功能区		夜间		69.3	
安装聚合微粒复合吸声屏障后包家塘村的环境噪声预测值 dB(A)					
时间段	昼间			夜间		
预测受声点	受声点 1	受声点 2	受声点 3	受声点 1	受声点 2	受声点 3
预测值	56.9	53.7	54.8	53.8	49.5	49.6
标准值	70	60	60	55	50	50
是否满足要求	满足	满足	满足	满足	满足	满足
类别	4a 类降噪量	2 类降噪量	2 类降噪量	4a 类降噪量	2 类降噪量	2 类降噪量
降噪量	13.1	8.2	7.1	15.5	10.7	9.6
平均降噪量	9.5			11.9		

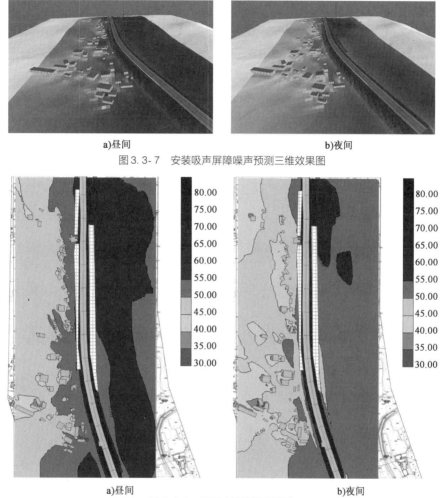

a) 昼间　　　　　　　　　　　　b) 夜间

图 3.3-7　安装吸声屏障噪声预测三维效果图

a) 昼间　　　　　　　　　　　　b) 夜间

图 3.3-8　噪声计算值等值线图

3.3.2.4　聚合微粒复合吸声屏障的施工安装

声屏障生产商按照聚合微粒复合吸声屏障的设计要求完成生产并运送至现场后，组织安装人员于 2021 年 7 月—2021 年 10 月完成了本课题声屏障在北海支线工程示范段的安装。现场见图 3.3-9、图 3.3-10。

3.3.2.5　聚合微粒复合吸声屏障降噪效果检测

1) 吸声系数 α 和降噪系数 NRC

吸声系数 α 是指声波在物体表面反射时，其能量被吸收的百分率，其高低可表征吸声材料和吸声结构的吸声性能。材料的吸声系数在不同频率是不同的，为了完整地表明材料的吸声性能，常常绘出作为频率函数的 α 曲线。

图3.3-9 声屏障安装施工现场

图3.3-10 聚合微粒复合微粒吸声屏障实景

吸声屏障材料在 250Hz、500Hz、1000Hz、2000Hz 频带的平均吸声系数称为降噪系数 NRC，降噪系数大于 0.6 的材料称为高效吸声材料。本课题吸声屏障的吸声系数和降噪系数检测结果见表 3.3-2。

聚合微粒复合吸声屏障在不同噪声频段的隔声量　　　　　表 3.3-2

频率 f(Hz)	100	125	160	200	250	315	400
吸声系数 α	0.08	0.07	0.25	0.31	0.48	0.71	0.75
频率 f(Hz)	500	630	800	1000	1250	1600	2000
吸声系数 α	0.89	1.03	0.98	0.87	0.79	0.67	0.59

则降噪系数 NRC = 0.70。曲线图见图 3.3-11。

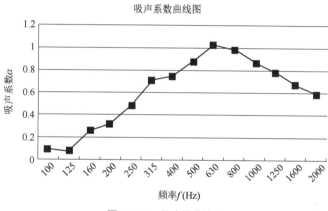

图 3.3-11　隔声量曲线图

2）隔声量 R

隔声量 R 是指透射声强与入射声声强的比值，又称为传声损失。对于给定的隔声构件，隔声量与声波频率密切相关。一般来说，低频时的隔声量较低，高频时的隔声量较高。隔声量的测量方法根据现行《声学　建筑和建筑构件隔声测量》(GB/T 19889) 中的相关要求进行。本课题声屏障的隔声量检测结果见表 3.3-3。

聚合微粒复合声屏障在不同噪声频段的隔声量　　　　　表 3.3-3

频率 f(Hz)	100	125	160	200	250	315	400
隔声量 R(dB)	23.7	21.2	21.4	23.7	23.1	23.2	25.6
频率 f(Hz)	500	630	800	1000	1250	1600	2000
隔声量 R(dB)	28.7	30.6	32.6	34.9	37.0	38.6	40.1

则单值评价计权隔声量为 $R_w(C; C_{tr}) = 33(-1; -3)$ dB，曲线图见图 3.3-12。

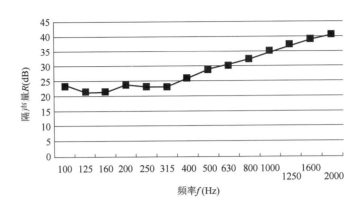

图 3.3-12　隔声量曲线图

根据检测结果，本课题设计的聚合微粒复合吸声屏障属于高效吸声材料，隔声量大于传统声屏障的隔声量（10~20dB），安装后的实际降噪效果达到预测降噪量，满足声环境敏感点的降噪要求。

3.4　钢渣混凝土安定性及质量提升应用技术

钢渣混凝土安定性及质量提升应用技术可以改善细集料级配，增强混凝土拌合物的黏聚性、保水性及混凝土的强度，且每立方米混凝土能够节省机制砂材料用量400~600kg。采用钢渣混凝土能有效缓解砂石材料的匮乏问题，提高固体废弃物的再生利用率，且环保性能良好，是一种变废为宝的绿色材料建造技术。

3.4.1　技术简介

此项提升应用根据钢渣的特性，充分考虑级配修复、钢渣的吸水性能及原材料密度差异等一系列因素设计钢渣砂替换机制砂，将低能耗、附加值高的钢渣细集料和机制砂按一定的比例混合形成混合砂应用于水泥混凝土中。

3.4.1.1　钢渣混凝土形成及工作机理

水泥颗粒表面通常带有负电荷，而水是一种极性分子。水泥颗粒与水搅拌后，根据双电层理论，其表面会形成一层厚度较薄的吸附水膜。在一定的拌和作用下，各水泥颗粒相互碰撞，颗粒之间的结合水膜会连接起来，形成公共吸附水膜，使得颗粒之间相互黏结，形成一种絮凝结构。加入钢渣砂、机制砂后，细集料粗细颗粒相互嵌挤,并与水泥浆絮凝体之间交织,钢渣砂、机制砂较均匀分散在水泥浆体中,形成一种松散的网状结构。加入细集料后的浆体重度增大,浆体变稠,使得粗集料能够悬浮于水泥砂浆体中,经过一定时间养护后,胶凝材料硬化,形成了一种具有一定强度的混凝土材料。其形成及工作机理见图3.4-1。

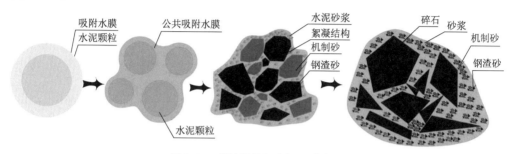

图 3.4-1 钢渣混凝土形成及工作机理

3.4.1.2 钢渣混凝土配合比设计

钢渣混凝土配合比设计方法如下:

根据碎石混凝土强度经验公式计算钢渣混凝土水灰比,依据钢渣混凝土粗集料最大粒径及施工方式选择坍落度,并进一步根据坍落度及水灰比确定用水量,掺加一定的减水剂后重新确定用水量。由于钢渣与机制砂的表观密度相差较大,所以钢渣混凝土砂率采用体积比,参考普通混凝土砂率并结合经验确定钢渣混凝土体积砂率,按绝对体积法计算公式,得出等体积替换机制砂的钢渣砂混凝土配合比。

3.4.1.3 钢渣混凝土安定性及质量评价

阻碍钢渣推广利用的最大阻力是钢渣的安定性问题。目前对钢渣的安定性评价缺乏统一的标准,较常用的控制方法为浸水膨胀率控制,通常认为浸水膨胀率不大于2%的钢渣即可用于工程建设中,当钢渣材料安定性不良时,需对钢渣进行预处理。本项目采用露天陈化及热闷的方法处理钢渣,从而得到安定性合格的钢渣用于配置钢渣混凝土。

为了得到性能优良的钢渣混凝土,本项目采用不同钢渣砂掺量配置钢渣混凝土的方法在原配合比设计的基础上优化钢渣混凝土,优化方案如图3.4-2所示。以钢渣混凝土的强度、耐久性指标、施工性能指标为质量评价因子,设计不同钢渣砂掺量下的系列钢渣混凝土，考虑安定性、强度、渗透性、抗冻性、流动性、保水性为目标因子优化钢渣掺量，从而得到质量优良的钢渣混凝土。主要研究结论如下。

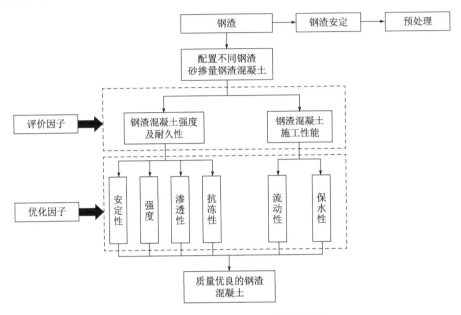

图 3.4-2　钢渣混凝土应用技术优化方案

（1）陈化12个月后的转炉钢渣砂膨胀性较小，其膨胀率小于2%。按不同钢渣砂掺量配置的钢渣混凝土安定性良好，通过压蒸试验研究，100%掺入该钢渣砂表观良好，无明显的裂缝。

（2）钢渣砂对混凝土早期强度影响较小，对后期强度有一定的影响。随着钢渣砂掺量的增加，钢渣砂混凝土28d抗压强度呈增大趋势。

（3）钢渣砂掺量对混凝土的抗冻性影响较小，在同一冻融循环次数条件下，不同钢渣砂掺量的混凝土抗压强度损失率及质量损失率变化较小，所以在掺入钢渣后混凝土抗冻性可以得到保证。

（4）钢渣砂掺量对混凝土的抗渗性影响较小，掺钢渣砂混凝土的电通量与未掺钢渣砂混凝土电通量接近，所以在掺入钢渣后混凝土抗渗性可以得到保证。

（5）不同钢渣砂掺量的混凝土保水性及坍落度略有差异。随着钢渣砂掺量的增大，钢渣混凝土流动性略有降低，但混凝土黏聚性和保水性增强。考虑钢渣特性并增加一定的额外用水量，可在混凝土黏聚性和保水性较好的同时保证流动性不变。

(6) 考虑混凝土强度、施工性能及耐久性指标等多目标条件, 钢渣体积掺量为 50% 最佳。

3.4.2 示范工程实施及效果

广西钦北高速公路改扩建工程 K2162+420~K2162+650 段（右幅）边沟防护设施中实施了钢渣混凝土生产及制备应用技术。现场试验段见图 3.4-3。

图 3.4-3 现场试验段

3.4.2.1 钢渣混凝土室内性能试验

1) 钢渣原材料检测

本课题研究的材料取自防城港市钢厂。钢渣种类为陈化 12 个月后的转炉钢渣, 呈黑色, 经破碎筛分后粒径范为 0~4.75mm, 处理后运至混凝土搅拌站以备课题试验段应用。现场见图 3.4-4、图 3.4-5。

图 3.4-4 防城港钢厂钢渣

图 3.4-5 试验段用钢渣砂

(1) 化学成分。

将钢渣砂研磨成粉状后，采用 X 银光光谱分析钢渣的化学成分，见图 3.4-6。主要化学成分为 CaO、Fe_2O_3、SiO_2，见表 3.4-1。钢渣砂碱性氧化物较多，具有一定的潜在活性。

图 3.4-6　钢渣化学成分检测

陈化 12 个月转炉钢渣化学成分（单位：%）　　表 3.4-1

化学成分	CaO	Fe_2O_3	SiO_2	MgO	Mn	Al_2O_3	P_2O_5	其他
比例	40.74	22.23	19.31	6.26	3.38	3.35	2.07	2.66

(2) 矿相成分。

钢渣矿相成分通过 X 射线衍射技术获得，如图 3.4-7 所示。分析得出钢渣主要矿物组成以 $CaCO_3$ 为主，其次是 $CaFe_2O_5$、Ca_2SiO_4、Fe_2O_3、$CaMgCO_3$、Fe、$FeCO_3$、$Ca(OH)_2$ 等，成分见表 3.4-2。因碱度较高，MgO 主要与 FeO、MnO 形成固溶体。

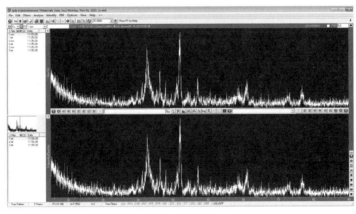

图 3.4-7　钢渣 X 射线衍射采集

陈化 12 个月转炉钢渣矿相成分(单位:%)　　表 3.4-2

成分	$CaCO_3$	$Ca_2Fe_2O_5$	Ca_2SiO_4	Fe_2O_3	$CaMgCO_3$	Fe	$FeCO_3$	$Ca(OH)_2$	RO 相	非晶质铁的复杂化合物	$Ca_2Mn_2O_5$	CaO	其他
比例	27	22.9	21	4	5	1.2	1.8	1.2	6	4.2	2	1.2	2.5

（3）物理学指标试验。

钢渣砂与机制砂类似，钢渣砂的物理力学性能指标参考普通机制砂的物理力学指标测试方法测定。相关测试过程如图 3.4-8～图 3.4-11 所示，测试结果见表 3.4-3。

图 3.4-8　压碎值测试

图 3.4-9　坚固性试验

图 3.4-10　浸水膨胀试验

图 3.4-11　密度试验

钢渣砂物理力学技术要求　　表 3.4-3

项目	技术要求	检验结果
压碎值(%)	≤30	18.4
表观密度(kg/m^3)	≥2900	3300
松散堆积密度(kg/m^3)	≥1600	2315
空隙率(%)	≤47	33

续上表

项目	技术要求	检验结果
坚固性（>300μm的含量）（%）	≤8	5
吸水率（%）	—	3.3
浸水膨胀率（%）	≤2.0	0.75
金属铁含量（%）	≤2.0	1

与机制砂相比，钢渣砂的表观密度较大，是普通机制砂的1.2~1.4倍，压碎值较低、硬度较好、坚固性良好、钢渣表面粗糙，且含有大量孔隙。筛分出2.36~4.75mm的钢渣细集料，测得的吸水率比普通机制砂高，易吸水。经过处理后的钢渣砂铁含量较低，完全满足工程用钢渣砂要求。试验用钢渣砂安定性良好，浸水膨胀率较低。

2）钢渣混凝土配合比

项目原材料采用钢渣砂及机制砂，5~10mm、10~20mm、20~30mm石灰岩碎石，聚羧酸高性能减水剂，水为原材料，在普通混凝土配合比设计的基础上考虑钢渣特点进行设计。通过初步试配，获得的钢渣混凝土实验室配合比如表3.4-4所示，本次试配获得的钢渣混凝土中掺入了50%（体积比）的钢渣细集料。

边沟钢渣混凝土配合比　　　　　表3.4-4

水（kg）	水泥（kg）	减水剂（kg）	细集料（kg）		粗集料（kg）		
			钢渣砂	机制砂	5~10mm	10~20mm	20~30mm
175	300	7	614	481	97	983	291

3）钢渣混凝土性能测试

按照表3.4-4各组分比例，配制几组钢渣混凝土（图3.4-12），并测得钢渣混凝土坍落度、保水性能良好。将钢渣混凝土样品放置在标准养生室中养生7d及28d后开展抗压强度、重金属浸出、与水泥石黏结特性、安定性、抗碳化深度、抗氯离子渗透性等一系列性能测试，测试现场如图3.4-13~图3.4-16所示，试验结果如表3.4-5所示。

由于钢渣本身的活性，掺入一定量的钢渣可以增加1~2MPa的混凝土抗压强度，且掺入少量的钢渣细集料能够一定程度上改善细集料的级配，提高混凝土的保水性能，流动性能良好。掺入50%钢渣砂后，通过压蒸试验测得钢渣混凝土安定性良好，且浸出试验未检测到有重金属离子析出，环保性能良好。掺钢渣砂混凝土抗碳化深度及抗氯离子渗透性指标与普通机制砂混凝土相接近，其抗碳化性能及渗透性能良好。

图3.4-12　钢渣混凝土制样

图3.4-13　强度试验

图3.4-14　环保试验

图3.4-15　压蒸试验

图3.4-16　渗透性试验

钢渣混凝土相关性能研究试验结果　　　表 3.4-5

技术指标	坍落度（mm）	7d 强度（MPa）	28d 强度（MPa）	与水泥石黏结	安定性	环保特性	7d 抗碳化深度指标(mm)	抗氯离子渗透性(C)
C20 钢渣混凝土	150	25.2	30.2	良好	合格	无重金属析出	16.4	2900
C20 普通机制砂混凝土	140	25	29	良好	合格	无重金属析出	20	3100
技术要求	≥100	≥20	≥26.59	—	合格	小于排污标准	—	—

3.4.2.2　施工工艺

1）基槽开挖成形

按设计图纸进行测量放线，定出开挖边界线，标明开挖深度及坡率，放出基槽边缘、坡口、坡角等，标明其轮廓，见图 3.4-17。开挖时，先采用机械开挖，再进行人工修整，不得超挖，施工过程中应注意排水，确保开挖范围内无积水，见图 3.4-18。

图 3.4-17　测量放样

图 3.4-18　基槽开挖

2）模板安装

支模前应全面检查地基的平整情况，高刨低补。模板支设固定方式采用对拉式支撑，模板内侧面应竖向垂直；模板之间连接应紧密、平顺，接头不得有缝隙、前后错位和高低不平等现象；模板内侧也可用钢钎临时固定，在混合料振捣前拔出。支模完成后，要对模板的平面位置、高程、直线性、牢固性、接缝处理等进行全面检查。模板支立完毕后，及时进行仓内清整，清除仓内所有杂物，然后在全仓范围内均匀洒水。模板内侧应按要求均匀涂刷脱模剂。模板安装见图 3.4-19。

图 3.4-19　模板安装

3) 钢渣混凝土生产与运输

钢渣混凝土混合料应按质量比计算配比,其允许误差控制精度为水泥:±1%,水:±1%,砂、石料:±2%。搅拌机装料顺序为机制砂→钢渣砂→水泥→碎石或碎石→水泥→机制砂→钢渣砂,进料后边搅拌边均匀加水,水在搅拌时间前 15s 内全部进入搅拌机鼓筒;钢渣混凝土搅拌时间(投料完毕至出料)应不少于 60s,并随时检查坍落度。图 3.4-20 为钢渣混凝土拌和楼。运输过程中钢渣混凝土罐车应匀速,中途不得洒落混凝土并应避免较大颠簸,运输过程中不得停留,运输时间不得超过 1.5h。

图 3.4-20　钢渣混凝土生产拌和楼

4) 现场浇筑

钢渣混凝土边沟应按间距 15~20m 设置一道伸缩缝,缝宽 2cm,内侧填塞 M7.5 水泥砂浆,沟底和沟身混凝土灌注应按伸缩缝分段连续进行,各分段内混凝土应一次灌完。钢渣混凝土卸入模板后,用铁锹将混合料均匀地铺在模板内;振捣采用插入式振捣器,振捣时插点均匀，表面泛浆且不沉浆，模板一侧无气泡冒出为宜，混凝土板两侧板边、端头部位均应加强振捣，以确保边角振捣质量。钢渣混凝土浇筑时，按规定制作试块。对每工作班拌制的同一配合比的钢渣混凝土，取样不少于1组，每组3块，见图3.4-21。

图3.4-21　钢渣混凝土现场浇筑

5) 混凝土养护

钢渣混凝土浇筑后连续7d内应保持混凝土表面湿润，采用塑料薄膜包裹养生，如图3.4-22所示。混凝土强度必须达到1.2MPa以后，方能允许人员在上走动。

图3.4-22　钢渣混凝土养生

3.4.2.3 实施效果

钢渣混凝土边沟施工完成后,要按边沟检测评定标准进行线位、高程、断面尺寸、厚度等的检测评定,检测结果见表3.4-6。钢渣混凝土边沟质量良好,各指标满足设计及规范要求。现场见图3.4-23。

钢渣混凝土边沟实测项目 表3.4-6

序号	检查项目	检查方法	测定值	规定值或允许偏差
1	轴线偏位(mm)	用经纬仪和钢尺量	0~1.8mm	≤30mm
2	沟底高程(mm)	用水准仪测量	13.000m	±10mm
3	断面尺寸(mm)	用钢尺量	30cm×22cm	±10mm
4	沟壁厚度(mm)	用钢尺量	8cm	不小于设计
5	沟底宽、厚度(mm)	用钢尺量	8cm	不小于设计

图3.4-23 钢渣混凝土边沟实施效果

1)取样检验

钢渣混凝土边沟施工完成后,经检测,现场取样钢渣混凝土7d抗压强度为24.2MPa、28d抗压强度为33MPa。试验段钢渣混凝土强度较高,取样检验见图3.4-24。

2)现场检测

现场试验施工完成后28d,采用回弹仪器检测钢渣混凝土边沟所得的回弹模量为26.5GPa。现场检测见图3.4-25。钢渣绿色混凝土边沟具有较高的回弹模量。

图 3.4-24 现场取样钢渣混凝土抗压强度检测

图 3.4-25 钢渣混凝土边沟回弹检测

3.5 蔗渣纤维制备技术及其在沥青路面工程中的示范应用

我国每年产生的制糖尾料甘蔗渣约 1600 万 t，甘蔗渣废弃或燃烧造成极大环境污染和资源浪费。甘蔗渣中富含植物纤维，研发蔗渣纤维的制备技术及示范应用，制出的蔗渣纤维具有抗磨损、无毒害、低成本、耐腐蚀等优良特性，将其替代木质素纤维掺入至沥青混合料中，可显著提升沥青路面使用性能。

3.5.1 技术简介

蔗渣纤维应用于道路工程，一方面可提升工程品质、提高制糖尾料附加值、提高经济效益、促进行业技术融合、推进农林废弃物的绿色高效利用，另一方面可减少对木质素的依赖和消耗、降低工程排放、为环保化利用蔗渣开辟新途径，响应了国家绿色交通发展战略，助推交通强国建设。

3.5.1.1 路用蔗渣纤维制备关键技术

根据蔗渣的材料组成特征，分析国内已有纤维加工设备及破碎分散机械的适用性，在加工设备方面，自行设计可行的机械劈分设备（图 3.5-1）提出劈分刀具刃角、刀具组合、电机转速、设备容积等关键技术设计参数；在加工工艺方面，确定蔗渣合理的含水率、掺水量、劈分时长等工艺参数，完善干燥、搓揉分散、筛分等工艺流程，优化加工工艺，制备出能应用于沥青路面工程的蔗渣纤维，形成路用蔗渣纤维加工成套技术。

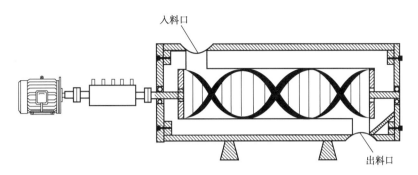

图 3.5-1 蔗渣纤维剪切设备示意图

3.5.1.2 蔗渣纤维与沥青界面黏结性能提升关键技术

针对蔗渣的植物化学成分与生物学构造特征，提出蔗渣纤维的表面强化与改性方法，以碱处理法减少蔗渣纤维表面的亲水基团，增大纤维表面的粗糙度，提高蔗渣纤维与基材的黏附性；并经水解酶、表面活性剂活化处理，进一步提升纤维素的扩散能力，改善蔗渣纤维的分散性，辅以无机矿物质粉体材料，提高蔗渣纤维的耐热性等长期性能，形成较完善的路用蔗渣纤维稳定剂制备技术。

3.5.2 示范工程实施及效果

本项目在广西钦北高速公路改扩建工程石湾互通 E 匝道 EK0+320～EK0+440 段实施了蔗渣纤维制备技术，在沥青路面工程中进行了示范应用。

3.5.2.1 蔗渣纤维制备工艺

目前，根据植物原料初始含水形态，纤维制备工艺主要可分为干法和湿法。干法是将晾干、除杂后的干燥植物原料直接进行纤维加工的一种方法；利用机械加工设备对进行过除杂和浸水工序的含水蔗渣进行加工的方法称为湿法。针对两种不同形态的蔗渣物料和两个工艺参数，工程分别进行了具体的制备工艺实施方案设计。具体试验方案如表 3.5-1 所示，蔗渣的饱和含水率为 13.5%。

同样，对各方案制备的蔗渣纤维进行制样和图像拍摄，如图 3.5-2 所示，利用分析软件对纤维长度和直径进行测算和分析。具体分析见表 3.5-2。

浸泡1d的蔗渣纤维制备试验方案　　　　表3.5-1

方案	干渣质量(g)	湿渣质量(g)	加水量(g)	渣水比	打散时间(s)
1	50	57.8	0	1:0.15	30
2					60
3					90
4			192.2	1:5	30
5					60
6					90
7			442.2	1:10	30
8					60
9					90

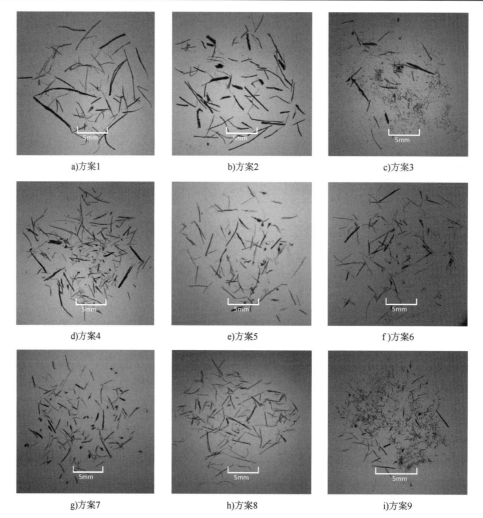

a)方案1　　　　b)方案2　　　　c)方案3

d)方案4　　　　e)方案5　　　　f)方案6

g)方案7　　　　h)方案8　　　　i)方案9

图3.5-2　渣水比对蔗渣纤维的影响

不同制备工艺下的蔗渣纤维长度和直径分布　　　表 3.5-2

序号	平均长度（mm）	平均直径（mm）	长径比平均值	长度分布(%)		
				0~1mm	1~6mm	>6mm
2-1	8.75	1.51	10.07	2.39	42.85	54.76
2-2	7.33	1.34	7.37	4.35	58.69	36.96
2-3	1.85	0.74	2.94	27.12	57.06	15.82
2-4	6.15	1.58	6.39	9.09	46.28	44.63
2-5	4.42	1.14	5.84	13.04	56.52	30.44
2-6	2.98	0.86	5.24	11.27	77.47	11.27
2-7	3.99	1.01	5.25	5.56	81.12	13.33
2-8	3.18	0.53	5.79	13.73	82.35	3.92
2-9	1.56	0.51	4.12	29.58	70.41	0.00

从表 3.5-2 中可以看出，在同一加水量下，蔗渣纤维的平均长度和直径随着剪切时间的增加而减小，同时，产物中纤维占比最大的长度范围也随之递减至下一长度范围。综合对比表中各个方案制备的蔗渣纤维平均长度、平均直径以及纤维长度分布范围，可以看出，采用方案 6 至 8 可以制备出平均长度较好的蔗渣纤维，并且三种方案中的 1~6mm 的纤维占比均在 75% 以上；但方案 7 中制备的蔗渣纤维直径较大，可能是由于剪切时间较短，无法对纤维进一步细化剪切。从环保和经济方面综合考虑，剪切时间较短的方案 8 中所用水可以进行回收再利用，所以工程示范选择方案 8 作为蔗渣纤维制备工艺。具体工艺流程如图 3.5-3 所示。

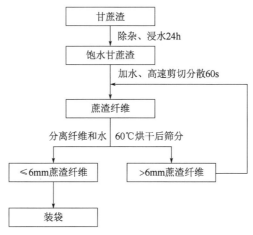

图 3.5-3　蔗渣纤维制备工艺流程

3.5.2.2 蔗渣纤维基本性能评价

根据路用纤维规范对蔗渣纤维进行基本指标测试,并采用絮状木质纤维进行对比,分析两种纤维在吸油性、耐热性和灰分含量三个方面的异同。

1)吸油性分析

本文根据《沥青路面用纤维》(JT/T 533—2020),采用相关试验测定蔗渣纤维的吸油率,评价蔗渣纤维的路用性能。具体试验步骤为:①称取 $5.00g \pm 0.10g$ 的烘干后的蔗渣纤维样品,记为 m_1;②将蔗渣纤维逐步加入盛有煤油的烧杯中进行静置,使其充分吸收油分;③称量无杂质的试验筛质量,记为 m_2;④将试验筛安装到指定位置,将蔗渣纤维和煤油的混合料全部导入样品筛中,固定好样品筛后启动仪器;⑤试验筛自动停机后,称取试验筛质量,记为 m_3;⑥由式(3.5-1)计算纤维吸油率 O_A。蔗渣纤维和木质纤维的吸油率测试结果如表 3.5-3 所示。

$$O_A = \frac{m_3 - m_2 - m_1}{m_1} \tag{3.5-1}$$

纤维吸油率测试结果 表 3.5-3

纤维类型	序号	纤维质量 m_1(g)	样品筛质量 m_2(g)	纤维+样品筛质量 m_3(g)	吸油率	吸油率平均值	吸油率技术标准要求
蔗渣纤维	1	5.00	91.82	123.64	6.4	6.2	5~9
	2	5.01	93.75	124.27	6.1		
木质纤维(絮状)	1	5.00	94.61	137.51	7.6	7.6	
	2	5.02	90.99	134.25	7.7		

表 3.5-3 中纤维吸油率试验结果表明,蔗渣纤维在吸油率指标上满足规范要求,吸油率为 6.2 倍,与吸油率为 7.6 倍的絮状木质纤维存在一定程度的差距,但相对较小。纤维较高的吸油率表明其在沥青混合料中可以内部吸收和表面吸附更多的沥青油分,使混合料中的沥青表现出更强的黏稠性。但是,纤维吸油率并非越高越好,当超过一定程度后,纤维在沥青混合料中将会吸收更多的沥青,但却无法再进一步提升沥青混合料的路用性能,造成沥青浪费。

2)耐热性分析

本文依据《沥青路面用纤维》(JT/T 533—2020)对蔗渣纤维的耐热性进行测试。具体步骤为:①先称量 $10g \pm 0.10g$ 烘干后的纤维 m_1,精确到 $0.001g$;②将纤维放入210℃烘箱保温1h，冷却后观察蔗渣纤维颜色、体积变化；③利用精密分析天平称量加热后的蔗渣纤维质量 m_2，精确到0.001g；④由式(3.5-2)计算质量损失 A_C。蔗渣纤维和木质纤维的耐热性测试结果如表2.6所示。

$$A_C = \frac{m_1 - m_2}{m_1} \times 100\% \tag{3.5-2}$$

从表3.5-4中可以看到，蔗渣纤维在210℃的环境下保温1h的质量损失为4.7%，而木质纤维的质量损失相对较低，为3.6%，两种纤维的质量损失都在《沥青路面用纤维》(JT/T 533—2020)要求的最大值内，耐热性均满足要求。蔗渣纤维在210℃的质量损失可能是由于半纤维素和木素的热分解造成的。在蔗渣的组分中，约19%~24%为半纤维素，部分半纤维素的无定型结构在热的作用下会发生降解，从而导致蔗渣纤维发生质量损失。

纤维耐热性测试结果 表3.5-4

纤维类型	序号	加热前纤维质量 m_1(g)	加热后纤维质量 m_2(g)	质量损失 (%)	质量损失平均值 (%)	质量损失技术标准要求 (%)
蔗渣纤维	1	10.002	9.541	4.6	4.7	≤6
	2	10.005	9.524	4.8		
木质纤维（絮状）	1	10.008	9.637	3.7	3.6	
	2	10.002	9.652	3.4		

3）灰分含量分析

灰分测定具体试验步骤如下：①称取烘干后的蔗渣纤维约2.5g，记为 m_1；②称量坩埚质量，记为 m_2；③将称量好的蔗渣纤维放入坩埚后一起置于620℃±30℃的高温炉中，加热不少于2h；④将加热至恒重的坩埚和纤维取出，称量冷却后的二者总质量，记为 m_3；⑤按式(3.5-3)计算蔗渣纤维灰分含量 A_C。蔗渣纤维和木质纤维的灰分含量测试结果如表3.5-5所示。

$$A_C = \frac{m_3 - m_2}{m_1} \times 100\% \tag{3.5-3}$$

从表3.5-5中可以看出，蔗渣纤维和木质纤维的灰分含量分别为16.4%和21.7%，均满足《沥青路面用纤维》(JT/T 533—2020)的技术要求，表明前文确定的蔗渣纤维制备工艺可以应用在沥青路面用蔗渣纤维的生产中。两种纤维的灰分含量在数值上相差5.3%，造成这种结果的原因可能是木质纤维在生产过程中添加了额外的分散剂和膨胀剂，这些物质在高温燃烧后增加了灰分含量。

纤维灰分含量测试结果 表3.5-5

纤维类型	序号	加热前纤维质量 $m_1(g)$	加热后纤维质量 $m_3-m_2(g)$	灰分含量（%）	灰分含量平均值（%）	灰分含量技术标准要求
蔗渣纤维	1	2.501	0.414	16.5	16.4	13~23
	2	2.502	0.407	16.2		
木质纤维（絮状）	1	2.503	0.553	22.1	21.7	
	2	2.501	0.537	21.8		

3.5.2.3 蔗渣纤维沥青混合料性能

通过在沥青混合料中添加蔗渣纤维，评价蔗渣纤维沥青混合料路用性能，分析蔗渣纤维对混合料的影响作用，并以常见的路用纤维-木质纤维作为对照组进行对比试验分析。同时，选择 AC-13 和 SMA-13 两种应用较广的级配作为设计级配，对比分析蔗渣纤维对不同级配类型的沥青混合料的影响。

1）蔗渣纤维沥青混合料配合比设计

为了验证蔗渣纤维对沥青混合料的改善效果，分析蔗渣纤维与木质纤维改善效果的差异，本部分同时设计并研究了两种级配类型的沥青混合料，分别为 AC-13 和 SMA-13。向其中添加蔗渣纤维和木质纤维，分别进行配合比设计，得到沥青混合料级配、最佳纤维掺量以及最佳油石比。

（1）AC-13 级配混合料配合比设计。

按照设计要求在规定级配中值左右调整出三个粗细不同的级配。图 3.5-4 为 AC-13 混合料矿料级配曲线，表 3.5-6 为 AC-13 的级配表。

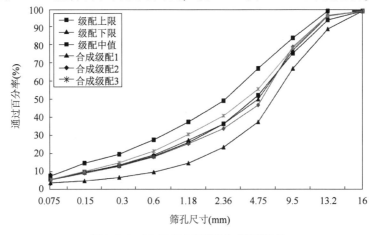

图 3.5-4 AC-13 混合料矿料合成级配曲线

AC-13 混合料设计级配表　　　　　　　表 3.5-6

筛孔(mm)	16	13.2	9.5	4.75	2.36	1.18	0.6	0.3	0.15	0.075	配比1	配比2	配比3
集料1号	100	88.9	17.7	0.5	0.5	0.5	0.5	0.5	0.5	0.5	25	22	24
集料2号	100	100	93.8	5.1	1.5	1.0	1.0	1.0	1.0	1.0	21	28	16
集料3号	100	100	100	71.8	11.1	9.6	8.4	5.7	5.4	4.8	15	14	16
集料4号	100	100	100	100	88.5	63.4	40.4	25.4	13.5	2.6	35	32	40
矿粉	100	100	100	100	100	100	99.9	99.9	99.8	99.3	4	4	4
级配1	100	97.2	78.1	50.9	37.1	28.0	19.7	14.1	9.9	5.9			
级配2	100	97.6	80.2	47.6	34.4	26.0	18.5	13.3	9.5	5.9		—	
级配3	100	97.3	79.3	56.4	41.5	31.2	21.8	15.3	10.5	6.1			
上限	100	100	85	68	50	38	28	20	15	8			
下限	100	90	68	38	24	15	10	7	5	4			
中值	100	95	76.5	53	37	26.5	19	13.5	10	6			

为了确定沥青混合料级配，分别以三种设计级配配置矿料，油石比采用4.9%。采用马歇尔试验法进行基本指标测试，其结果如表3.5-7所示。

AC-13 设计级配马歇尔试验指标汇总表　　　　　　　表 3.5-7

级配序号	试件毛体积相对密度	空隙率VV(%)	矿料间隙率VMA(%)	沥青饱和度VFA(%)	稳定度MS(kN)	流值FL(mm)
级配1	2.396	5.43	15.59	65.15	10.25	3.16
级配2	2.381	6.27	16.30	61.52	11.24	3.41
级配3	2.412	4.49	14.81	69.69	10.58	3.21
技术标准要求	—	4~6	≥15	65~75	≥8	1.5~4

由表3.5-7中数据可知，级配1的各项指标均满足技术标准要求，空隙率接近目标空隙率，同时稳定度和流值均在标准要求的数值以上。级配2空隙率为6.27%，大于标准要求的最大空隙率，且沥青饱和度为61.52%，无法满足规范沥青饱和度的最小值要求。级配3的矿料间隙率无法满足标准中的要求。故本文中选择级配1作为AC-13沥青混合料的设计级配。

根据相关工程研究经验，本文在AC-13级配沥青混合料中，选择0%、0.1%、0.2%和0.3%作为纤维掺量（纤维占沥青混合料的总重），设计4.0%、3.5%、5.0%、5.5%、6.0%五组间隔0.5%的油石比，分别将对应比例的蔗渣纤维添加到沥青混合料中，通过马歇尔试验法分别确定不同纤维掺量下的最佳油石比。表3.5-8为AC-13级配沥青混合中添加0.2%的蔗渣纤维和木质纤维的试验结果。

AC-13 纤维沥青混合料马歇尔试验数据汇总表（纤维掺量0.2%）　　表3.5-8

纤维类型	油石比(%)	毛体积密度(g/cm³)	空隙率VV(%)	矿料间隙率VMA(%)	沥青饱和度VFA(%)	稳定度MS(kN)	流值FL(mm)
蔗渣纤维	4.0	2.339	7.91	16.89	53.14	13.19	2.57
	4.5	2.360	6.41	16.53	61.23	15.50	3.12
	5.0	2.375	5.18	16.64	68.48	15.95	3.40
	5.5	2.388	4.02	16.35	75.42	14.65	3.49
	6.0	2.378	3.85	17.10	77.45	13.54	3.65
木质纤维	4.0	2.346	7.31	16.64	56.06	13.72	3.03
	4.5	2.363	5.95	16.42	63.75	15.11	3.27
	5.0	2.371	5.01	16.55	69.74	15.64	3.30
	5.5	2.387	3.71	16.39	77.35	15.23	3.50
	6.0	2.382	3.69	16.96	78.22	14.91	3.93
技术标准要求		—	4~6	≥15	65~75	≥8	1.5~4

按照沥青混合料设计标准，以蔗渣纤维沥青混合料为例，对表3.5-8中AC-13蔗渣纤维沥青混合料马歇尔试验结果进行绘图，如图3.5-5所示。分析表3.5-8和图3.5-5，同时根据技术指标要求，可以确定蔗渣纤维沥青混合料最佳油石比为5.1%。

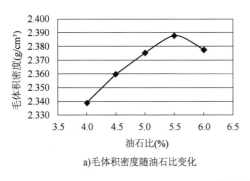

a) 毛体积密度随油石比变化　　b) 空隙率随油石比变化

图 3.5-5

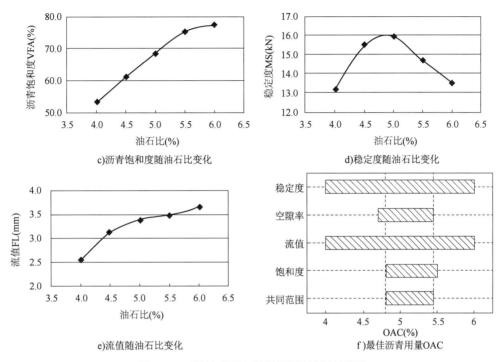

图 3.5-5 蔗渣纤维沥青混合料配合比设计计算图

AC-13 纤维沥青混合料最佳油石比汇总见表 3.5-9。

AC-13 纤维沥青混合料最佳油石比汇总表 表 3.5-9

级配类型	纤维类型	纤维掺量(%)	最佳油石比(%)
AC-13	蔗渣纤维	0	4.90
		0.1	4.94
		0.2	5.10
		0.3	5.21
	木质纤维	0	4.90
		0.1	5.02
		0.2	5.17
		0.3	5.24

(2) SMA-13 级配混合料配合比设计。

采用标准方孔筛对所用集料分别进行筛分，对筛分结果进行计算后利用试配法进行级配设计，按照设计要求在规定级配中值左右调整出三个粗中细不同的级配。表 3.5-10 为 SMA-13 级配表，图 3.5-6 为 SMA-13 混合料矿料级配曲线。

SMA-13 混合料设计级配表　　　　　　表 3.5-10

筛孔(mm)	16	13.2	9.5	4.75	2.36	1.18	0.6	0.3	0.15	0.075	配比1	配比2	配比3
集料1号	100	88.9	17.7	0.5	0.5	0.5	0.5	0.5	0.5	0.5	40	40	38
集料2号	100	100	93.8	5.1	1.5	1.0	1.0	1.0	1.0	1.0	32	35	30
集料3号	100	100	100	71.8	11.1	9.6	8.4	5.7	5.4	4.8	9	7	14
集料4号	100	100	100	100	88.5	63.4	40.4	25.4	13.5	2.6	9	8	8
矿粉	100	100	100	100	100	100	99.9	99.9	99.8	99.3	10	10	10
级配1	100	95.6	65.1	27.3	19.6	17.1	14.9	13.3	12.2	11.1	—		
级配2	100	95.6	64.9	25.0	18.6	16.3	14.4	13.0	12.0	11.0			
级配3	100	95.8	66.9	29.7	19.3	16.9	14.9	13.3	12.3	11.3			
上限	100	100	75	34	26	24	20	16	15	12			
下限	100	90	50	20	15	14	12	10	9	8			
中值	100	95	62.5	27.0	20.5	19.0	16.0	13.0	12.0	10.0			

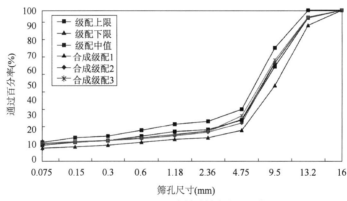

图 3.5-6　SMA-13 混合料矿料合成级配曲线

为确定沥青混合料级配，分别配制三种不同级配的矿料，按照设计规范对三种级配矿料进行矿料间隙率验证。在此基础上，初步采用 6.0% 作为油石比，利用马歇尔试验法进行指标测试。其结果如表 3.5-11 所示。

SMA-13 设计级配马歇尔试验指标汇总表　　　　　　表 3.5-11

级配序号	试件毛体积相对密度	空隙率 VV（%）	VCA_{DRC}（%）	VCA_{mix}（%）	矿料间隙率 VMA（%）	沥青饱和度 VFA（%）	稳定度 MS（kN）	流值 FL（mm）
级配1	2.422	3.8	38.0	37.4	16.5	77.1	8.24	3.27
级配2	2.407	4.9	37.7	36.5	17.1	71.6	8.94	3.61
级配3	2.431	3.7	37.6	39.9	16.1	77.2	8.76	3.52
技术标准要求	—	3~4	—	< VCA_{DRC}	≥16.5	75~85	≥6	

注：VCA_{DRC}-捣实状态下的粗集料松装间隙率；VCA_{mix}-压实沥青混合料的粗集料骨架间隙率。

由表3.5-11中数据可知，级配1的各项指标均满足技术标准要求，其空隙率为3.8%，接近设计空隙率中值。级配2空隙率为4.9%，大于技术标准要求的最大空隙率要求值，并且级配的沥青饱和度在数值上较低，未能达到设计要求最小值。级配3的$VCA_{mix} > VCA_{DRC}$，不符合SMA沥青混合料级配设计标准。故本文中SMA-13沥青混合料选择级配1作为设计级配，并开展后续研究。

SMA-13级配沥青混合料与AC-13级配的不同纤维掺量的沥青混合料最佳油石比的确定方法相同。本文选择0%、0.3%、0.4%和0.5%作为纤维掺量，设计5.7%、6.0%和6.3%三组间隔0.3%的油石比，分别将对应比例的蔗渣纤维添加到沥青混合料中，通过马歇尔试验法分别确定不同纤维掺量下的最佳油石比。SMA-13级配沥青混合中添加0.4%的蔗渣纤维和木质纤维的试验结果见表3.5-12。

SMA-13纤维沥青混合料马歇尔试验数据汇总表（纤维掺量0.4%）　　表3.5-12

纤维类型	油石比（%）	毛体积密度（g/cm³）	空隙率VV（%）	矿料间隙率VMA（%）	沥青饱和度VFA（%）	稳定度MS（kN）	流值（mm）
蔗渣纤维	5.7	2.409	4.20	16.72	74.89	10.30	3.08
	6.0	2.417	3.48	16.66	79.15	11.26	3.15
	6.3	2.410	3.38	17.13	80.28	10.48	3.27
木质纤维	5.7	2.404	4.39	16.88	74.02	9.89	3.01
	6.0	2.413	3.64	16.81	78.32	12.21	3.21
	6.3	2.406	3.53	17.26	79.54	11.05	3.27
技术标准要求	—	—	3~4	≥16.5	75~85	≥8	—

按照SMA沥青混合料设计标准，分析表3.5-12数据可知，油石比在5.9%时，蔗渣纤维沥青混合料的空隙率接近设计空隙率3.5%，且各指标数值均在设计规范要求的范围内，故确定最佳油石比为5.9%。采用相同的试验方法分别试验和计算不同纤维掺量下的蔗渣纤维和木质纤维沥青混合料最佳油石比，试验结果如表3.5-13所示。

SMA-13纤维沥青混合料最佳油石比汇总表　　表3.5-13

级配类型	纤维类型	纤维掺量（%）	最佳油石比（%）
SMA-13	蔗渣纤维	0	5.80
		0.3	5.87
		0.4	5.90
		0.5	6.15

续上表

级配类型	纤维类型	纤维掺量(%)	最佳油石比(%)
SMA-13	木质纤维	0	5.80
		0.3	5.91
		0.4	6.10
		0.5	6.22

2)蔗渣纤维沥青混合料高温稳定性

车辙试验可以模拟沥青混合料在高温环境下的动态稳定性,是常见的评价方法之一。通常情况下,混合料的高温稳定性可以通过动稳定度来评价,当动稳定度较大时,表明混合料可以抵抗更大的荷载,具有较高的在高温条件下保持良好原有状态的能力。动稳定度可通过式(3.5-4)计算得到。

$$DS = \frac{(t_2 - t_1) \times 42}{d_2 - d_1} \times c_1 \times c_2 \tag{3.5-4}$$

式中:DS——沥青混合料的动稳定度(次/mm);

t_1,t_2——试验时间(min),通常为45min和60min;

d_1,d_2——与试验时间t_1,t_2对应的试件表面的变形量(mm);

42——每分钟行走次数(次/min);

c_1,c_2——试验机或试件修正次数。

根据前述章节确定的矿料级配、最佳油石比和纤维掺量,分别成型十六种混合料的标准试件进行车辙试验,试验结果表3.5-14所示。根据表3.5-14中试验数据绘制不同级配和不同纤维的动稳定度柱状图,见图3.5-7。图3.5-7中动稳定度柱状图更加明显地反映了蔗渣纤维在AC-13和SMA-13级配沥青混合料的改善效果。

高温车辙试验结果　　　　　　　　　　表3.5-14

| 级配类型 | 纤维掺量(%) | 动稳定度(次/mm) | | 技术标准要求 |
		蔗渣纤维	木质纤维	
AC-13	0	5863	5863	≥2800
	0.1	6114	6201	
	0.2	7026	7199	
	0.3	6941	7385	

续上表

级配类型	纤维掺量(%)	动稳定度(次/mm)		技术标准要求
		蔗渣纤维	木质纤维	
SMA-13	0	8523	8523	≥3000
	0.3	8957	9085	
	0.4	9439	9984	
	0.5	9357	10680	

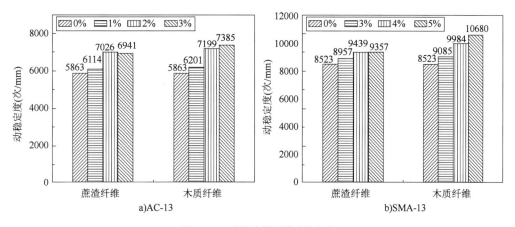

图 3.5-7 高温车辙试验动稳定度

从图 3.5-7 中可以看出，在两种级配沥青混合料中，蔗渣纤维被添加到沥青混合料中后，能够使动稳定度在一定程度上得到提升，同样，木质纤维也表现出相同的效果。本文选用的连续密级配沥青混合料中不添加纤维时，动稳定度达到 5863 次/mm，远高于相关规范要求的技术值，而纤维的加入又使得动稳定度得到了明显的提升。

从纤维掺量看，在 AC-13 沥青混合料中，蔗渣纤维对沥青混合料表现出显著的改善效果。随着纤维掺量的增大，动稳定度的提升程度随之增大，纤维掺量为 0.1%、0.2% 和 0.3% 的蔗渣纤维分别使动稳定度提升 4.3%、19.8% 和 18.4%。

从纤维类型看，在 AC-13 和 SMA-13 两种级配沥青混合料中，同一纤维掺量的蔗渣纤维对沥青混合料动稳定度的提升效果相对木质纤维较差，但二者之间的差距也相对较小，这可能与蔗渣纤维较差的吸油性有关，蔗渣纤维吸收相对较少的沥青油分，在高温环境下无法将沥青胶浆更好稳固。另外，木质纤维在 SMA-13 沥青混合料中的改善效果更加优异，对混合料动稳定度的提升效果非常显著。

从混合料类型看，AC-13 沥青混合料中的纤维可以使沥青胶浆的黏附性得到一定程度的改善,沥青混合料的高温稳定性得到提升,路面出现较大车辙的程度被大大降低。SMA-13 沥青混合料的组成成分特性表明其沥青含量相对较高,因此更需要网络状纤维来稳定沥青,从而使沥青胶浆更加稳固地将嵌锁在一起的集料黏结。同时,对比无纤维的 SMA-13 沥青混合料的动稳定度,纤维的加入对动稳定度的提升效果相对 AC-13 沥青混合料较差。造成上述结果的原因可能是 SMA-13 沥青混合料的高温稳定性主要是由自身的嵌锁结构决定,纤维沥青胶浆的改善效果相对较差。

总体而言,沥青在蔗渣纤维的吸附稳定作用下,其流动性得到改善,沥青混合料可以在高温环境下抵抗更大的荷载,保持其原有形貌而不破坏,不易产生位移,并且和常用木质纤维达到相对平等的程度,为蔗渣在沥青路面的应用奠定技术基础。

3) 蔗渣纤维沥青混合料低温抗裂性

本文采用低温弯曲试验对 AC-13 和 SMA-13 级配的蔗渣纤维沥青混合料和木质纤维沥青混合料分别进行了评价,同时对比未添加纤维的沥青混合料。进一步地从低温抗裂性的角度深入地探究蔗渣纤维在路面中的应用前景。

低温弯曲试验采用长 250mm、宽 30mm、高 35mm 的小梁试件,试件由轮碾法成型的混合料板切割而成。在 -10℃ 的环境箱中对小梁试件进行保温,随后在小梁试件上施加单点荷载,速率为 50mm/min,通过传感器记录荷载与挠度变化,按照式(3.5-5) ~式(3.5-7)计算低温弯曲试验各项性能指标数值。

$$R_B = \frac{3 \times L \times P_B}{2 \times b \times h^2} \quad (3.5\text{-}5)$$

$$\varepsilon_B = \frac{6 \times h \times d}{L^2} \quad (3.5\text{-}6)$$

$$S_B = \frac{R_B}{\varepsilon_B} \quad (3.5\text{-}7)$$

式中:R_B——试件破坏时的抗弯拉强度(MPa);

ε_B——试件破坏时的最大弯拉应变;

S_B——试件破坏时的弯曲劲度模量(MPa);

P_B——试件破坏时的最大荷载(N);

h——跨中断面试件的高度(mm);

d——试件破坏时的跨中挠度(mm);

L——试件的跨径(mm);

b——跨中断面试件的宽度(mm);

低温弯曲试验结果如表 3.5-15 所示。同时,为了更加清晰地观察蔗渣纤维对沥青混合料低温性能的影响,根据表 3.5-15 中数据绘制柱状图,如图 3.5-8 所示。

低温弯曲试验结果　　　　表 3.5-15

混合料类型	纤维类型	纤维掺量(%)	最大荷载(N)	最大弯拉应变($\times 10^{-6}$)	抗弯强度(MPa)	弯曲劲度模量(MPa)
AC-13	蔗渣纤维	0	1238.2	2041	9.18	4499.9
		0.1	1316.1	2118	9.39	4433.8
		0.2	1354.4	2202	10.51	4772.3
		0.3	1404.2	2262	10.79	4769.6
	木质纤维	0	1238.2	2041	9.18	4499.4
		0.1	1263.5	2166	9.44	4359.8
		0.2	1287.2	2220	9.92	4467.2
		0.3	1334.6	2238	10.75	4803.1
SMA-13	蔗渣纤维	0	1113.6	1959	8.73	4455.2
		0.3	1224.8	2058	9.80	4760.0
		0.4	1383.1	2112	11.09	5250.1
		0.5	1335.6	2171	10.75	4953.8
	木质纤维	0	1113.6	1959	8.73	4455.2
		0.3	1152.5	2083	9.01	4325.8
		0.4	1293.6	2159	10.26	4753.2
		0.5	1225.3	2192	10.02	4569.2

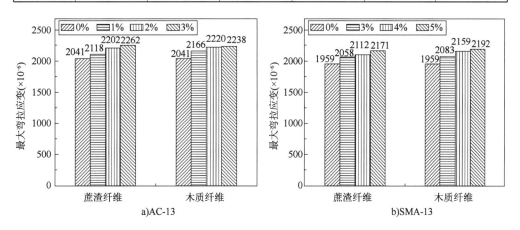

图 3.5-8　纤维沥青混合料最大弯拉应变

从表 3.5-15 可以看出，在本文研究的两种级配沥青混合料中，纤维沥青混合料的最大弯拉应变、抗弯强度和弯曲劲度模量均高于未添加纤维的混合料。其中，蔗渣纤维表现出更好的低温改善效果。

从纤维掺量看，沥青混合料的最大弯拉应变、抗弯强度和弯曲劲度模量等指标基本呈现出随着纤维掺量的增加而增大的趋势。在蔗渣纤维掺入到混合料中后，两种级配的最大弯拉应变均有所提高。当 AC-13 和 SMA-13 分别添加 0.1% 和 0.3% 的蔗渣纤维时，其最大弯拉应变分别提高 3.77% 和 5.05%，但随着纤维掺量的增大，最大弯拉应变增加速率变小，表明蔗渣纤维在混合料体系中存在最佳纤维掺量，过多的纤维在混合料中无法发挥其改善效果。

从纤维类型看，在相同纤维掺量下，对于同一级配的沥青混合料，加入蔗渣纤维和木质纤维的两种纤维沥青混合料的最大弯拉应变相差不大，但是抗弯强度却相差较大。从表 3.5-15 中可以看出，蔗渣纤维沥青混合料的抗弯强度略大于木质纤维，这可能是由于蔗渣纤维的自身强度较高，在低温环境下蔗渣纤维能更好地抵抗和传递外界荷载施加的作用力。

另外，纤维沥青混合料在低温环境下减少开裂的能力很大程度上取决于纤维在混合料中的"桥接"和"加筋"。蔗渣纤维沥青混合料的最大破坏应变高于木质纤维，表明蔗渣纤维在沥青混合料中表现出更优的加筋作用，蔗渣纤维的这种改善效果可能是因为蔗渣纤维的直径相对木质纤维较大，并且蔗渣纤维的结构特性可以吸收部分沥青。

4）蔗渣纤维沥青混合料水稳定性能

沥青路面实际使用过程中，内部水在温度极低环境下结冰体积变大，对沥青混合料造成冻胀作用，这些冻胀的冰在温度升高后又发生形态变化。在温度的循环下，沥青与集料之间的黏附界面在重复胀缩的作用下逐渐失去黏附性，从而导致沥青与集料之间出现间隙直至集料脱落。本文采用冻融劈裂试验模拟沥青混合料在水和低温作用下的稳定性变化，来探究蔗渣纤维对沥青混合料的水稳定性改善效果。

成型标准试件，其中纤维在 AC-13 和 SMA-13 两种级配混合料中的掺量分别为 0%、0.1%、0.2%、0.3% 和 0%、0.3%、0.4%、0.5%。将每种混合料试件随机分为两组，第一组在真空饱水后先进行 16h 的冷冻（温度为 -18℃），取出后在 60℃水中浸泡 24h 进行冻融处理，第二组作为对照组进行劈裂试验，分别记录两组试件破坏时的最大荷载 P_T。采用式(3.5-8)和式(3.5-9)分别计算每个马歇尔试件的劈裂抗拉强度 R_T、冻融组的平均劈裂抗拉强度 $\overline{R}_{T1}$、未冻融组的平均劈裂抗拉强度 $\overline{R}_{T2}$，通过对比两组试件的劈裂抗拉强度可以得到冻融劈裂抗拉强度比 TSR。冻融劈裂实验结果如表 3.5-16 所示。

$$R_T = \frac{0.006287 P_T}{h} \quad (3.5\text{-}8)$$

$$\text{TSR} = \frac{\overline{R}_{T1}}{\overline{R}_{T2}} \times 100\% \quad (3.5\text{-}9)$$

式中：R_T——试件的劈裂抗拉强度(MPa)；

P_T——试件的试验荷载值(N)；

h——试件的高度(mm)；

TSR——冻融劈裂试验强度比(%)；

$\overline{R}_{T1}$——冻融循环后的试件劈裂抗拉强度平均值(MPa)；

$\overline{R}_{T2}$——未冻融循环后的试件劈裂抗拉强度平均值(MPa)。

沥青混合料冻融劈裂试验结果汇总　　表 3.5-16

混合料类型		纤维掺量(%)	R_{T1}(MPa)	R_{T2}(MPa)	TSR(%)	TSR技术标准要求(%)
AC-13	蔗渣纤维	0	0.83	0.97	85.6	≥80
		0.1	0.86	0.98	87.8	
		0.2	0.94	1.05	89.5	
		0.3	0.96	1.07	89.7	
	木质纤维	0	0.83	0.97	85.6	
		0.1	0.85	0.98	86.7	
		0.2	0.90	1.02	88.2	
		0.3	0.93	1.05	88.6	
SMA-13	蔗渣纤维	0	0.67	0.82	81.7	
		0.3	0.72	0.85	84.7	
		0.4	0.75	0.87	86.2	
		0.5	0.76	0.88	86.4	
	木质纤维	0	0.67	0.82	81.7	
		0.3	0.71	0.85	83.5	
		0.4	0.73	0.86	84.9	
		0.5	0.77	0.91	84.6	

对各种类型沥青混合料的试验数据进行绘图，如图 3.5-9 中所示。依据相关技术规范对各种类型沥青混合料的水稳定性能进行判定。可以看出，16 种沥青混合料的残留稳定度和冻融劈裂强度比均可以满足技术要求。

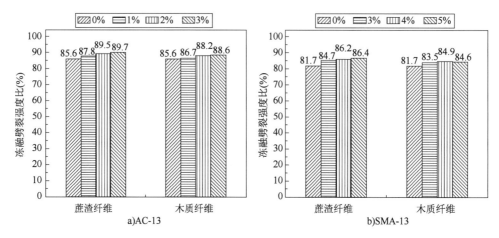

图 3.5-9 冻融劈裂试验结果

由表 3.5-16 和图 3.5-9 可以看出，在本文研究的两种级配沥青混合料中，蔗渣纤维添加后，混合料的劈裂强度均高于无纤维的对照组，表明纤维在沥青混合料中起到吸附沥青的作用，使沥青胶浆具有更大的黏稠度和劲度。

从纤维掺量看，蔗渣纤维的添加使 AC-13 和 SMA-13 两种级配沥青混合料的冻融劈裂强度比均有所提高，但是不同纤维掺量的提升效果相差不大，尤其是当纤维掺量较大时，两个相邻掺量的混合料冻融劈裂强度比几乎接近。

从纤维类型看，蔗渣纤维在两种级配的沥青混合料中表现出相对较好的抗水损害能力。在相同纤维掺量下，掺加蔗渣纤维的沥青混合料的冻融劈裂强度比均高于木质纤维，这与浸水马歇尔试验中残留稳定度指标呈现出相同的结果，其原因可能是原生态结构的蔗渣纤维具有更高的强度，可以更好地抵抗水和高温的侵害。

从沥青混合料类型看，在相同纤维类型和纤维掺量条件下，AC-13 沥青混合料的冻融劈裂强度比要高于 SMA-13，这可能是两种级配的不同矿料比例和沥青用量造成的结果。另外，每组沥青混合料的劈裂强度在经过冻融循环后有所降低，其降低趋势与浸水马歇尔试验结果类似。未掺加纤维的普通沥青混合料劈裂强度仍然下降程度最大，同样表现出纤维在沥青混合料有明显的吸油和加筋作用。

沥青混合料的抵抗水侵害能力在蔗渣纤维加入后可以得到有效改善，同样对残留稳定度和冻融劈裂抗拉强度比有一定程度的提升效果。尽管蔗渣纤维和木质纤维在抵抗水侵害方面表现出相似的结果，但蔗渣纤维对沥青混合料水稳定性的改善效果较木质纤维更好。另外，水分进入沥青路面内部很大程度上是通过面层的裂缝。结合低温弯曲试验结果，具有更好抗裂性能的蔗渣纤维沥青混合料可以减缓裂缝的出现，从而在很大程度上降低水分进入混合料内部的概率，使沥青混合料在有水存在的情况下保持更加稳定的状态。

3.5.2.4 蔗渣纤维沥青路面示范应用

本课题技术示范应用主要是用蔗渣纤维替代木质纤维。蔗渣纤维沥青混合料的其他原材料同非试验段的材料，对机械设备无特殊要求。施工过程中，除了蔗渣纤维掺量及其投入方式不同外，混合料拌和、生产及运输，混合料的铺筑与压实工艺等其他均同SMA上面层非试验段实施要求。因此，本部分主要介绍与木质纤维沥青路面施工的不同点。部分现场施工图见图3.5-10。

图3.5-10 蔗渣纤维沥青路面示范段

1）蔗渣纤维的掺量

由于蔗渣纤维与木质纤维原材料中纤维素、半纤维素及木质素的占比存在差异，蔗渣纤维的吸油率低于木质纤维，但是满足现行技术规范要求。在前期室内试验研究的基础上，确定了蔗渣纤维的掺量为0.35%。

蔗渣纤维容易吸水潮湿，应采用防水防潮的塑料内袋。为了保证蔗渣纤维掺量的准确性，课题组已提前与施工单位沟通，根据拌和站每锅沥青混合料的拌和质量确定蔗渣纤维的掺量,每袋蔗渣纤维的质量一致,保证2袋蔗渣纤维拌和一锅沥青混合料。

2)蔗渣纤维的投入

前期尝试采用与颗粒状木质纤维一致的投料机加料方式,见图3.5-11。但是,蔗渣纤维成品为絮状,密度较小,容易导致投料机堵管,最终放弃该法投料而采用拌和楼人工投料方式,见图3.5-12。

图3.5-11 投料机投入纤维

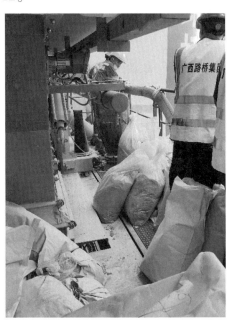

图3.5-12 拌和楼人工投入

3)蔗渣纤维沥青路面实施效果

蔗渣纤维沥青路面施工照片见图3.5-13~图3.5-16。

图3.5-13 现场施工1(摊铺)

图3.5-14 现场施工2(碾压)

图 3.5-15 现场施工 3（碾压）

图 3.5-16 现场施工 4（碾压）

蔗渣纤维沥青路面实施效果主要包括室内路用性能和铺筑路面质量检测两个方面。对蔗渣纤维沥青路面和木质纤维沥青路面的实施效果进行比较，发现蔗渣纤维沥青路面的技术指标满足现行规范和设计文件要求，且其施工工艺与木质纤维一致。结果表明，蔗渣纤维替代木质纤维在技术上是可行的。

4）室内路用性能比较

广西路桥工程集团有限公司 2 标工地实验室在 K2178 + 100 沥青拌和站对 ARSMA-13 沥青混合料进行取样，开展了蔗渣纤维沥青混合料和木质纤维沥青混合料的马歇尔试验、浸水马歇尔试验、车辙试验、沥青含量试验。试验结果见表 3.5-17 ~ 表 3.5-20。试验结果表明，蔗渣纤维沥青混合料的检测项目符合《沥青路面施工技术规范》（JTG F40—2004）及设计文件要求。蔗渣纤维沥青混合料与木质纤维沥青混合料的路用性能相当（如稳定度、浸水马歇尔试验残留稳定度），其部分性能甚至优于木质纤维沥青混合料（如动稳定度）。上述室内试验结果表明，蔗渣纤维替代木质纤维是可行的。

蔗渣纤维沥青混合料试验　　　　　　表 3.5-17

序号	项目参数		技术指标	检测结果	结果判定
1	沥青含量(%)		6.19 ± 0.3	6.40	合格
2	油石比(%)		6.60 ± 0.3	6.84	合格
3	矿料级配(筛孔)(%)	0.075mm	—	4.8	—
		≤2.36mm	—	20.7	—
		≥4.75mm	—	69.9	—
4	理论最大相对密度			2.653	

续上表

序号	项目参数		技术指标	检测结果	结果判定
5	毛体积相对密度		—	2.536	—
6	马歇尔试验	空隙率(%)	3~6	4.4	合格
		稳定度(kN)	≥8	11.53	合格
		流值(mm)	2~5	3.4	合格
		矿料间隙率(%)	≥11.5	18.8	合格
7	浸水马歇尔试验残留稳定度(%)		≥85	95.23	合格
8	冻融循环劈裂抗拉强度比(%)		≥80	—	—
9	肯塔堡飞散值(%)		—	—	—
10	谢伦堡沥青析漏值(%)		—	—	—
11	动稳定度(次/mm)		≥4000	>6000	合格
12	渗水系数(mL/min)		—	—	—
13	沥青饱和度(%)		70~85	76.5	合格

蔗渣纤维混合料车辙试验　　　　表3.5-18

试验编号	1	2	3
时间 t_1(min)	45	45	45
时间 t_2(min)	60	60	60
对于时间 t_1 的变形量 d_1(mm)	1.16	1.55	1.19
对于时间 t_2 的变形量 d_2(mm)	1.23	1.62	1.25
动稳定度(次/mm)	9000.0	9000.0	10500.0
标准差(次/mm)	866.03		
变异系数(%)	9		
平均动稳定度(次/mm)	>6000		

木质纤维沥青混合料试验　　　　表3.5-19

序号	项目参数		技术指标	检测结果	结果判定
1	沥青含量(%)		6.19±0.3	6.31	合格
2	油石比(%)		6.60±0.3	6.74	合格
3	矿料级配(筛孔)(%)	0.075mm	—	5.5	—
		≤2.36mm	—	23.6	—
		≥4.75mm	—	67.8	—

续上表

序号	项目参数		技术指标	检测结果	结果判定
4	理论最大相对密度		—	2.643	—
5	毛体积相对密度		—	2.534	—
6	马歇尔试验	空隙率(%)	3~6	4.1	合格
		稳定度(kN)	≥8	11.24	合格
		流值(mm)	2~5	2.8	合格
		矿料间隙率(%)	≥11.5	18.8	合格
7	浸水马歇尔试验残留稳定度(%)		≥85	94.2	合格
8	冻融循环劈裂抗拉强度比(%)		≥80	—	—
9	肯塔堡飞散值(%)		—	—	—
10	谢伦堡沥青析漏值(%)		—	—	—
11	动稳定度(次/mm)		≥4000	>6000	合格
12	渗水系数(mL/min)		—	—	—
13	沥青饱和度(%)		70~85	78.0	合格

木质纤维混合料车辙试验　　　　表 3.5-20

试验编号	1	2	3
时间 t_1(min)	45	45	45
时间 t_2(min)	60	60	60
对于时间 t_1 的变形量 d_1(mm)	1.66	1.14	1.84
对于时间 t_2 的变形量 d_2(mm)	1.15	1.22	1.92
动稳定度(次/mm)	7000.0	7875.0	7875.0
标准差(次/mm)	505.18		
变异系数(%)	7		
平均动稳定度(次/mm)	>6000		

5）铺筑路面质量检测

对铺筑的蔗渣纤维沥青路面进行路面质量检测，进行现场透水试验、测量构造深度（铺砂法）、取芯测试压实度和厚度。取样现场见图 3.5-17、图 3.5-18。检测结果表明，蔗渣纤维沥青路面和木质纤维沥青路面的压实度、厚度、透水性和构造深度均满足规范和设计文件要求，蔗渣纤维的掺入不影响路面施工工艺。

图3.5-17 蔗渣纤维沥青混合料芯样

图3.5-18 木质纤维沥青混合料芯样

6)经济效益分析

2021年9月,施工单位广西路桥工程集团有限公司采用广西交科集团有限公司自主研制的蔗渣纤维在广西钦北高速公路改扩建工程的2标石湾互通E匝道EK0+320~EK0+440(约1000m²,消耗40m³蔗渣纤维沥青混合料)的上面层铺筑了4cm厚的SMA-13蔗渣纤维沥青路面应用示范段。示范段使用蔗渣纤维替代了木质纤维,蔗渣纤维掺量0.35%,蔗渣纤维沥青混合料的拌和、运输和压实工艺与木质纤维沥青混合料一致。经室内试验和现场检测表明,蔗渣纤维沥青混合料及其路面的各项技术要求满足规范要求,与木质纤维相比,两者路用性能相当。

产生的经济和生态环境效益如下:

(1)与木质纤维相比工程节支:节支50元/m³,消耗40m³,共2000元。其中,上面层厚4cm,铺筑面积1000m²,沥青混合料毛体积密度2.5t/m³,颗粒木质素1.0万/t,蔗渣纤维0.3万/t,掺量0.35%,消耗蔗渣纤维沥青混合料100t。

(2)与木质纤维相比生态效益显著:木质纤维原料为针叶林、阔叶林等,这些木林固碳与呼吸碳的碳收支结余约10t/(hm²·年);而蔗渣纤维原材料为蔗渣,不需要砍伐森林。因此,蔗渣纤维具有更显著的生态环境效益。

3.6 技术小结

基于加强广西钦北高速公路改扩建工程废旧材料和工农业固废的循环利用的需求,通过对废旧混凝土全组分再利用技术、废旧护栏修复翻新再利用技术、复合吸声屏障技术、钢渣混凝土安定性及质量提升应用技术、蔗渣纤维制备技术及其在沥青路面工程中的示范应用等课题开展创新攻关和推广技术研究，取得了以下的创新研究成果：

(1) 针对改扩建工程产生的废旧混凝土材料，提出了废旧混凝土分类分级处置技术，并应用于软土地基换填、路面垫层、路面基层、混凝土附属设施等场合，实现了废旧混凝土的100%再利用。

(2) 针对改扩建工程产生的废旧波形梁板，提出了废旧波形梁板再利用技术，在立柱上设置上、下双层双波板，形成双层双波形梁护栏结构，结合实车碰撞试验和碰撞数值仿真模拟论证，防护等级可以达到现行标准规范的A级。

(3) 开展基于吸声系数峰值与车-路噪声同频匹配的复合吸声屏障技术推广应用，利用废旧材料，采用"微穿孔平板+深度空腔+后置隔声板"吸、隔声结合的结构来达到高降噪效果，降噪系数达到0.7~0.8，高于市场上同类产品。

(4) 开展钢渣混凝土安定性及质量提升应用技术研究，将低能耗、附加值高的钢渣细集料和机制砂按一定的比例制备形成混合砂应用于水泥混凝土中，增强了混凝土拌合物的黏聚性、保水性及混凝土的强度，并有效缓解了砂石材料的匮乏问题，提高了工业固废的循环利用率。

(5) 开展蔗渣纤维制备技术及其在沥青路面工程中的示范应用，提出了路用蔗渣纤维制备关键技术，形成了较完善的路用蔗渣纤维稳定剂制备技术。制备的蔗渣纤维具有抗磨损、无毒害、低成本、耐腐蚀等优良特性，将其替代木质纤维，掺入至沥青混合料中，可显著提升沥青路面使用性能，并具有更显著的生态环境效益。

第4章 工程品质提升技术

我国早期修筑的高速公路已逐渐满足不了人民日益增长的美好出行需求，需要对既有高速公路的结构和功能进行升级，因此高速公路改扩建工程任务严峻。尤其在南方滨海等发达地区，区域经济发达，百姓出行、物资运输要求高，且项目沿线旅游资源丰富、生态多样敏感，改扩建需求更高。广西钦北高速公路改扩建科技示范工程制定了"无感施工、品质扩容、智慧保障"的建设目标，决定开展以低影响高品质改扩建为主题的科技示范工程，形成一批低影响高品质提升技术。

4.1 复合改性橡胶沥青与水泥面板组合式耐久性路面技术

4.1.1 技术简介

以废旧轮胎在道路工程中的大规模循环利用和显著提升传统橡胶沥青路用性能为目标，开展高性能复合改性橡胶沥青工厂化生产技术、复合式路面耐久型橡胶改性沥青混合料组成设计与性能、橡胶改性沥青复合式路面层间性能、橡胶改性沥青复合式路面施工、橡胶改性沥青复合式路面结构力学响应等研究，形成新一代高性能复合改性橡胶沥青技术，提升刚柔复合式路面结构的耐久性能，为钦北高速公路改扩建工程打造为低影响高品质改扩建科技示范工程助力。

4.1.1.1 复合改性橡胶沥青

复合改性橡胶沥青是以路用废旧轮胎橡胶粉作为主要改性剂，同时添加多种高聚合物改性剂，按一定比例添加到基质沥青中充分熔胀反应形成的改性沥青结合料。复合改性橡胶沥青具有较好的高温稳定性、低温柔韧性、抗老化性、抗疲劳性、抗水损坏等性能，是较为理想的环保型路面材料，主要应用于道路结构中的应力吸收层和表面层中。

4.1.1.2 橡胶沥青复合式路面

橡胶沥青复合式路面作为长寿命路面结构形式之一，是水泥混凝土面板和橡胶沥青混合料面层复合而成的路面，不仅可以减少沥青用量，还可弥补刚性路面的不足，刚柔相济，大大改善了路面的使用性能。

4.1.2 示范工程实施及效果

复合改性橡胶沥青与水泥面板组合式耐久性路面技术在广西钦北高速公路改扩建工程全线应用。

4.1.2.1 高性能复合改性橡胶沥青工厂化生产技术

针对传统橡胶粉与沥青界面结合能力不足、相容性不良、与沥青物理化学反应能力差、橡胶黏度大、储存稳定性差等问题,采用活化和复合工艺技术制备新型胶粉,提升胶粉在沥青体系中的反应能力,为高性能橡胶沥青提供新一代胶粉原料。探寻橡胶沥青改性机理,基于活化胶粉、新型改性助剂等促催化材料,大幅度提升传统橡胶沥青的性能,以高强度机械剪切工艺技术为基础,形成高性能复合改性橡胶沥青工厂化生产成套技术,生产基地见图 4.1-1。

图 4.1-1 高性能橡胶沥青生产基地

1)原材料质量控制

(1)胶粉:橡胶粉加工胎源采用 900 型(轮胎直径 900mm)以上的大货车轮胎,经常温研磨加工而成,橡胶粉粒径宜为 30~80 目,见图 4.1-2。

图 4.1-2 利用废旧轮胎加工活化橡胶粉

(2)基质沥青：基质沥青质量及其稳定性对橡胶沥青质量影响大，基质沥青招标或进场前应进行样本库质量控制方法，即招标或进场前应要求供应商提供样本进行外委试验，检测的关键指标有针入度、延度、软化点、老化试验、动力黏度、溶解度、沥青组分等。根据样本检测结果评价沥青质量及其是否满足橡胶沥青加工质量要求，若满足，则要求基质沥青供方按样本检测标准供应，在供应过程中进场或不定期抽检基质沥青是否达到样本检测标准，并保持质量的稳定性。

(3)胶粉与基质沥青的配伍性：由于橡胶沥青是通过胶粉实现对基质沥青的改性，与SBS改性沥青类似，胶粉与基质沥青具有明显的配伍性。在确定基质沥青种类时，应进行基质沥青与胶粉的配伍性试验，以提高橡胶沥青的成品质量与品质、稳定性等。

2)橡胶改性沥青加工质量控制

(1)加工设备：橡胶改性沥青加工环节最重要的因素是温度控制、橡胶沥青发育工艺、黏度控制。

(2)温度控制：橡胶沥青加工需要180~190℃的温度。一般基质沥青储存温度为140~150℃，在橡胶沥青加工时需要对基质沥青进行快速升温，使其满足橡胶沥青加工温度要求。若橡胶沥青加工设备升温慢或不具有快速升温系统将严重影响橡胶沥青的加工产量和质量，影响拌和站连续施工和橡胶沥青路面质量。

(3)工艺：橡胶沥青的加工发育工艺是反应助剂+搅拌+剪切工艺，充分的搅拌和剪切是保证胶粉在基质沥青中充分溶胀、发育的关键因素。高性能橡胶沥青工厂化生产见图4.1-3，生产流程见图4.1-4。

图4.1-3　高性能橡胶沥青工厂化生产

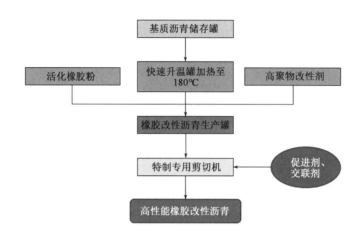

图 4.1-4 高性能橡胶改性沥青生产流程

(4) 黏度：橡胶沥青黏度控制是重点，橡胶沥青发挥本身优良性能是依靠其具有较高的黏度，使橡胶沥青及其混合料温度敏感性降低，不易产生塑性、流变等变形。黏度控制是否合适直接影响橡胶沥青质量和橡胶沥青拌和站生产施工，橡胶沥青黏度偏小不利于得到性能优良的橡胶沥青；橡胶沥青黏度偏大，拌和站泵送橡胶沥青困难，将严重影响拌和站产量，不利于沥青拌和站生产和现场施工碾压。

4.1.2.2 复合式路面耐久型橡胶改性沥青混合料组成设计

复合式路面耐久型橡胶改性沥青混合料采用橡胶沥青玛蹄脂碎石混合料 ARSMA-13。ARSMA-13 配合比设计采用马歇尔设计方法，对所设计的 ARSMA-13 进行基本路用性能检验，其技术要求见表 4.1-1。

ARSMA-13 技术要求　　　　　　　　　　表 4.1-1

试验项目	单位	检验结果	技术要求
击实次数(双面)	次	75	75
马歇尔试件尺寸	mm	$\phi 101.6 \times 63.5$	$\phi 101.6 \times 63.5$
最佳油石比	%	6.5	—
空隙率 VV	%	4.8	3~6
矿料间隙率 VMA	%	19.5	≥16.3
沥青饱和度 VFA	%	75.4	70~85
稳定度 MS	kN	9.37	≥8.0

续上表

试验项目	单位	检验结果	技术要求
流值 FL	mm	3.7	2.0~5.0
浸水马歇尔试验残留稳定度	%	96.1	≥85
沥青膜厚度	μm	14.10	10~15
冻融劈裂试验残留强度比	%	86.5	≥80
车辙试验动稳定度	次/mm	>6000	≥4000

1）原材料

（1）橡胶沥青：ARSMA-13 配合比设计采用广西交科新材料科技有限责任公司供应的橡胶沥青，橡胶沥青性能检测试验结果见表 4.1-2。

橡胶沥青试验结果 表 4.1-2

试验项目	单位	试验结果	项目设计文件技术要求
针入度(25℃，100g，5s)	0.1mm	38	30~60
软化点(环球法)	℃	72.0	≥65
延度(5℃，1cm/min)	cm	15	≥5
相对密度(25℃)	—	1.038	实测记录

（2）木质纤维：ARSMA-13 配合比设计采用上海宏磐贸易有限公司供应的木质灰色颗粒状纤维。该木质纤维的表观密度为 $0.853g/cm^3$，掺加量为沥青混合料质量 0.25%。

沥青混合料配合比设计试验前，采用打散器分散木质纤维，具体方法为：将纤维放入温度为 150℃ 的烘箱中加热 2~3h 后，装 10~20g 至打散器中，开启打散器 20s 左右，将纤维拿出，检查是否存在明显颗粒。若存在，重新将有颗粒的部分装入打散器中继续打散至无颗粒为止。

（3）集料、矿料：集料、矿料的吸水率及密度试验结果见表 4.1-3，筛分试验结果见表 4.1-4。

矿料吸水率、密度试验结果 表 4.1-3

矿料	吸水率(%)	表观相对密度	毛体积相对密度
1 号粗集料(10~15mm)	0.41	3.033	2.996
2 号粗集料(5~10mm)	0.45	3.099	3.056
设计文件粗集料技术要求	≤2.0	≥2.60	—

续上表

矿料	吸水率(%)	表观相对密度	毛体积相对密度
3号细集料(0～5mm)	—	3.003	2.960
设计文件细集料技术要求	—	≥2.50	
矿粉(0～0.6mm)	—	2.716	
设计文件矿粉技术要求	—	≥2.50	

矿料筛分试验结果　　表4.1-4

矿料	通过下列筛孔(mm)的质量百分率(%)									
	19.0	16.0	13.2	9.5	4.75	2.36	1.18	0.6	0.3	0.15	0.075
1号粗集料	100	99.5	78.2	22.8	0.8	0.4	0.4	0.4	0.4	0.4	0.4
2号粗集料	100	100	100	99.4	10.7	0.6	0.5	0.4	0.4	0.4	0.4
3号细集料	100	100	100	100	99.8	73.5	49.1	29.5	16.6	9.2	4.2
矿粉	100	100	100	100	100	100	100	100	100	99.8	92.6

2)配合比设计

(1)矿料级配设计。

根据矿料的筛分结果,调试三组不同的ARSMA-13级配进行矿料级配的选择,分别为级配一、级配二和级配三,如表4.1-5所示。其中三组矿料级配的2.36mm通过率分别为23.4%和21.3%、19.1%。

矿料级配组成设计表　　表4.1-5

材料组成 (1号粗集料:2号粗集料: 3号细集料:矿粉)	通过下列筛孔(mm)的质量百分率(%)									
	19.0	16.0	13.2	9.5	4.75	2.36	1.18	0.6	0.3	0.15	0.075
合成级配一 (43:27:26:4)	100	99.8	90.6	66.6	33.2	23.4	17.1	12.0	8.6	6.7	5.1
合成级配二 (46:27:23:4)	100	99.8	90.0	64.3	30.2	21.3	15.6	11.1	8.1	6.4	5.0
合成级配三 (49:27:20:4)	100	99.8	89.3	62.0	27.2	19.1	14.2	10.2	7.6	6.1	4.8
级配上限	100	100	100	70	38	28	24	18	14	11	7
级配下限	100	100	90	50	20	15	12	8	5	3	2
级配范围中值	100	100	95	60	29	21.5	18	13	9.5	7	4.5

按油石比6.5%制作马歇尔试件,测定VV、VFA和VMA等体积指标,根据工程经验确定矿料级配,测试结果见表4.1-6。在试件制作过程中,马歇尔试件均是单个试件配料,试件击实次数为75次,集料的烘料温度为185℃,橡胶沥

青的加热温度为180℃，沥青混合料的拌和温度为180℃，击实成型温度控制在170~180℃。

初试级配的体积分析 表4.1-6

级配类型	油石比(%)	最大理论相对密度	毛体积相对密度	空隙率VV(%)	饱和度VFA(%)	矿料间隙率VMA(%)
级配一	6.5	2.691	2.581	4.1	78.4	19.0
级配二	6.5	2.691	2.561	4.8	75.5	19.6
级配三	6.5	2.683	2.549	5.3	73.5	20.0
技术要求	—	—	—	3~6	70~85	≥(空隙率+11.5)

根据已有工程实践经验，级配一的空隙率偏小，级配三的空隙率偏大，故选取级配二为ARSMA-13设计级配。其级配曲线图如图4.1-5所示。

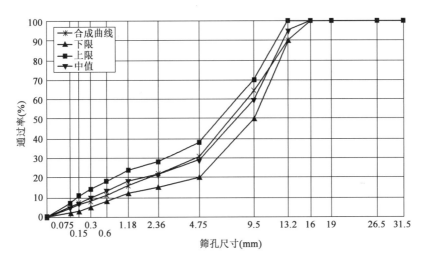

图4.1-5 矿料级配曲线图

（2）最佳油石比的确定。

①马歇尔试验：

以0.4%间隔变化，采用4个不同的油石比6.1%、6.5%、6.9%和7.3%制备4组马歇尔试件。马歇尔试件均是单个试件配料，试件尺寸为$\phi101.6mm \times (63.5 \pm 1.3)mm$。

试件成型后静置冷却不少于12h后，脱模测定其马歇尔试验指标，试验结果见表4.1-7。其中毛体积相对密度的测试方法为表干法，沥青混合料最大理论相对密度采用计算法而得。

马歇尔试验结果汇总表　　　　表 4.1-7

油石比（%）	最大理论相对密度	毛体积相对密度	空隙率 VV（%）	沥青饱和度 VFA（%）	矿料间隙率 VMA（%）	稳定度 MS（kN）	流值 FL（mm）	沥青膜厚度 DA（μm）
6.1	2.708	2.542	6.1	69.3	19.9	8.30	3.4	13.14
6.5	2.691	2.563	4.8	75.4	19.5	9.37	3.7	14.10
6.9	2.676	2.571	3.9	80.1	19.6	8.79	3.7	15.02
7.3	2.660	2.575	3.2	83.8	19.8	8.67	3.8	15.93
技术要求	—	—	3～6	70～85	—	≥8.0	2.0～5.0	11～15

②绘制油石比与马歇尔指标关系图：

根据表 4.1-7 结果，绘制油石比与毛体积相对密度、空隙率、沥青饱和度、矿料间隙率、稳定度和流值的关系图，见图 4.1-6。

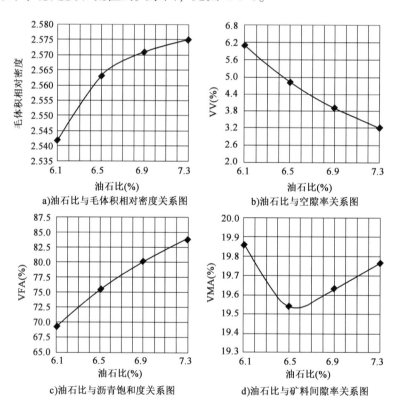

a) 油石比与毛体积相对密度关系图　　b) 油石比与空隙率关系图

c) 油石比与沥青饱和度关系图　　d) 油石比与矿料间隙率关系图

图 4.1-6

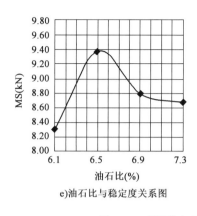
e) 油石比与稳定度关系图

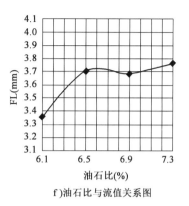
f) 油石比与流值关系图

图 4.1-6　油石比与马歇尔试验指标关系图

③确定最佳油石比：

配合比设计的目标空隙率为 4.8%，根据表 4.1-7 和图 4.1-6，并依据《橡胶沥青路面施工技术规范》(DB 45/T 1098—2014) 中橡胶沥青玛蹄脂碎石混合料的最佳油石比确定方法，以目标空隙率 4.8% 所对应的油石比 6.5% 作为最佳油石比。最佳油石比下的马歇尔试验结果见表 4.1-8。

最佳油石比下的马歇尔试验结果　　　　　表 4.1-8

油石比 (%)	最大理论相对密度	毛体积相对密度	空隙率 VV (%)	沥青饱和度 VFA (%)	矿料间隙率 VMA (%)	稳定度 MS (kN)	流值 FL (mm)	沥青膜厚度 DA (μm)
6.5	2.691	2.563	4.8	75.4	19.5	9.37	3.7	14.10
技术要求	—	—	3~6	70~85	≥16.3	≥8.0	2.0~5.0	11~15

由表 4.1-8 可知，本次所设计的 ARSMA-13 的马歇尔试验指标均符合其技术要求。

3) 路用性能检验试验

(1) 水稳定性检验。

对所设计的 ARSMA-13 进行残留稳定度试验和冻融劈裂试验，分别以残留稳定度和冻融劈裂抗拉强度比评价其水稳定性能，试验结果见表 4.1-9 和表 4.1-10。其中残留稳定度试验和冻融劈裂试验的马歇尔试件尺寸为 $\phi 101.6mm \times (63.5 \pm 1.3)mm$。

由表 4.1-9 和表 4.1-10 可知，设计的 ARSMA-13 的残留稳定度和冻融劈裂抗拉强度比符合项目技术要求，说明混合料水稳定性能较好。

ARSMA-13 混合料浸水马歇尔残留稳定度试验结果　　　表 4.1-9

级配类型	非条件		条件		残留稳定度 MS_0（%）
	马歇尔稳定度 MS（kN）	空隙率（%）	浸水马歇尔稳定度 MS_1（kN）	空隙率（%）	
ARSMA-13	8.31	4.5	7.98	4.8	96.1
技术要求	≥8.0	3～6	—	3～6	≥85

ARSMA-13 混合料冻融劈裂试验结果　　　表 4.1-10

级配类型	非条件		条件		冻融劈裂抗拉强度比（%）
	未经冻融循环 RT_1（MPa）	空隙率（%）	冻融循环 RT_2（MPa）	空隙率（%）	
ARSMA-13	0.637	5.7	0.551	5.8	86.5
技术要求	—				≥80

（2）高温稳定性检验。

对 ARSMA-13 进行车辙试验，试件尺寸为 300mm×300mm×50mm，试验温度为（60±1）℃，试验轮接地压强为（0.7±0.05）MPa，试验结果见表 4.1-11。

ARSMA-13 混合料 60℃车辙试验结果　　　表 4.1-11

油石比（%）	试件编号	变形量（mm）		动稳定度（次/mm）		试件毛体积相对密度	空隙率（%）	相对于马歇尔标准击实试件密度的压实度（%）
		45min	60min	单值	平均值			
6.5	1	1.395	1.468	8630	>6000	2.553	5.1	99.6
	2	1.008	1.085	8182		2.558	4.9	99.8
	3	1.095	1.165	9000		2.541	5.6	99.1
项目技术要求				≥4000		—		99～101

由表 4.1-11 可知，ARSMA-13 的动稳定度超过 6000 次/mm，拥有较好的高温稳定性能。

（3）析漏和飞散试验检验。

为测试 ARSMA-13 在高温状态下析出多余自由沥青的情况，对 ARSMA-13 进行了 185℃恒温 60min 条件下的谢伦堡沥青析漏试验。

为检测 ARSMA-13 的黏结性，对设计沥青用量下的马歇尔试件进行了肯塔堡飞散试验。在标准飞散试验温度 20℃下浸水养生 20h；洛杉矶试验机以 30～33r/min 的速度旋转 300r。析漏和飞散试验检验试验结果如表 4.1-12 所示。

ARSMA-13 混合料析漏和飞散试验结果　　　　　　　　　表 4.1-12

油石比（%）	试验项目	析漏试验的结合料损失（%）	飞散试验的混合料损失（%）
6.5	试验结果	0.04	2.6
	项目技术要求	≤0.1	≤15

由表 4.1-12 可知，ARSMA-13 的析漏和飞散试验结果均符合项目技术要求。

4.1.2.3 橡胶改性沥青复合式路面层间性能研究

复合式路面的层间界面处治效果是影响路面耐久性性能的关键因素，层间界面的粗糙度、洁净度直接影响基面层间的黏结及抗滑移性能。钦北高速公路改扩建水泥混凝土板顶面处理方式为水泥板基面经打毛处理后铺设沥青同步碎石封层。为对比不同界面处理方式的效果，另外采用了水泥基面经打毛处理后洒布改性乳化沥青的措施。界面层间性能对比试验分别在两种不同界面处理路段取样，在室内通过试验进行性能对比，见图 4.1-7。

1）试验方法

参考国内外不同层间处治的检测方式，采用直剪试验评价层间的处治效果。试验采用直径 100mm 的路面芯样（图 4.1-7），采用 WXHW-1 路面层间黏结恒温箱和 WXZJ-10 智能路面层间直剪试验仪（图 4.1-8）进行直剪试验。试验中剪切加载速率为 10mm/min，试验温度为 25℃。

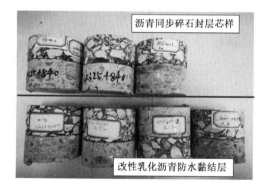
图 4.1-7　复合式路面层间芯样

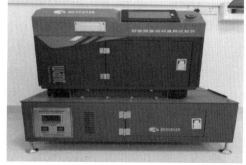
图 4.1-8　WXZJ-10 智能路面层间直剪试验仪

2）试验结果及分析

按照仪器操作规程及设定的试验条件进行直剪试验，试验结果如表 4.1-13 和图 4.1-9 所示。

复合式路面层间直剪试验结果　　　　表4.1-13

序号	桩号	最大剪切力（kN）	最大剪切力位移（mm）	最大剪切强度（kPa）	层间处治方式
1	LK325+840 中8m	2817	8.994	358.853	沥青同步碎石
2	LK325+840 左9.1m	3012	8.231	383.694	
3	LK325+840 右8.7m	5536	10.375	705.222	
	平均值	3788.33	9.20	482.59	
4	LK222+240 左0.5m	5336	9.180	679.745	洒布改性乳化沥青
5	LK323+800 右1.5m	2684	3.272	341.910	
6	LK325+880 左9.7m	3300	8.553	420.382	
7	LK332+243 右1m	3647	7.604	464.585	
	平均值	3741.75	7.15	476.66	

图4.1-9　试验后芯样状态

根据试验结果，可以得到如下的结论：

（1）加载速率为10mm/min、试验温度为25℃下，两种界面处理方式的抗剪强度分别为0.483MPa、0.477MPa，两种界面处理方式的抗剪强度基本相当，沥青同步碎石封层略大1.3%。

（2）破坏状态差异：界面抗剪切试验达到最大强度破坏时，沥青同步碎石封层处理下界面未发生脱黏，洒布改性乳化沥青的界面发生了脱黏。分析认为，这与两种处理方式的界面沥青洒布量相关，沥青同步碎石封层沥青油洒布多于改性乳化沥青，更有利界面黏结。

4.1.2.4　橡胶改性沥青复合式路面结构力学响应

1）橡胶改性沥青复合式路面监测指标

钦北高速公路改扩建项目对橡胶改性沥青复合式路面展开研究，在K2189+445左幅实施了路面长期性能监测技术示范应用，监测指标见表4.1-14。采用传感器检测路面受力及温湿度等信息，包括应变传感器（测量应变）、温湿度传感器（测量温湿度）、土压力计（测量竖向应力）等，如图4.1-10所示。通过在橡胶改性沥青复合式路面建立长期性能监测点，对路面的力学监测和性能观测，总结橡胶沥青混合料的力学性能特点,进一步加深在橡胶沥青路面性能衰变方面的技术积累,结合其他已有路面结构的力学性能,为后续路面结构设计优化提供依据,对橡胶改性沥青推广应用提供一定的经验指导。

橡胶沥青复合式路面结构受力监测指标　　　　表 4.1-14

指标类型	指标	说明
应变	沥青面层底部应变	观察并计算 4cm 深度的橡胶沥青面层底部在重车经过时产生的横向、纵向极值应变;根据极值应变随时间的衰减评价和预估橡胶沥青路面结构性能
应变	沥青基层底部应变	观察并计算 10cm 和 18cm 处深度的沥青基层底部在重车经过时产生的横向、纵向、竖向极值应变;当极值应变超过一定范围时,往往是道路内部破坏的征兆;根据极值应变随时间的衰减评价和预估橡胶沥青路面结构性能
温度	沥青面层温度	观测 4cm 深度的橡胶沥青面层日常温度变化规律,研究橡胶沥青路面结构的温度场,作为有限元模拟和温度应力计算的基础
温度	沥青基层温度	观测 10cm 和 18cm 处深度的橡胶沥青基层日常温度变化规律,研究橡胶沥青路面结构的温度场,作为有限元模拟和温度应力计算的基础

a) 应变传感器　　　　　　　　　　b) 温湿度传感器

c) 土压力计

图 4.1-10　路面监测传感器

2）实施过程

橡胶改性沥青复合式路面传感器系统包括温度、三向应变2个监测子模块。温度监测子模块采用埋置式热电偶温度传感器；三向应变监测子模块采用电阻应变式传感器，用于监测路面结构层层底横向、纵向应变和竖向变形。选取钦北高速公路试验段K2189+445左幅最右侧2个车道设置传感器埋设点，埋设点长约2m、宽5m，覆盖最右边2个车道。由于传感器在预埋时所处位置要承受摊铺机、压路机重压和高温沥青浇筑，且需要监测时间较长，期间部分传感器可能被高温高压损坏，所以布置了额外备用传感器，保障传感器数据传输的稳定。传感器埋设方案如图4.1-11所示。其中，应变传感器在每个车道的沥青各层底部布置4个（横向2个，纵向2个），竖向应变传感器在沥青下面层底部布置1个；温度传感器在每个车道的沥青各层底部布置1个。

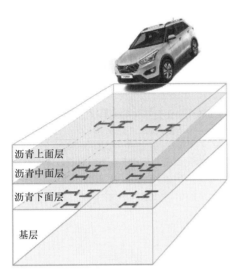

图4.1-11 传感器布置示意图

为确保传感器数据的准确性，传感器的埋放位置选择在第一、二车道交界处靠近轮迹带的位置附近，使得车辆在经过时轮胎基本位于传感器正上方。传感器安放完毕后，用乳化沥青或水泥覆盖表面作为其保护层，防止热沥青回填时的高温将传感器烧坏，传输电线采用套管或水泥覆盖进行保护处理。传感器的电线汇集于放置在路边绿化带的采集卡和机箱，机箱依靠太阳能发电设备供电。所有配套设备（除太阳能板外）都放入路边的中型机柜进行保护。2021年10月，在K2189+445左幅附近完成试验段沥青下面层和中面层应变和温度传感器预埋，于12月施工方铺筑沥青上面层时完成上面层传感器预埋及传感器配套设施安装。传感器埋设现场及配套设备见图4.1-12、图4.1-13。传感器数据在2022年初道路通车后实时传输到云平台，在积累一段时间数据后，通过对不同位置传感器数据的变化进行分析和比较，形成橡胶沥青路面结构力学响应初步分析。

图 4.1-12　传感器埋设

4.1.2.5　橡胶改性沥青复合式路面施工工艺

1）施工准备

水泥板基面经打毛处理后铺设 SBS 改性热沥青同步碎石，碎石粒径为 9.5～13.2mm，SBS 改性热沥青撒布量为 0.3～0.6kg/m²，碎石撒布量为 60%～70%，同步碎石封层施工效果如图 4.1-14 所示。

2）拌和

沥青混合料是一种多相复合材料，拌和过程对其材料组成影响较大。在多种因素中，温度和拌和

图 4.1-13　传感器配套设备

时间尤为重要，温度决定了集料和沥青的黏附作用，拌和时间决定了沥青混合料的均匀程度。因此，沥青混合料拌和过程应当重视对温度和拌和时间的控制。

图 4.1-14　同步碎石封层施工

沥青混合料的拌和采用福建南方路面机械GLB5000型间歇式拌和机拌和，拌和机逐盘打印沥青及与各种矿料的用量及拌和温度。拌和楼单锅拌和量为4.8t，混合料拌和周期为60s(干拌15s，湿拌45s)，上面层混合料出场温度控制为180℃。混合料进入施工场地的温度检测结果见表4.1-15。混合料拌和质量良好，混合料色泽一致，拌和较为均匀，如图4.1-15所示。

图4.1-15 ARSMA-13混合料

3)运输

(1)根据混合料数量计算、配备足够的运输车辆，保证混合料及时运抵施工现场。车辆的运输能力应大于拌和能力和摊铺能力，摊铺机连续均匀不间断地进行铺筑。

(2)运输沥青混合料车辆在装料前车辆底部及两侧均冲洗清扫干净，并涂一薄层隔离剂，没有余液积聚在车厢底部。

(3)运输车在拌和楼储料仓下装料时，前后移动，分三次装料，装料顺序为前、后、中。

(4)运输过程中，运料车厢顶采用篷布覆盖并固定。覆盖严实，切实起到保温、防雨、防污染作用。运料车出厂前，设置专人对运料车进行覆盖，覆盖应严密、牢固，避免运料车中部分混合料裸露在外、运输过程中覆盖材料飘动等现象。运输车在卸料过程中应保证篷布继续覆盖，直到卸料结束，等待卸料的运输车见图4.1-16。

ARSMA-13混合料进场温度检测结果 表4.1-15

班次及要求	ARSMA-13平均到场温度(℃)
白班	181.1
夜班	184.3
到场温度区间	177~187
规范要求	≥170
废弃标准	200

4)摊铺

(1)采用摊铺机全幅摊铺,采用平衡梁进行厚度控制,进行 ARSMA-13 沥青混合料上面层摊铺施工。

(2)摊铺机就位后,应先预热 0.5~1h,使熨平板的温度不低于 100℃,并根据确定的松铺系数计算出松铺厚度、调整熨平板高度。在熨平板下面垫木

图 4.1-16 运输车等待卸料

块,高度与松铺厚度相等并牢固地放在上面,随后调整好熨平板仰角。松铺系数按 1.25 进行控制作业,保证上面层压实成形的厚度。

(3)摊铺机在开始受料前,在料斗内涂刷少量防止黏料用的隔离剂。摊铺前在熨平板底抹菜籽油(或其他植物油),避免摊铺过程中熨平板出现"拉毛"现象。

(4)拌和设备的生产能力与摊铺机摊铺速度相适应,保证摊铺过程匀速、缓慢、连续不间断,中途不得随意变速或停机。摊铺中螺旋布料器均衡地向两侧供料。螺旋布料器保持一定料位高度以保证熨平板后松铺面的平整和混合料初始疏密程度的稳定,螺旋输送器的料位基本保持在 2/3 螺旋直径以上的高度。

(5)摊铺过程中,设专人检查铺筑厚度及平整度,发现局部离析、拖痕及其他问题及时处理。现场见图 4.1-17。

图 4.1-17 混合料摊铺质量控制

(6)在摊铺机起步5m左右时摊铺速度可设置得较低,待熨平板和夯锤温度上升接近至混合料温度后,再调整至正常摊铺速度。正常摊铺速度控制在2.5～3.0m/min。

5)碾压

(1)碾压遵循"紧跟、慢压、高温、高频、低幅"的原则进行。

(2)沥青混合料压实分为初压、复压、终压三个阶段,分别采用不同型号的压路机。在各个压实阶段,均不准压路机在新铺筑层上转向、调头、急刹车及停放。为避免碾压时混合料推挤产生拥包,碾压时应将驱动轮朝向摊铺机,碾压应慢速、均匀进行。压路机的碾压速度符合表4.1-16的规定。

ARSMA-13混合料上面层碾压速度(单位:km/h)　　表4.1-16

压路机类型	初压速度		复压速度		终压速度	
	适宜	最大	适宜	最大	适宜	最大
钢轮压路机	1.5～2	3	2.5～3.5	5	2.5～3.5	5
钢轮振动压路机	1.5～2(静压)	5(静压)	4～5(振动)	8(振动)	2～3(静压)	5(静压)

(3)初压在不低于165℃的高温下进行,由低侧向高侧碾压,压路机轮迹的重叠宽度不应超过20cm。在保证混合料不黏轮的情况下应尽量减少喷水,防止沥青混合料降温过快,钢轮压路机前进时喷水,后退时不喷水。

(4)复压主要作用为控制路面密实度,应紧跟初压之后进行。

(5)终压主要作用为消除轮迹,改善铺筑层的平整度。碾压终了时,沥青混合料温度控制在100℃以上为宜。

ARSMA-13上面层碾压工艺见表4.1-17。

ARSMA-13上面层碾压工艺　　表4.1-17

路面层位	碾压工艺
上面层	初压:3台13t双钢轮压路机静压1遍,速度为1.5～2.0km/h,轮迹重叠1/3～1/2; 复压:3台13t双钢轮压路机先小振碾压2遍后大振压3遍,速度均为3～4.5km/h,轮迹重叠均为1/3～1/2; 终压:1台双钢轮压路机静压1～2遍收面至无明显轮迹,轮迹重叠1/3～1/2

4.1.2.6 高性能复合改性橡胶沥青性能检测

对高性能复合改性橡胶沥青的针入度、软化点、延度等基本性能进行检测,检测结果如表4.1-18所示,高性能复合改性橡胶沥青性能满足钦北路项目的技术要求。

高性能复合橡胶沥青的质量检测结果 表4.1-18

检验项目		单位	检测结果	技术要求
针入度(25℃,100g,5s)		0.1mm	38	30~50
软化点(环球法)		℃	71.5	≥70
延度(5℃,1cm/min)		cm	9	>5
弹性恢复(25℃,5cm/min)		%	89	≥70
180℃旋转黏度		Pa·s	3.2	2.0~5.0
旋转薄膜烘箱试验(163℃,75min)或薄膜烘箱试验(163℃,5h)	质量损失	%	0.6	≤±1.0
	25℃针入度比	%	75	≥65
	延度(5℃,1cm/min)	cm	5	≥4

4.1.2.7 橡胶改性沥青复合式路面现场检测

橡胶改性沥青复合式路面现场检测结果以钦北高速公路2-4分部XHK7+000~XHK7+720的ARSMA-13沥青混合料上面层路段检测数据为代表。

1)压实度检测

对ARSMA-13沥青混合料上面层钻取芯样试件进行密度试验,并计算其压实度,压实度试验结果如表4.1-19所示。由表4.1-19可知,上面层芯样压实度平均值为99.2%(按照标准密度计算),空隙率平均值为4.6%,符合工程技术要求。

钦北高速公路2-4分部XHK7+000~XHK7+720上面层压实度检测结果

表4.1-19

取样桩号	取样位置	芯样毛体积密度(g/cm³)	压实度(%)		空隙率(%)
			标准	理论	
XHK7+061	左1.5m	2.369	99.1	95.2	4.8
XHK7+065	左16m	2.383	99.7	95.7	4.3
XHK7+253	右1.5m	2.384	99.7	95.8	4.2
XHK7+677	右14.5m	2.376	99.4	95.5	4.5
XHK7+718	右14.5m	2.356	98.5	94.7	5.3
XHK7+718	右1.5m	2.366	99.0	95.1	4.9
均值		—	99.2	95.4	4.6

2)摩擦系数检测

采用摆式摩擦仪对ARSMA-13沥青混合料上面层的摩擦系数进行检测,结果如表4.1-20所示,现场检测如图4.1-18所示。分析表4.1-20数据可知,ARSMA-

13沥青混合料上面层摩擦系数的平均值为82，上面层摩擦系数平均值和各点摩擦系数均满足技术要求。

钦北高速公路2-4分部XHK7+000～XHK7+720上面层摩擦系数试验结果

表4.1-20

检测位置	左幅						右幅					
	1	2	3	4	5	6	1	2	3	4	5	6
抗滑摆值（BPN）	83	82	77	79	80	84	84	82	83	83	81	83
均值（BPN）	81						83					
设计要求（BPN）	≥54											

图4.1-18 钦北高速公路2-4分部XHK7+000～XHK7+720上面层摩擦系数现场检测

3）构造深度检测

采用手工铺砂法对ARSMA-13沥青混合料上面层的构造深度进行检测，结果如表4.1-21所示，现场检测见图4.1-19。分析表4.1-19数据可得，ARSMA-13上面层构造深度的平均值为0.98mm、1.10mm、0.9mm、1.0mm 1、1.0mm和1.07mm，满足技术要求，表明上面层抗滑性能良好。

钦北高速公路2-4分部XHK7+000～XHK7+720上面层构造深度试验结果

表4.1-21

检测位置	构造深度（mm）	平均值（mm）	设计要求（mm）
右幅第1联	右3m	0.97	0.98	0.7～1.2
	右8m	1.07		
	右13m	0.91		
右幅第3联	右4m	1.11	1.10	
	右9m	1.08		
	右13m	1.09		

续上表

检测位置		构造深度(mm)	平均值(mm)	设计要求(mm)
右幅第5联	右3m	0.90	0.90	
	右8m	0.93		
	右12m	0.89		
左幅第6联	左4m	1.06	1.01	
	左8m	0.99		
	左13m	0.97		
左幅第4联	左3m	1.01	1.00	
	左7m	0.98		
	左12m	1.00		
左幅第2联	左3m	1.25	1.07	
	左8m	1.11		
	左12m	1.05		

图4.1-19 钦北高速公路2-4分部XHK7+000～XHK7+720上面层构造深度现场检测

4）渗水系数检测

采用路面渗水仪对施工完成后的沥青路面上面层试验段进行渗水系数检测，结果如表4.1-22所示，现场检测如图4.1-20所示。分析表4.1-22数据可得，上面层试验段的大部分渗水系数基本良好，芯样密实不渗水，满足规范设计要求。

5）平整度检测

采用连续式平整度测定仪对ARSMA-13沥青混合料上面层平整度进行检测，结果如表4.1-23所示。分析表4.1-23数据可得，XHK7+000～XHK7+720上面层所测路段各车道的平整度平均值分别为0.45mm、0.44mm和0.46mm，上面层平整度满足品质路面的技术要求。

钦北高速公路 2-4 分部 XHK7+000～XHK7+720 上面层渗水试验结果

表 4.1-22

桩号	位置	检查结果（mL/min）	设计要求（mL/min）
XHK7+081	距右 2.8m	50	≤80
XHK7+130	距右 10.6m	20	
XHK7+241	距右 3.6m	10	
XHK7+386	距右 10.7m	12	
XHK7+487	距右 1.8m	30	
XHK7+680	距右 3.0m	40	
平均值		27.0	—

图 4.1-20 钦北高速公路 2-4 分部 XHK7+000～XHK7+720 上面层现场渗水试验

钦北高速公路 2-4 分部 XHK7+000～XHK7+720 上面层平整度检测结果

表 4.1-23

桩号	检测数据（mm）			技术要求（mm）	总体评定
	第一车道	第二车道	第三车道		
XHK7+100	0.48	0.44	0.48	≤0.50	合格
XHK7+200	0.44	0.42	0.45		
XHK7+300	0.48	0.40	0.49		
XHK7+400	0.42	0.47	0.40		
XHK7+500	0.45	0.44	0.44		
XHK7+600	0.47	0.46	0.48		
XHK7+700	0.43	0.49	0.47		
平均值	0.45	0.44	0.46	—	—

4.1.2.8 橡胶改性沥青复合式路面结构力学响应分析

路面性能衰减的主要原因是重载交通的加载对道路结构造成的累积破坏，并且随着车辆载荷的增大，其在道路内部关键位置引起的应变响应越大，对道路结构造成的破坏程度成倍增加，经验公式如式(4.1-1)所示，其可用于将不同重量车辆的加载次数转换成标准重车的加载次数。据此可以推断，如果一辆超重的20t的货车经过，其对路面的破坏程度等效于16辆10t的标准货车。根据公式，占交通量主体的轿车和运动型多用途汽车(SUV)由于重量和载荷较低，对路面造成的累计破坏可以忽略不计。因此传感器的结构监测主要侧重于统计分析货车和客车等载荷量较大的车辆。实际上，同质量的重车在轴载结构不一样时，使道路产生的应变响应也可能会有较大差别，而应变响应为重车对路面造成潜在破坏的最准确衡量指标，因此传感器应变监测结果对道路性能预测具有重要参考意义。

$$重车等效加载次数 = \left(\frac{重车重量}{标准车重量}\right)^4 \quad (4.1\text{-}1)$$

传感器信号处理软件可以对经过重车时产生的极值应变进行记录和分析，图4.1-21展示了传感器信号处理软件显示的传感器实时原始信号。

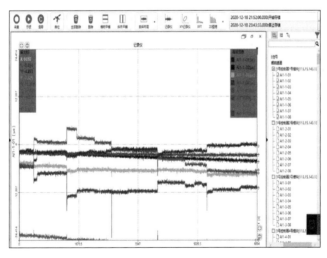

图4.1-21 传感器实时原始信号

根据对通车试验段传感器数据的观察，发现轿车、SUV经过时在沥青层底产生的极值拉应变小于5×10^{-6}水平(定义应变为负值时表示拉应变，为正值时表示压应变)，货车和客车产生的极值应变一般大于5×10^{-6}。为方便分析荷载交通量对路面造成的累计破坏影响,只统计产生极值应变大于 5×10^{-6} 的有效荷载。图 4.1-22 展示了试验段沥青下面层的纵向应变,可以发现应变在 5×10^{-6} 至 30×10^{-6} 范围出现的次数为 15 次,可认为期间的中载交通量为 15 辆,能对路面长期性能造成一定影响;超过 30×10^{-6} 范围为 1 次,代表有 1 次重载交通经过,对路面长期性能可造成较大影响。一般认为,高速公路的沥青层拉应变接近临界值 60×10^{-6} 时,沥青层会开始积累微小的疲劳破坏,在长年累月的重车碾压后,疲劳破坏将不断积累,最终到达疲劳次数临界值而在沥青层产生裂缝。鉴于通车初期,交通量较小,后续会根据长期监测数据对该类指标进行推算和校准。

根据温度传感器的数据,可以了解橡胶沥青道路各层温度的分布特点,作为以后有限元模拟和温度应力计算的基础。图 4.1-23 显示了橡胶沥青上面层(深度 4cm)和下面层(深度 18cm)温度的全年分布,可以发现在春季,沥青上面层的温度在上午 9 点至晚上 7 点的时间段内是高于下面层的,并在下午 4 点时,两层间的温差达到最大,一般为 6℃;其余时间下面层温度均略高于上面层,这反映了在夜间上面层热量耗散和下面层存储热量的能力。此外,通过日后对比类似结构的改性沥青面层温度,可以更好地对比研究橡胶沥青的路用温度分布变化情况。

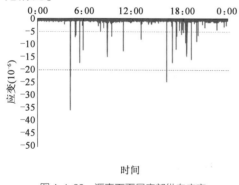

图 4.1-22 沥青下面层底部纵向应变

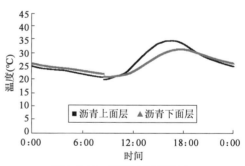

图 4.1-23 橡胶沥青各层温度

4.2 基于内养生原理的滨海地区机制砂混凝土抗腐蚀技术

基于内养生原理的滨海地区机制砂混凝土抗腐蚀技术提出了有效控制机制砂混凝土浆体工作性波动的关键技术,基于高吸水性树脂(SAP)吸水控水效应、复合材料协同作用效应,开发了抗收缩控徐变的滨海地区机制砂混凝土体积稳定性控制技术及综合养护外观提升技术，技术水平先进。

4.2.1 技术简介

通过向混凝土中引入养生因子，降低机制砂材料的敏感性，同时可对混凝土内部进行全方位养护，有效改善混凝土水化湿度环境、降低混凝土收缩、提高混凝土水化程度和结构密实程度，控制大体积混凝土水化热，显著提高混凝土匀质性，大大减少开裂趋势，提升混凝土的抗腐蚀性及耐久性能。

4.2.1.1 内养生机制砂混凝土抗腐蚀技术原理

本技术通过颗粒表面改性和调控技术，建构颗粒ζ电位与浆体流变性能的相关模型，改善机制砂混凝土的工作性能，提高施工质量稳定性；通过向混凝土内部引入高吸水树脂作为养生因子，利用SAP吸水控水效应，改善机制砂混凝土流变特性，提高机制砂混凝土抗离析能力及自流动能力，降低机制砂混凝土收缩徐变，提升混凝土抗裂性及抗腐蚀性。同时，该技术还能够节省大量后期养生用水，保证混凝土强度和耐久性充分增长，并且养生因子吸水后呈球形，有效润滑了界面，大幅度降低混凝土的黏度，提高机制砂在混凝土工程中的应用效果。

4.2.1.2 内养生机制砂混凝土质量评价方法

内养生机制砂混凝土应用于不同场合时，质量检测与验收应符合其工程部位对应规范及设计的要求。除此之外，内养生机制砂混凝土还应侧重于观察施工时是否有水泥砂浆及内养生聚集，观测混凝土的内部湿度变化及干缩性能，观测硬化混凝土的早期抗塑性开裂性能和表面有无明显裂缝，进行硬化混凝土的抗腐蚀性及混凝土耐久性的长期观测。

4.2.2 示范工程实施及效果

本技术制备的内养生机制砂混凝土分别应用于广西钦北高速公路改扩建工程 YK2119+399.533 大风江桥墩身/拱座和 K2129+200~K2129+450 右幅路面基层面板，累计应用内养生机制砂混凝土4000余 m^3。

4.2.2.1 内养生机制砂混凝土室内试验

项目组采用项目工程部位应用的原材料，开展了内养生机制砂混凝土相关室内性能验证工作。

1) 机制砂混凝土工作敏感性控制技术研究

通过对改变水灰比、石粉掺量对水泥-石粉复合体系的流变性能进行研究，得到了在不同水灰比条件下 V7 和 S3 石粉的最佳掺量及确定水灰比以及石粉掺量条件下，SAP 最佳掺量的结果如表 4.2-1 所示。

两种石粉对应的最佳石粉掺量和 SAP 掺量　　　　表 4.2-1

水灰比	V7 石粉			S3 石粉		
	石粉最佳掺量（%）	流变性	SAP 掺量（%）	石粉最佳掺量（%）	流变性	SAP 掺量（%）
0.36	5	差	0.15	5	差	0.15
0.38	9	优	0.2	9	优	0.2
0.40	9	良	0.2	15	良	0.1
0.42	7	良	0.2	5	良	0.2

复合体系中加入减水剂和 SAP 后，体系的吸光度明显大于体系中仅含有减水剂时的吸光度，表明减水剂和 SAP 的掺入能从整体上改善复合体系的分散性；并且在减水剂和 SAP 掺量确定的条件下，随着石粉掺量的增加，体系的吸光度变化均呈现下降的趋势，表明石粉的含量会对体系的分散性造成影响，石粉所占的百分比越大，体系的吸光度呈现出逐渐下降的趋势，即石粉掺量的增加会降低体系的分散性。

2) 基于内养生原理的抗离析高流动自密实混凝土技术

为研究 SAP 对新拌自密实机制砂混凝土流动性影响，选取配合比水泥∶砂∶石 = 1∶1.67∶1.96，水灰比为 0.38，石粉为 9%，减水剂为 1.7% 的机制砂混凝土，加入不同掺量树脂（SAP）进行对比试验，验证 SAP 对机制砂混凝土新拌浆体的工作性，结果如表 4.2-2 所示。

不同掺量 SAP 条件对自密实机制砂混凝土工作性影响的对比试验结果

表 4.2-2

水灰比	SAP（%）	坍落度（mm）	扩展度（mm）	工作性评价		
				黏聚性	离析	泌水
0.38	0	275	580	黏	无	无
0.38	0.1	260	560	黏	无	无
0.38	0.15	270	575	黏	无	无
0.38	0.2	280	585	黏	无	无
0.38	0.25	265	560	黏	无	无
0.38	0.3	240	550	黏	无	无

从表中数据可以发现，加入 SAP 后的机制砂自密实混凝土的工作性依然满足要求，吸水 SAP 的加入对于自密实机制砂混凝土新拌浆体流动性的影响不大，尤其 SAP 掺量为 0.2% 时，自密实机制砂混凝土工作性效果最优。

3）基于内养生原理的机制砂混凝土性能研究

为研究 SAP 对机制砂混凝土性能的影响，选取配合比水泥：砂：石 = 1：1.67：1.96，水灰比为 0.38，石粉为 9%，减水剂为 1.7%（以 C1 表示）；水泥：砂：石 = 1：1.46：2.11，水灰比为 0.32，石粉为 9%，减水剂为 1.8%（以 C2 表示）。

(1) SAP 掺量对混凝土坍落度的影响

和易性是混凝土的重要工作性能，流动性是和易性的主要指标之一，通过测量坍落度可以确定拌合物的流动性。SAP 掺量与坍落度的关系如图 4.2-1 所示。从图中可以看出，随着 SAP 掺量的增加，混凝土拌合物的坍落度不断减小，说明掺加 SAP 可以有效降低混凝土拌合物的流动性。同时，通过对比不同配合比混凝土坍落度的变化情况可知，当混凝土配合比减小时，SAP 掺量对混凝土拌合物的流动性影响减弱。

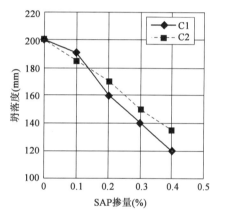

图 4.2-1　SAP 掺量与混凝土坍落度关系图

(2) SAP 掺量对混凝土干缩性的影响

SAP 掺量与混凝土的干缩率的关系如图 4.2-2 所示。由图 4.2-2 可知，对于放入干缩室 7d 的混凝土，在不同的水灰比条件下，掺加 SAP 内养生剂均能有效降低混凝土的干缩率，且 SAP 掺量为 0.3% 时混凝土的干缩率相对较低，当 SAP 掺量超过 0.3% 时，混凝土的干缩率会逐渐增大；对于放入干缩室 28d 的混凝土，当水灰比较大时（C1），混凝土的干缩率呈波浪式变化，当 SAP 掺量为 0.3% 时，混凝土的干缩率相对较小；当水灰比较小时（C2），掺加 SAP 可以有效降低混凝土的干缩率。

(3) SAP 掺量对混凝土抗压强度的影响

SAP 掺量与混凝土抗压强度的关系如图 4.2-3 所示。由图 4.2-3 可知，对于 7d 养生（包括自然养生和标准养生）龄期混凝土，SAP 的掺量对混凝土抗压强度的影响较小；对于 28d 养生龄期混凝土，SAP 的掺量会减小混凝土的抗压强度。在自然养护条件下 28d 龄期的混凝土，当 SAP 掺量为 0.2% 时，其抗压强度减小程度相对较低；对于标准养生条件下 28d 龄期的混凝土，当 SAP 掺量为 0.1%时，其抗压强度减小程度相对较低。综合对比分析 SAP 掺量对于内养生混凝土坍落度、干缩性能以及抗压强度的影响可知，当 SAP 掺量为 0.2%时，既能满足混凝土拌合物的坍落度要求，还能有效降低混凝土的干缩，同时避免因 SAP 掺入所引起的混凝土抗压强度减小程度较大的问题。鉴于此，本研究将内养生混凝土的最佳 SAP 掺入量确定为 0.2%，制备内养生混凝土应用于现场实际工程。

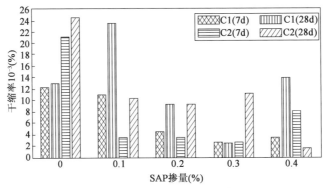

图 4.2-2　SAP 掺量与混凝土干缩率关系图

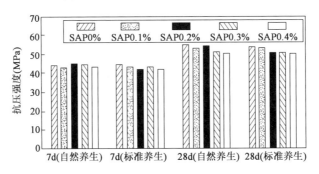

a) SAP掺量与混凝土C1抗压强度关系图

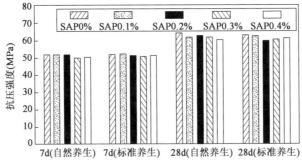

b) SAP掺量与混凝土C2抗压强度关系图

图 4.2-3　SAP 掺量与混凝土抗压强度关系图

(4) 混凝土结构防腐涂料(PA)涂层对内养生机制砂混凝土抗渗性能的影响

以 C1 混凝土为研究对象,涂刷不同厚度的 VRA1001 型 PA 的混凝土抗渗性能的试验结果见表 4.2-3。

PA 涂层不同用量对混凝土抗渗性能影响的试验结果　　表 4.2-3

项目	标准值	1kg/m²	2kg/m²	3kg/m²	4kg/m²
2h 抗渗性/深入高度(mm)	≤35	35	30	29	28
抗氯离子渗透性(C)	≤1000	900	623	534	502
抗拉伸强度比	—	101	102	102	102
混凝土抗渗等级	≥P7	P11	P12	P12	P12
28d 抗渗等级(MPa)	≥1.0	2.0	2.6	2.7	2.8
混凝土试件出现渗水时压力(MPa)	≥0.8	1.2	2.6	2.7	2.7
渗透系数($\times 10^{-6}$)	≤8.29644	5.58186	4.04272	4.04231	4.03603
30min 吸水率(%)	<3	<3	<3	<3	<3
2h 渗水高度(mm)	≤48	45	44	44	43
4d 渗水高度(mm)	≤120.8	105	89	89	88

由表 4.2-3 可知,随着混凝土结构防腐涂料用量的增加,内养生机制砂混凝土渗透系数先减小后增大。当混凝土结构防腐涂料量为 2kg/m² 时抗渗性效果最好,其内养生机制砂混凝土渗透系数达到最小 4.04272×10^{-6};对于 30min 吸水率指标来说都小于 3%,满足要求;2h 渗水高度 44mm,4d 渗水高度 89mm,随着用量的增加效果不明显,同时抗渗等级均大于 P12,效果良好。

(5) 不同涂层的内养生机制砂混凝土抗硫酸盐腐蚀的影响

以 C1 混凝土为研究对象,选取三组试件进行硫酸盐腐蚀试验,三组试验分别为测试 VRA1001 型混凝土结构防腐涂料、纳米氧化硅硅膜浸渍涂层、VRA1001 型混凝土结构防腐涂料与纳米氧化硅混合涂料的抗腐蚀性。将混凝土试件放入硫酸盐浓度为 10% 的溶液中浸泡,浸泡时间为 150d 条件下混凝土的抗硫酸腐蚀性能及其规律试验研究结果如表 4.2-4 所示。

不同涂层类型的高性能机制砂混凝土抗硫酸盐腐蚀的影响　　表 4.2-4

类型	R_1(MPa)	R_2(MPa)	耐蚀系数(%)	抗硫酸盐等级(KS)
PA(VRA1001 型)	67.40	53.99	80.11	150
PB(纳米氧化硅)	67.87	52.18	76.89	150
PA+PB(混合)	69.65	52.55	75.76	150

长期浸泡条件下混凝土抗压强度耐蚀系数 $K=R_2/R_1$。其中 R_2 为混凝土在溶液中浸泡后的抗压强度；R_1 为混凝土在清水中浸泡后的抗压强度。

由表4.2-4可知，三种混凝土均能达到耐蚀系数≥75%的要求，其中PA、PB、PA+PB在浸泡150d后分别富余4.11%、1.89%、0.76%，其中PA富余量最大，这是因为PA对于腐蚀后期的混凝土来讲，增大了过渡相的体积，故PA在浸泡后期的抗腐蚀性能要优于PB。

4.2.2.2 内养生机制砂混凝土施工工艺

内养生机制砂混凝土与普通机制砂混凝土施工工艺相比，需要注意之处：一是内养生机制砂混凝土的制备工艺，鉴于双卧轴强制式拌和机缺少内养生剂喂料口，可将预先称好的内养生剂投放在已称量好且相匹配的集料中通过传送带送入拌和锅，采用干拌方式将材料拌和均匀，相比普通混凝土，内养生水泥混凝土干拌时间需延长约5s，其余工艺均同普通混凝土制备工艺。二是养生方式，基层面板机制砂混凝土采用喷涂表面抗裂剂和"内养外阻"的自然养生模式，后期养生仅需盖上薄膜或者土工布自然养生即可，不需要洒水。其余工艺与普通机制砂混凝土工艺相同。

1）内养生机制砂混凝土的拌和

确保混凝土拌和质量的关键是选用质量符合规定的原材料、拌和机技术性能满足要求、拌和时配合比计量准确。拌和设备附有可自动准确计量的供料系统；各种组成材料的计量精度控制在下列范围：水和水泥±1%；粗集料和细集料±2%；外加剂±1%；内养生剂±1%。拌和过程中加入外加剂时，外加剂单独计量。强制式搅拌机拌和坍落度为1~5cm的混凝土拌合物，最佳拌和时间：双卧轴强制式拌和机为60~90s，最短拌和时间不低于低限，最长拌和时间不超过高限的3倍。按规定称好原材料，往搅拌机内按顺序加入粗集料、细集料、水泥、内养生剂（鉴于双卧轴强制式拌和机缺少内养生剂喂料口，可将预先称好的内养生剂投放在已称量好且相匹配的集料中通过传送带送入拌和锅），开启搅拌机，采用干拌方式将材料拌和均匀，相比普通混凝土，内养生水泥混凝土干拌时间需延长约5s，在拌和过程中徐徐加入水和外加剂，拌和均匀即可制备得到内养生水泥混凝土。具体投料流程见图4.2-4。

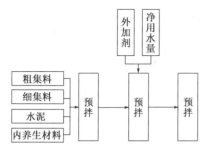

图 4.2-4 内养生水泥混凝土制备流程及现场

2)内养生机制砂混凝土的运输

混合料采用混凝土搅拌车运输,从开始拌和到浇筑的时间不得超过1.5h,否则,不得用于铺筑路面,可通过试验调整缓凝剂掺量使之符合要求。若运输时间超过1.5h或在夏季浇筑时,拌和过程中加入适量的缓凝剂,尽量缩短混凝土拌合物的运输时间,并采取措施防止水分损失和混合料离析。运输过程中,装卸拌合物的落差高度不得大于2m,防止漏浆、漏料、离析。当混合料有明显离析时,需经重新拌匀方可用于铺筑。

混凝土的运输应保证到现场的拌合物具有适宜摊铺的工作性。不掺加缓凝剂的混凝土从搅拌机出料到运抵现场的允许最长时间应符合表4.2-5的要求。不满足时,得到监理工程师的同意后,可采用通过试验调整掺加缓凝剂的剂量等措施,保证到达现场的混凝土的工作性满足要求。

内养生机制砂混凝土拌合物出料到运抵现场允许最长时间　　表 4.2-5

施工气温(℃)	允许最长时间(h)
5~9	1.20
10~19	1.0
20~29	0.75
30~35	0.40

超过表4.2-5规定的允许最长时间,混凝土出现经时坍落度损失严重的情况,影响施工时,严禁自行加水。如需改善混凝土性能,应依据不改变水胶比原则,通过调整外加剂掺量等措施进行。混凝土一旦在车内停留超过初凝时间,应采取紧急措施处置,严禁混凝土硬化在车厢(罐)内。车辆行驶和卸料过程中,当碰撞了模板或基准线时,应重新测量纠偏。

3）混凝土基层面板施工工艺

（1）摊铺与振捣

①需要安排人员指挥车辆分行进入指定位置，混凝土按摊铺厚度的要求均匀堆放，采用人工配合挖掘机布料，布料应均匀充足，确保施工不停顿地作业均衡且连续。

②摊铺、振捣及整平作业采用排架式刮平振捣机配合三轴自行式整平机施工。对靠近模板处的混凝土，用插入式振捣器再补充振捣。每台振捣器的间距不大于其作用半径，混合料振捣的持续时间以混合料停止下沉、不再冒气泡并泛出砂浆为准，不能过振，确保混凝土路面的密实度。振捣时辅以人工找平、表面修整。利用三轴机摊铺时注意以下几个问题：

a. 优化混凝土配合比设计，通过测定施工现场的气温、风速、运距远近来控制现场摊铺时混凝土混合料的坍落度。

b. 摊铺过程中严格控制混凝土拌合物的松铺厚度，确保混凝土路面的厚度和高程符合设计要求，并通过试铺来确定拌合物的松铺厚度。

c. 机械摊铺与混凝土的拌和运输能力应协调一致，确保连续供料，均匀摊铺，专人检查，及时调整。

d. 配备小型机具：当摊铺机械发生故障时，用小型机具配套施工到预定的施工缝。

e. 排架式振捣器振动时间不宜少于20s，移动间距不大于作用半径的1.5倍。

f. 控制好三轴机摊铺振动遍数，使面层砂浆厚度控制在3mm内，以提高表面耐磨性。

现场摊铺振捣过程如图4.2-5所示。

图4.2-5 项目基层面板摊铺与振捣图

(2)表面整修

①表面整平：

局部少量混凝土面板缺陷采用人工进行修整，禁止在整个表面用加铺薄层砂浆的办法修补路面高程。

②精光：

本合同段路面表面修整采用美国进口的铝合金制作的大镘、小镘整平混凝土表面，清除气泡，精光是对混凝土路面进行的最后精平，使混凝土表面更加致密、平整、美观。整平饰面应待混凝土表面泌水基本完成后进行，采用3m刮尺收浆饰面，纵向、横向各3遍抄平饰面，直到表面平整符合要求，表面砂浆应厚度均匀。精平饰面应符合以下要求：

a. 在抹面机完成作业后，应使用抹刀进行精平饰面。精平饰面包括清边整缝，清除黏浆，修补缺边、掉角等工作。

b. 当遇到烈日暴晒或大风时，应加快表面的修正速度。

c. 精平饰面后的混凝土面层表面应致密均匀，无抹面印痕，无露骨，平整度应达到要求，并应立即进行保湿养生。

③纹理制作：

在混凝土表面制作纹理，是提高路面抗滑性能的有效措施之一。制作纹理时采用人工拉毛进行路面刻纹，水泥混凝土路面精光后即开始刻纹处理。纹理深度控制在4mm以上，槽宽5mm，槽间距控制在20mm；在不影响平整度的前提下提高混凝土路面的构造深度，提高表面的抗滑性能。纹理与路面前进方向垂直，相邻板的纹理相互沟通以便排水。施工现场表面修整如图4.2-6所示。

图4.2-6 施工现场表面修整

经过修整之后，内养生机制砂混凝土表面施工质量良好，有效地提升了路面整洁美观度。

(3) 养护及交通管制

内养生机制砂混凝土路面养生拟采用"内养外阻"综合养生方式。内养生机制砂混凝土收浆抹面后 20~40min 内进行表面喷涂表面抗裂剂，然后覆盖土工布或薄膜进行自然养生。

养生时间由试验确定，以混凝土达到28d强度的80%以上为准。在养生初期，禁止车辆、行人、牲畜通行，在达到设计强度的40%后，行人方可通行。在路面养生期间，平交道口或有通行需要的地方，应搭建临时便桥。面板达到设计弯拉强度后，方可开放交通。

4) 大风江大桥墩身/拱座施工工艺

大风江大桥右幅新建拱桥1号主墩、2号主墩分别在上下游设置两个纵向凯旋门式矩形混凝土墩。单个主墩高11m，凯旋门拱顶距墩身顶3m（半径175cm），下段门式矩形墩单个尺寸为2.5m×4.4m。拱座由下部长方体+上部三角体构成，通过调整上下游拱座下部长方体高度以保证上下游拱肋平面高程一致。拱座下部长方体尺寸长750cm×宽340cm×上游侧高120cm（下游侧高166.4cm）；拱座上部三角体尺寸长750cm×宽340cm×高372.3cm。钢筋采用HRB400，墩身现浇C40内养生混凝土，拱座现浇C50内养生混凝土。平面图和设计图见图4.2-7。

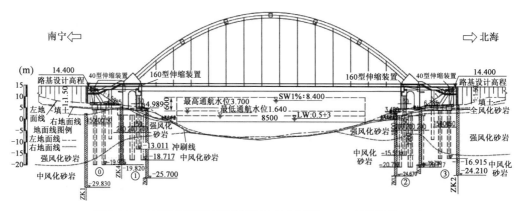

图4.2-7 大风江大桥墩身/拱座设计图（尺寸单位：cm；高程单位：m）

(1) 施工准备

施工前对桥区范围场地浇筑20cm厚C20混凝土硬化；检查进场用于搭设支架的材料；完成所需使用钢筋的抽检试验；并将试验报告报送监理工程师；完

成所需使用混凝土的配合比设计；且混凝土强度符合设计要求。墩身/拱座施工工艺流程分别如图 4.2-8 和图 4.2-9 所示。

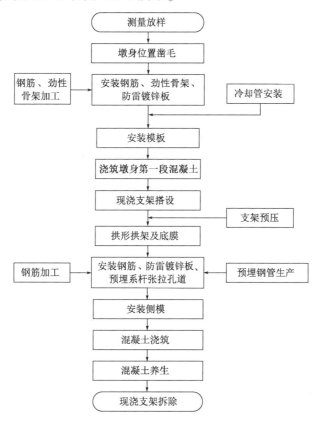

图 4.2-8　墩身施工工艺流程

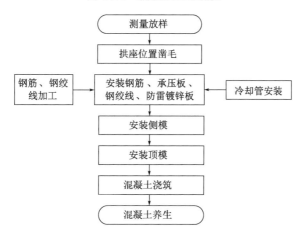

图 4.2-9　拱座施工工艺流程

（2）混凝土面凿毛

混凝土浇筑完24h且强度达到10MPa后进行承台顶面墩身区域（墩身顶面拱座区域）凿毛。采用凿毛锤剔除表面浮浆露出新鲜混凝土面（深度3~5mm），凿毛后露出的新鲜混凝土面积不低于总面积的75%。凿毛结束后要及时清理残渣，将表面冲洗干净。

（3）材料加工及安装

①钢筋、劲性骨架加工及安装：

加工前应仔细阅读图纸，将各种规格材料按设计要求下料加工。钢筋、劲性骨架的半成品加工在项目综合场站进行，分类编号存放。运输车将其运至现场，起重机配合安装。

②系杆孔道预埋：

凯旋门上部墩身内设置有系杆箱室及张拉孔道。单个系杆孔道由锚垫板、直埋管、预埋钢管、支撑桁架、连接钢板组成。上下两排系杆预埋孔道间采用支撑桁架及连接钢板固定，布置时应确保位置准确、固定牢靠。安装凯旋门上部墩身钢筋时应按照接长钢筋→预应力孔道→冷却管→环向钢筋→防雷镀锌板的顺序进行，如发生碰撞则适当移动钢筋、冷却管位置，确保系杆预应力孔道位置准确。

③拱座钢绞线与承压板布置：

主墩拱座设置有锚固于拱肋节段（GL1）的钢绞线和拱肋节段（GL1）承压板。承压板在项目钢结构加工厂加工成型，公路运输至施工现场。拱座部位施工应先进行预埋钢筋的接长，再布置底层钢筋，然后根据钢绞线和承压板的位置安装附近钢筋骨架，固定钢绞线与承压板，安装其余部位钢筋，最后安装四周外挂D8防裂钢筋焊网。安装时应确保承压板安装位置准确，钢绞线与承压板呈90°。

④冷却管安装：

冷却水管采用尺寸为42mm×3.5mm的钢管，应根据各阶段材料安装情况同步跟进。安装时做到管道通畅，接头可靠，不漏水、阻水。冷却水管安装完成后，进行通水检查。混凝土浇筑开始即通入冷水。

冷却管的出水口和进水口采取集中布置、统一管理，并标识清楚，由离心泵供水。从浇筑起至浇筑完混凝土后半个月内不间断注水，所用水不宜立即循环使用。混凝土养生完成后压入同标号水泥浆封堵。

⑤防雷镀锌板：

本项目所采用的防雷材料为40mm×4mm镀锌钢板，随着墩身与拱座各阶段的钢筋安装进度同步进行。安装前应将需设置成防雷引地的钢筋做出特殊标记，避免漏焊。焊接时应保证与不少于4条主筋连接，最后将防雷镀锌板焊接固定于承压板上，与拱肋节段及设置在拱肋节段顶端的避雷针形成引地回路。

（4）现浇支架施工

检查进场材料性能，表面是否存在开裂、破损情况，根据实际进行整修或更换。搭设支架所涉及全部钢材材质均为Q235。按照设计进行安装立柱，平联、剪刀撑，横梁、分配梁，拱形骨架，支架预压等。

（5）模板安装

①墩身与拱座模板采用组合钢模。墩身张拉箱室内异形部位及结构尺寸较小部位采用$\delta=18mm$木模板。

②支立模板时应重新测量放线，除核对高程外还应仔细核对结构尺寸边线坐标。

③对凯旋门下部墩身侧模板，待其混凝土强度达到强度后使用起重机上翻循环使用。

④保证模板支立准确、牢固、接缝严密，浇筑混凝土时不能发生跑模、变形，漏浆。

⑤安装模板时应认真细致检查接缝位置，防止模板移位和凸出，如有，必须返工处理。模板接缝处可用双面胶粘贴处理。

⑥模板安装完毕后，应对其平面位置、顶部高程、节点联系及稳定性进行检查，签认后方可浇筑混凝土。

⑦墩身模板安装顺序为：墩身侧模→拱形现浇支架及底模→凯旋门上部侧模。

⑧拱座模板安装顺序为：侧模→顶模→承压板部位顶模。

大风江大桥材料加工和安装见图4.2-10。

（6）混凝土施工

①浇筑顺序：

墩身混凝土为C40内养生混凝土，C50拱座实体混凝土，其中墩身混凝土分两段浇筑，实体拱座混凝土一次性浇筑。每阶段混凝土采用薄层、连续、全断面浇筑方式，分层厚度控制在30cm以内。当浇筑至墩身凯旋门上部时应前后对称浇筑，高差不得大于50cm。浇筑顺序详见图4.2-11。

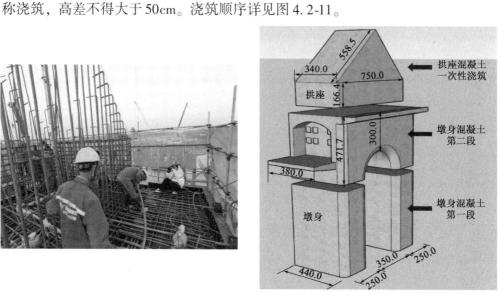

图4.2-10　大风江大桥材料加工及安装　　4.2-11　墩身与拱座混凝土浇筑顺序（尺寸单位：cm）

②混凝土布料、振捣：

混凝土布料时泵管距浇筑面高度不得超过2m，防止混凝土离析。布料时作业人员应均匀布料，防止混凝土堆积过高。布料时泵管与侧模内面水平距离应大于5cm，且不得向模板内直冲布料，禁止直冲钢筋骨架，严禁直冲劲性骨架、系杆预埋孔道、拱座预埋预应力、承压板锚固筋等重要结构受力部位。浇筑墩身第二段混凝土时应沿墩身纵向前后对称布料，高差不得大于50cm。混凝土浇筑分层振捣，每层厚度≤30cm，振动棒的移动距离不超过其作用半径的1.5倍，与模板保持5～10cm的距离，插入下层混凝土5～10cm，保证振捣密实，无漏振、过振现象。振捣过程应"快插慢拔"，密切观察振捣棒插入的间距、深度与作用时间。振捣的密实度以混凝土停止下沉，不再冒出气泡，表面平坦、泛浆为准。在混凝土不易振捣部位应使用A30振捣棒振捣或配合附着式振捣器，以确保混凝土振捣密实，避免出现蜂窝、麻面。合理控制混凝土浇筑速度，防止浇筑过快增大侧压力，造成模板跑模、变形。

③混凝土降温措施：

按照降低水化热升温的原则，选择低水化热、凝结时间长的水泥品种，合理优化混凝土配合比设计，掺加粉煤灰、矿渣粉等掺合料及缓凝剂、内养生剂等外加剂以有效降低水泥水化热。浇筑混凝土开始即向冷却管中通入冷却水循环降温，应连续通水不少于14d。养生期间冷却管的进出水口的温度差控制在15℃以内，且出水口温度控制在40℃以下，防止因温差过大混凝土开裂。选择一天中温度较低的时段进行混凝土浇筑施工，开盘前应检测各种混凝土原材料的温度，估算混凝土的出机温度。混凝土最高入模温度不宜高于28℃，但应不低于5℃。若达不到该温度范围要求则采取相应措施降低原材温度或使用热水拌和。当相对湿度小、风速大、阳光强烈时，承台混凝土浇筑后其上表面应立即用塑料薄膜覆盖，防止水分蒸发，待抹面时卷起薄膜并再次覆盖，至终凝后撤除薄膜并立即覆盖土工布洒水养生。

大风江大桥墩身、拱座施工现场见图4.2-12。

图4.2-12　大风江大桥墩身、拱座施工现场

(7)混凝土养生

大风江大桥墩身与拱座所用混凝土均为内养生混凝土，可减少洒水养生次数，每3d洒水一次即可(养生7d)，但冷却管内循环通水时间应不少于14d。立面混凝土拆模后覆盖土工布养生。养生用土工布应尽可能采用宽幅产品。相邻土工布应至少重叠150mm并用胶带、胶水或其他方法紧密黏合，使整个混凝土表面完全被覆盖。应采取措施防止土工布被风吹落，如有破碎或损坏时应立即更换。效果见图4.2-13。

4.2.2.3　内养生机制砂混凝土应用效果

1)内养生机制砂混凝土基层效果

内养生机制砂混凝土应用于混凝土基层，效果见图4.2-14。从现场观察，内养生机制砂混凝土实际施工效果良好，施工完成后及时铺设了土工膜进行养生。采用掺加SAP充当"蓄水池"作用，能够在混凝土内部细观结构局部为环境形成湿度养生效应，混凝土养生可采用三天洒水一次，相比普通混凝土洒水养生，可节省养生用水量、养生人工成本；同时保证水泥充分水化，减少混凝土收缩，降低了混凝土构件养护难导致、易开裂强度不足的风险；显著提升了混凝土耐久性和耐腐蚀性。

图 4.2-13　大风江大桥墩身、拱座效果

图 4.2-14　混凝土基层效果

2）大风江大桥墩身/拱座应用效果

该技术应用于钦北高速公路改扩建工程大风江大桥墩身/拱座及混凝土基层，应用表明，该技术有效改善混凝土水化湿度环境、降低混凝土收缩、提高水化程度和结构密实程度，控制大体积混凝土水化热，显著提高混凝土匀质性，大大减少开裂趋势，改善了混凝土的耐久性及抗腐蚀性，效果见图 4.2-15、图 4.2-16。

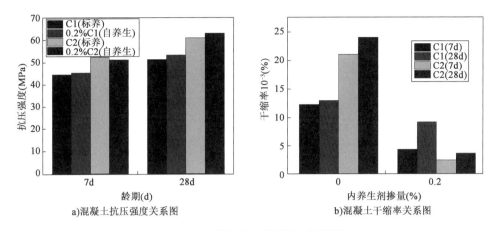

a) 混凝土抗压强度关系图   b) 混凝土干缩率关系图

图 4.2-15　现场工程实施混凝土应用效果

图 4.2-16　大风江大桥内养生混凝土成功应用示范

4.3　机械发泡型温拌沥青混合料节能生产技术

4.3.1　技术简介

机械发泡型温拌沥青路面技术是将沥青和微量水通过机械发泡装备形成泡沫沥青。注水系统添加的水量为沥青结合料质量的 1%～4%。通过机械发泡增大了沥青的比表面积，降低了沥青结合料的黏度，从而能够在拌和楼中与粗细集料、矿粉等在较低温度下进行拌和，同时也提高了沥青混合料的施工和易性。通过合理的配方和操作工序，可确保沥青混合料拌和均匀，并有效压实，性能与热拌沥青混合料相当。该技术可降低沥青混合料的施工温度 15～40℃左右，节能 20%~30% 左右。同时，降低沥青烟和 CO_2 等的排放分别达 80% 和 50% 以上。

4.3.1.1 沥青的发泡及消泡机理

(1) 沥青发泡机理

沥青发泡的过程中没有物质化学成分的改变，主要是物理性质的改变。发泡沥青通常是将少量的水(水一般为室温)与加热后沥青进行反应，反应过程如下：

①由于水和沥青之间的热量差，热量高的一方热量会向热量低的一方传递，本质上就是热能的交换。与此同时，沥青的温度降低，水的温度升高。

②在标准大气压的条件下，水的沸腾温度为 100℃，当反应中的水温超过 100℃时，水由液态变成气态。

③水和热沥青接触之后形成多个蒸汽泡，这些急剧膨胀的蒸汽泡在外力的作用下进入沥青中。这些蒸汽中还夹杂着部分未汽化的液滴，共同形成沥青泡。此时沥青由于传递热量导致自身温度降低，这种情况下的沥青膜的表面张力要比热沥青膜的表面张力要大，所以沥青泡不容易破裂。

④随着周围温度的增加，沥青泡会随之增大膨胀，体积增加的结果是内部压力的减小，最终内部压力减小到和沥青膜的表面张力相等的状态，这是一种极限平衡状态，如果平衡被打破，那么沥青泡就会随之破裂。

⑤若沥青包裹的水滴过大，那么水滴周围的沥青的热量传递不能使水滴充分汽化。

其实沥青发泡过程中的沥青泡很容易破裂，由于能量的传递，沥青膜张力和内部压力所形成的平衡很难维持。沥青发泡过程其实就是一种能量交换的过程，沥青的热量由于不可知因素会导致一小部分损失，剩下热量的会传给水滴，这遵循能量守恒定律。

(2) 沥青消泡机理

①随着沥青泡周围温度的降低，其内部蒸汽的压力大于外部的压力从而导致其内部平衡被打破，沥青泡会随之破裂。

②由于沥青发泡过程中的水滴有大有小，当水滴过大时，它所形成的水蒸气体积会很大，会产生过大的蒸汽压力，以至于超过沥青膜的拉伸极限，导致泡沫破灭。这种情况下，破灭的泡沫内可能还有未水化的水滴，可以进一步气

化形成沥青泡沫。不过因为在之前的发泡中沥青的温度已降低，故而可供发泡的能量大幅减弱。

③泡沫具有近乎稳定的蜂窝状结构的气室，气室两边的膜称为泡沫液膜。在三个或多个气泡聚集的地方，液膜被弯曲，并凹向气室的一方，形成普莱特（Plateau）平稳态边界。由于在普莱特交界处有较大的曲率半径，根据拉普拉斯方程，在气相与液相之间就会产生压力差，它随液体表面张力增加而增大，随气泡曲率半径增大而减小，因此在普莱特交界处的液压要比附近曲率小的地方小，就使得液体由小曲率处向普莱特交界处流动，这种排液作用会使液膜逐渐变薄，当液膜达到临界厚度时(5~10nm)，液膜就会破灭。

4.3.1.2 沥青发泡参数评价方法

泡沫沥青应用之初就采用传统的泡沫体系评定指标对沥青发泡效果进行分析评价，即采用膨胀率和半衰期两个指标，并一直沿用至今。沥青发泡性能的好坏直接影响泡沫沥青混合料的性能，保障沥青发泡优良性能的关键是开发沥青发泡装置。目前对沥青的发泡效果还没有一个统一的标准，通常认为评价泡沫沥青最合适的参数是膨胀率和半衰期这两个指标。

（1）膨胀率（Expansion Ratio）是测定沥青发泡过程中所达到的最大体积 V 与未发泡之前原沥青体积 V_g 的比值；由于在喷入测量桶的这个过程中，泡沫沥青已衰减破灭了一小部分，所以一般测得的膨胀率要小于实际真实值；在一定条件下，高膨胀率的泡沫沥青与集料拌和时，沥青在混合料中分散均匀，产生的混合料的质量高。一般而言，沥青的膨胀率越大，其施工和易性越好。

（2）半衰期（Half Life）是利用计时器测定的沥青由发泡最大体积 V 减小至 $1/2V$ 时所用的时间（一般精确到0.1s）；喷入搅拌机内的泡沫沥青半衰期越长，拌和时泡沫沥青与集料的相对接触时间就越长，产生的混合料的质量越好，半衰期表明了泡沫沥青相对稳定性能的高低，半衰期越长，说明泡沫越不容易衰减，可以与集料有较长时间的接触与拌和，从而提高泡沫沥青混合料的质量，施工中能提供的有效拌和时间越长。

针对现有的膨胀率与半衰期发泡指标，对不同种类沥青（基质沥青与SBS改性沥青）在不同温度、不同用水量条件下进行不同发泡方式、不同发泡设备的试验研究，主要研究结论如下：

（1）沥青随着发泡温度的升高、用水量的增加，膨胀率增大、半衰期减小；

反之,则膨胀率降低,半衰期延长。

(2)发泡设备对沥青的发泡效果有一定的影响,因此建议试验室发泡装置宜与施工现场发泡装置一致。

(3)发泡方式的不同对沥青的发泡效果影响较为显著,相较不加气条件,在加气条件下沥青的膨胀率增大,半衰期降低。

(4)相同标号的沥青因为油源不同,其发泡效果也会相应有所差别。选择合适的发泡用沥青、发泡温度与用水量是沥青发泡效果的关键因素。

4.3.1.3 泡沫温拌沥青及沥青混合料性能指标

泡沫温拌沥青发泡效果评价指标和标准宜符合表4.3-1的要求。

泡沫温拌沥青发泡效果评价指标及标准 表4.3-1

指标	道路石油沥青	SBS改性沥青
膨胀率	≥6	≥4
半衰期(s)	≥10	≥10

泡沫温拌沥青混合料的性能应符合《公路沥青路面施工技术规范》(JTG F40—2004)对热拌沥青混合料的性能要求见表4.3-2。

泡沫温拌沥青混合料性能要求 表4.3-2

试验项目	技术要求	试验方法
车辙试验动稳定度(次/mm)	≥4000	T 0719
浸水残留稳定度(%)	≥85	T 0709
冻融残留强度比(%)	≥80	T 0729
低温弯曲破坏应变(με)	≥2500	T 0715
渗水系数(mL/min)	≤120	T 0730

泡沫温拌沥青混合料路面压实度的检测应以最大理论密度作为评判标准,不能使用实验室标准密度评价。最大理论密度测试方法采用抽真空的方法确定。

泡沫温拌沥青混合料路面铺筑过程中必须随时对铺筑质量进行评定,质量检验的内容、频度、允许误差应符合《公路沥青路面施工技术规范》(JTG F40—2004)。

4.3.2 示范工程实施及效果

本项目在广西钦北高速公路改扩建工程石湾互通A匝道AK0+600~AK1+710铺筑了改性沥青机械发泡中面层。

在钦北高速改扩建工程主线 K2183+000~K2178+000 桩号铺筑上面层橡胶发泡改性沥青、中面层改性沥青、下面层基质沥青的三层全温拌沥青混合料路面。

4.3.2.1 机械发泡温拌沥青混合料室内性能试验

项目组根据施工单位寄送的原材料,开展了泡沫温拌沥青混合料室内性能验证工作。

1)沥青发泡试验

(1)SBS 改性沥青(I-D)

实体工程路段中面层采用 SBS 改性沥青(I-D),经室内检测改性沥青的各项试验结果见表 4.3-3。

SBS 改性沥青(I-D)试验结果 表 4.3-3

项目		单位	技术要求	试验结果	试验方法
针入度 100g,5s,25℃		0.1mm	40~60	48	T 0604
针入度指数 PI,不小于		—	0	0.55	T 0604
延度 5℃,5cm/min,不小于		cm	25	27	T 0606
软化点 $T_{R\&B}$,不小于		℃	75	93	T 0620
运动黏度 135℃,不大于		Pa·s	2.8	2.738	T 0605
闪点,不小于		℃	230	351	T 0605
溶解度,不小于		%	99	99.0	T 0615
离析,软化点差不大于		℃	2	0.8	T 0611
弹性恢复 25℃,不小于		%	85	96.3	T 0662
RTFOT 后	质量变化,不大于	%	≤±0.6	0.02	T 0609
	针入度比,不小于	%	70	77.1	T 0604
	残留延度 5℃,不小于	cm	15	20.7	T 0605

由以上数据可以看出,沥青样品的质量符合《公路沥青路面施工技术规范》(JTG F40—2004)中聚合物改性沥青(I-D)类的技术要求,改性沥青的高温、低温、黏度、施工安全性、延展性及老化后的各项性能良好。

室内进行改性沥青发泡试验,根据测得的不同沥青温度、不同加水量条件下的膨胀率与半衰期,确定改性沥青的发泡温度与最佳用水量。

试验室采用专用沥青发泡设备,为了与实际施工拌和设备发泡装置的工况相符合,在不加气的情况下进行沥青发泡试验。根据之前的相关研究经验,SBS

改性沥青发泡温度拟采用150℃、160℃、170℃，用水量为2%、3%、4%。室内发泡试验测得的改性沥青的膨胀率、半衰期分别如表4.3-4及图4.3-1所示。

SBS 改性沥青发泡试验结果　　　　　　　　　　　　　　　　　表4.3-4

用水量	发泡温度（流量）					
	150℃（104g/s）		160℃（103g/s）		170℃（103g/s）	
	膨胀率	半衰期(s)	膨胀率	半衰期(s)	膨胀率	半衰期(s)
2%	4	>300	5	>300	4	54
3%	5	>300	5	>300	4	53
4%	5	>300	5	>300	4	44

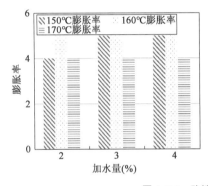

图 4.3-1　改性沥青发泡试验

改性沥青在不同温度下的发泡试验参数变化趋势如图4.3-1所示，在150℃、160℃温度条件下改性沥青半衰期较长，均大于300s，因此在图中并没有标出。

对照改性沥青发泡参数控制标准，综合考虑膨胀率与半衰期两个因素，可以初步确定 SBS 改性沥青发泡试验的加热温度与用水量分别为：160℃、2%。具体项目实施过程中沥青、集料、出料温度需要在现场根据热拌采用的温度及沥青的发泡情况进行实际调整。

（2）橡胶改性沥青

实体工程路段中面层采用复合橡胶改性沥青，采用40目胶粉，胶粉掺量17%（占橡胶沥青质量比），复合改性。橡胶改性沥青的试验结果分别见表4.3-5，试验过程见图4.3-2。

橡胶改性沥青试验结果　　　　　　　　　　　　　　　　　表4.3-5

项目	单位	技术要求	试验结果
针入度 100g，5s，25℃	0.1mm	30~60	37
延度 5℃，1cm/min，不小于	cm	5	9

续上表

项目	单位	技术要求	试验结果
软化点 $T_{R\&B}$，不小于	℃	65	76
旋转黏度180℃，不大于	Pa·s	1.5~5.0	4.075
弹性恢复25℃，不小于	%	75	91

图4.3-2 橡胶改性沥青室内试验

由以上数据可以看出，项目部寄送的橡胶沥青样品质量符合《橡胶沥青路面施工技术规范》(DB 45/T 1098—2014)中橡胶改性沥青的技术要求。

室内进行橡胶沥青发泡试验，根据测得的不同沥青温度、不同加水量的膨胀率与半衰期，确定橡胶改性沥青的发泡温度与最佳用水量。

试验室采用专用沥青发泡设备，为了与实际施工拌和设备发泡装置的工况相符合，在不加气的情况下进行沥青发泡试验。橡胶改性沥青发泡温度采用160℃、170℃、180℃，用水量为1%、2%、3%。测得橡胶改性沥青的膨胀率、半衰期分别如表4.3-6及图4.3-3所示。

橡胶改性沥青发泡试验结果　　　　表4.3-6

用水量	发泡温度(流量)					
	160℃(107g/s)		170℃(107g/s)		180℃(100g/s)	
	膨胀率	半衰期(s)	膨胀率	半衰期(s)	膨胀率	半衰期(s)
1%	1	>300	3	>300	4	45
2%	2	>300	3	205	5	44
3%	2	>300	3	>300	5	32

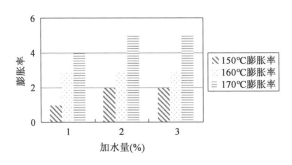

图 4.3-3 橡胶改性沥青发泡试验

为了提高橡胶沥青的发泡效果和沥青混合料的抗水损性能，选择一种与沥青相容性良好的添加剂。添加剂中的活性成分可以提高橡胶沥青与集料的黏附性能，能提升泡沫温拌沥青的耐久性及抗水损能力，添加量为沥青质量的 0.1%。

添加添加剂的橡胶沥青发泡温度采用 160℃、170℃、180℃，加水量为 1.0%、2.0%、3.0%。测得的膨胀率、半衰期分别如表 4.3-7 所示，试验过程如图 4.3-4 所示。

橡胶改性沥青+添加剂发泡试验结果 　　　　　　　　表 4.3-7

用水量	发泡温度 160℃		发泡温度 170℃		发泡温度 180℃	
	膨胀率	半衰期(s)	膨胀率	半衰期(s)	膨胀率	半衰期(s)
1.0%	2	>300	5	>300	5	>300
2.0%	3	>300	5	>300	6	>300
3.0%	3	>300	5	>300	6	>300

图 4.3-4 橡胶沥青+添加剂发泡试验

对照改性沥青发泡参数控制标准,综合考虑膨胀率与半衰期两个因素,可以初步确定橡胶改性沥青发泡试验的加热温度与用水量分别为:170℃、1%,表面活性剂的添加量为沥青质量的0.1%。具体项目实施过程中沥青、集料、出料温度需要在现场根据热拌采用的温度及橡胶沥青的发泡情况进行实际调整。

2)机械发泡型温拌沥青混合料试验

(1)温拌改性沥青混合料

根据改性沥青发泡试验确定的发泡温度及用水量,对中面层的机械发泡法温拌沥青混合料的高温、低温以及抗水损害性能进行研究,并与相应的热拌沥青混合料对比,从而对机械发泡法温拌沥青性能评价体系进行总结。

其中,室内混合料试验包括:马歇尔稳定度、浸水马歇尔试验、冻融劈裂试验、高温车辙试验、低温小梁试验、四点弯曲疲劳试验。

实体工程路段中面层采用 AC-20C 型混合料,集料级配如表 4.3-8 所示,油石比为 4.2%。

中面层混合料级配　　表 4.3-8

材料规格	0~3mm	3~6mm	6~11mm	11~15mm	15~22mm	矿粉
比例(%)	23	6	18	24	25	4

根据确定的沥青发泡温度及用水量,成型温度相对于热拌沥青混合料降低15℃,进行中面层沥青混合料路用性能试验结果内容如下:

①沥青混合料强度及体积指标验证

温拌及热拌沥青混合料马歇尔试验结果见表 4.3-9 所示,试验过程见图 4.3-5 所示。

温拌及热拌沥青混合料马歇尔试验结果　　表 4.3-9

试验项目	单位	热拌沥青混合料	温拌沥青混合料
油石比	%	4.2	4.2
试件毛体积相对密度	—	2.450	2.441
理论最大相对密度	—	2.540	2.543
空隙率	%	3.5	4.0
稳定度	kN	11.9	10.6
流值	mm	5.2	5.7

图 4.3-5 机械发泡温拌沥青混合料室内试验

温拌沥青混合料由于降低了出料及成型温度，空隙率较热拌沥青混合料略有增大，但测试得到的马歇尔稳定度试验结果与热拌沥青混合料相当且满足规范要求。

②沥青混合料高温性能验证

采用车辙试验，温拌及热拌沥青混合料的高温性能试验结果如表 4.3-10 所示。

温拌及热拌沥青混合料车辙试验结果　　　　　表 4.3-10

试验项目	单位	热拌沥青混合料	温拌沥青混合料
动稳定度	次/mm	7541	9796

③水稳定性能验证

采用浸水马歇尔及冻融劈裂试验评价温拌及热拌沥青混合料的抗水损性能，结果如表 4.3-11 所示。

温拌及热拌沥青混合料水稳定性试验结果　　　　　表 4.3-11

试验项目		单位	热拌沥青混合料	温拌沥青混合料
浸水马歇尔	浸水 48h 稳定度	kN	11.6	10.1
	残留稳定度	%	97.6	95.2

续上表

试验项目		单位	热拌沥青混合料	温拌沥青混合料
冻融劈裂	标准条件	MPa	1.06	0.98
	冻融条件	MPa	1.05	0.96
	冻融劈裂强度比	%	98.8	97.4

④低温性能验证

采用低温小梁弯曲试验评价温拌及热拌沥青混合料的低温性能，试验结果如表4.3-12所示。

温拌及热拌沥青混合料低温性能试验结果　　表4.3-12

类型	项目	试件编号							均值
		1	2	3	4	5	6	7	
热拌沥青混合料	试件跨径(mm)	200	200	200	200	200	200	200	—
	跨中宽度(mm)	29.98	30.36	30.26	30.35	29.98	30.12	30.38	—
	跨中高度(mm)	34.52	35.39	34.89	35.14	35.44	33.70	33.52	—
	最大荷载(N)	1565.46	1854.63	1690.3	1790.75	1698.79	1419.87	1426.9	1635.2
	破坏变形(mm)	0.58046	0.41731	0.66058	0.50727	0.42523	0.45342	0.55498	0.5142
	破坏应力(MPa)	13.15	14.63	13.77	14.33	13.53	12.45	13.9	13.7
	破坏应变($\mu\varepsilon$)	3005.6	2215.3	3457.1	2673.8	2260.5	2292.0	2722.5	2661.0
	破坏劲度(MPa)	4373.8	6605.2	3982.0	5361.2	5987.3	5432.9	5261.9	5286.3
温拌沥青混合料	试件跨径(mm)	200	200	200	200	200	200	200	—
	跨中宽度(mm)	30.78	30.31	30.46	30.29	30.51	31.05	30.86	—
	跨中高度(mm)	35.66	34.61	33.86	33.94	34.24	34.03	35.14	—
	最大荷载(N)	1469.48	1583.09	1431.74	1216.67	1532.41	1602.71	1334.4	1452.9
	破坏变形(mm)	0.35725	0.6653	0.42852	0.42473	0.33779	0.74763	0.352150	0.473
	破坏应力(MPa)	11.26	13.08	12.30	10.46	12.85	13.37	12.2	12.2
	破坏应变($\mu\varepsilon$)	1910.9	3453.9	2176.5	2162.3	1734.9	3816.3	2542.5	2542.5
	破坏劲度(MPa)	5894.0	3787.3	5651.1	4837.9	7408.2	3503.9	5180.4	5180.3

通过对比热拌与温拌沥青混合料性能可以看出，机械发泡温拌沥青混合料在降低拌和、压实温度15℃的条件下，AC-20温拌沥青混合料各项性能较热拌沥青混合料比较相差不大，各项路用性能满足现行《公路沥青路面施工技术规范》(JTG F40—2004)的要求。

⑤机械发泡温拌沥青混合料疲劳性能研究

沥青混合料疲劳性能是指其在特定荷载与气候条件下抵抗重复加载作用而不产生破裂的能力。本研究采用库珀疲劳试验机进行四点加载的应变控制模式弯曲疲劳试验来评价温拌沥青混合料的疲劳性能。以混合料劲度下降到初始劲度的50%时的荷载作用次数作为其疲劳寿命。选用无间歇时间的正弦波作为标准加载波形，加载频率为10Hz，试验温度为15℃。试件尺寸为长度（381±6.35）mm、宽度（63.5±6.35）mm、高度（50.8±6.35）mm。

在沥青混合料疲劳试验过程中，应变水平的大小应控制在一个合理的范围，应变过大导致疲劳寿命过短，与实际路面不符；应变过小，则试验周期过长甚至出现无法到达疲劳破坏的现象。一般试验的应变水平调节至试件的疲劳寿命控制在几千次~几百万次之间。本项目通过反复试验确定应变水平为 $100\mu\varepsilon$、$150\mu\varepsilon$、$200\mu\varepsilon$。

本项目的主要目的是对比研究 AC-20 混合料在温拌和热拌条件下的疲劳特性。因此为了使项目具有工程指导意义，采用工程项目所使用配合比。本试验采用空隙率都在3%~6%之间。

本研究采用工程提供的级配，在热拌和温拌2种条件下，在3个应力水平弯曲试验疲劳试验，每一水平组合下共进行3次有效平行试验，具体试验结果汇总如表4.3-13所示。平行试验结果按照试验数据的离散程度进行弃差处理，弃差的标准为：当一组平行试验测定值中某个数据与平均值之差大于修正标准差的 k 倍时，舍弃该值，并以其余测定值的平均值或统计作为试验结果，保证每组试验的有效试件有3根以上。当试件数目 n 为3、4、5、6时，k 值分别为1.15、1.46、1.67、1.82。弃差标准考虑的试验结果指标为修正的疲劳寿命次数。

中面层沥青混合料(AC-20)疲劳试验结果　　　　表4.3-13

拌和方式	应变水平($\mu\varepsilon$)	试件编号	空隙率(%)	疲劳寿命(次)
热拌	100	1	4	1589906
		2	5	1475136
		3	5.8	1720296
	150	1	4.2	158621
		2	5.0	161245
		3	5.8	201176

续上表

拌和方式	应变水平(με)	试件编号	空隙率(%)	疲劳寿命(次)
热拌	200	1	4.3	72899
		2	5.2	51175
		3	4.7	45662
温拌	100	1	4.5	2236902
		2	4.3	1830625
		3	3.7	1949138
	150	1	4.5	306655
		2	5.3	397762
		3	4.9	298042
	200	1	4.2	52315
		2	5.1	58828
		3	5.3	67762

沥青混合料疲劳规律的基本表达形式可以表示为式(4.3-1)。

$$N_\mathrm{f} = k \cdot \left(\frac{1}{\varepsilon}\right)^n \qquad (4.3\text{-}1)$$

式中：N_f——沥青混合料的疲劳寿命；

ε——应变；

k，n——系数。

将中面层热拌和温拌沥青混合料的疲劳寿命试验结果分别绘制到图4.3-6中，其中纵坐标疲劳寿命采用对数坐标。按照式(4.3-1)中疲劳寿命和应变水平乘幂的相关关系，分别拟合中面层热拌和温拌沥青混合料的疲劳曲线。

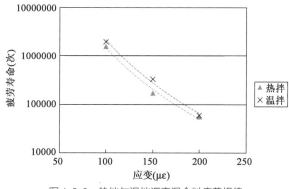

图4.3-6　热拌与温拌沥青混合料疲劳规律

根据式(4.3-1)拟合出沥青混合料的疲劳规律如表4.3-14所示。

沥青混合料的疲劳方程及参数　　表4.3-14

沥青混合料	疲劳方程	k	n	R^2
热拌	$y = 7.788E+15x^{-4.860E+00}$	7.788×10^{15}	4.860	0.992
温拌	$y = 2.463E+16x^{-5.029E+00}$	2.463×10^{16}	5.029	0.993

由图4.3-5可知：

a. 相同级配条件下使用温拌的混合料疲劳作用次数均比热拌混合料疲劳作用次数高；

b. 在较高应变水平下(200με)，混合料在温拌和热拌条件下的疲劳寿命非常接近；在低应变水平下(100με)，机械发泡温拌沥青混合料疲劳寿命均有较大提高。

综上所述，从疲劳试验数据和疲劳曲线来看，温拌沥青混合料的疲劳性能略优于热拌沥青混合料，这可能是因为降低了沥青混合料的出料温度，温度的差异导致了沥青及沥青混合料老化程度的差异，温度越低老化程度越轻，温拌沥青混合料的疲劳寿命也较好。

(2) 橡胶发泡温拌沥青混合料

在室内对上面层橡胶发泡温拌沥青混合料的高温、低温、抗水损害性能及疲劳性能进行研究，并与相应的热拌沥青混合料及添加添加剂的橡胶温拌沥青混合料对比，从而对橡胶发泡温拌沥青混合料性能进行综合评价。实体工程路段上面层采用ARSMA-13型混合料，集料级配如表4.3-15所示，油石比为6.2%。

上面层混合料级配　　表4.3-15

材料规格	0~3mm	3~6mm	6~11mm	11~15mm	矿粉	纤维	油石比
比例(%)	16	6	32	40	6	0.25%	6.2

根据确定的橡胶沥青发泡温度及用水量，常规热拌橡胶沥青混合料出料温度为185℃，温拌橡胶沥青混合料出料温度为170℃；进行上面层沥青混合料路用性能试验。添加剂的添加量为沥青质量的0.1%。

室内试验SMA中纤维预处理方法：放入150℃烘箱恒温2~3h后，取10~20g装入打散器，打散20s，若还存在明显颗粒，将剩余颗粒放入打散器中继续打散至无颗粒为止。

①橡胶沥青混合料强度及体积指标验证：温拌及热拌橡胶沥青混合料马歇尔试验结果如表4.3-16所示，试验过程如图4.3-7所示。

上面层橡胶沥青混合料性能结果 表 4.3-16

试验项目	单位	热拌沥青混合料	温拌沥青混合料	温拌+添加剂
油石比	%	6.2	6.2	6.2
试件毛体积相对密度	—	2.623	2.616	2.618
理论最大相对密度	—	2.737	2.729	2.731
空隙率	%	4.1	4.1	4.1
稳定度	kN	9.3	9.1	9.2
流值	mm	3.1	2.7	2.9

a)室内纤维预处理

b)试件成型及测试体积参数

图 4.3-7 橡胶温拌沥青混合料室内试件成型

②沥青混合料高温性能验证：采用车辙试验，热拌、温拌、温拌+添加剂沥青混合料的高温性能试验结果如表 4.3-17、图 4.3-8 所示。

橡胶沥青混合料车辙试验结果 表 4.3-17

试验项目		热拌沥青混合料	温拌沥青混合料	温拌+添加剂
动稳定度	次/mm	7792	7933	8170

图 4.3-8 橡胶温拌沥青混合料车辙试验

由以上数据可知,加入添加剂的温拌橡胶沥青混合料具有良好的高温性能。

③水稳定性能验证:采用浸水马歇尔及冻融劈裂试验评价温拌及热拌橡胶沥青混合料的抗水损性能,结果如表4.3-18所示。

橡胶温拌沥青混合料水稳定性试验结果　　　　表4.3-18

试验项目		热拌沥青混合料	温拌沥青混合料	温拌+添加剂
浸水马歇尔	浸水48h稳定度(kN)	9.1	8.9	9.2
	残留稳定度(%)	97.4	98.2	99.6
冻融劈裂	标准条件(MPa)	0.76	0.73	0.75
	冻融条件(MPa)	0.71	0.67	0.72
	冻融劈裂强度比(%)	93.8	91.6	96.4

④低温性能验证:采用低温小梁弯曲试验评价温拌及热拌橡胶沥青混合料的低温性能,试验结果如表4.3-19及图4.3-9所示。

橡胶温拌沥青混合料低温性能试验结果　　　　表4.3-19

类型	项目	试件编号						均值
		1	2	3	4	5	6	
热拌	试件跨径(mm)	200	200	200	200	200	200	—
	跨中宽度(mm)	29.98	30.36	30.26	30.35	29.98	30.12	—
	跨中高度(mm)	35.30	34.80	33.70	37.00	36.80	35.70	—
	最大荷载(N)	1092.55	954.183	1008.18	1025.46	1163.4	1004.3	1041.3
	破坏变形(mm)	0.41	0.36	0.51	0.46	0.57	0.54	0.4
	破坏应力(MPa)	8.77	7.85	8.82	7.52	8.68	7.88	8.3
	破坏应变(με)	2187.3	1905.4	2602.8	2527.0	3151.3	2930.3	2550.7
	破坏劲度(MPa)	4008.6	4121.4	3388.0	2527.0	3151.3	2930.3	3322.5
温拌+添加剂	试件跨径(mm)	200	200	200	200	200	200	—
	跨中宽度(mm)	31.90	31.40	29.80	30.40	29.80	30.40	—
	跨中高度(mm)	34.10	35.30	35.50	34.50	34.50	35.80	—
	最大荷载(N)	1324.38	997.405	1312.73	1181.55	1302.04	1550.18	1278.0
	破坏变形(mm)	0.64873	0.63306	0.80702	0.52188	0.55498	0.55292	0.6
	破坏应力(MPa)	10.71	7.65	10.49	9.80	11.01	11.94	10.3
	破坏应变(με)	3318.3	3352.1	4297.4	2700.78	2872.0	2969.2	3251.6
	破坏劲度(MPa)	3227.9	2281.4	2440.2	3627.3	3834.5	4020.0	3238.5

续上表

类型	项目	试件编号						均值
		1	2	3	4	5	6	
温拌	跨中宽度(mm)	200	200	200	200	200	200	—
	跨中高度(mm)	28.00	29.10	30.00	30.50	30.20	30.00	—
	最大荷载(N)	1272.46	1154.72	1298.63	1166.86	1324.61	1352.26	1261.6
	破坏变形(mm)	0.56683	0.44569	0.5424	0.5345	0.5025	0.4442	0.5
	破坏应力(MPa)	11.45	9094	11.10	10.80	10.93	11.77	11.0
	破坏应变($\mu\varepsilon$)	2933.3	2313.1	2782.5	2613.7	2615.5	2258.8	2586.2
	破坏劲度(MPa)	3904.9	4298.9	3990.2	4131.9	4178.2	5209.4	4285.6

图 4.3-9 温拌橡胶沥青混合料低温小梁弯曲试验

温拌橡胶沥青混合料由于降低的出料及成型温度，空隙率一般略大于热拌橡胶沥青混合料。针对广西地区高温多雨的气候条件，应更加关注温拌橡胶沥青混合料的高温性能及抗水损能力。通过低温小梁弯曲试验数据可以看出，加入表面活性剂的温拌橡胶沥青混合料具有优异的低温抗裂能力。

通过对比热拌、温拌及加入添加剂的沥青混合料性能可以看出，橡胶发泡温拌沥青混合料在降低拌和、压实温度15℃的条件下，ARSMA-13温拌沥青混合料各项性能较热拌沥青混合料相差不大，各项路用性能满足现行《公路沥青路面施工技术规范》(JTG F40—2004)的要求。

具体实际工程应用时改性沥青及橡胶沥青和集料的温度需要根据现场沥青的发泡情况及试验路的检测结果等因素综合调整。

4.3.2.2 施工工艺

1）施工准备

设备厂家针对施工单位拌和楼进行了沥青发泡装置、供水系统、沥青喷洒装置、沥青泵等在拌和楼上的改造及安装，见图4.3-10。

a)沥青喷洒设备

b)沥青发泡管

c)沥青泵

d)控制装置

图4.3-10 沥青发泡装置安装

在施工之前，预设置泡沫温拌沥青生产设备的工作参数，包括沥青加热温度、发泡用水量等参数。试制泡沫温拌沥青，通过膨胀率、半衰期验证发泡效果，以调整并确定泡沫温拌生产设备的工作参数。

本项目在广西钦北高速公路改扩建工程石湾互通A匝道AK0+600～AK1+710铺筑了中面层改性沥青机械发泡温拌沥青试验路。沥青混合料类型为AC-20C，设计厚度为6cm。根据现场试验结果，沥青发泡试验温度为160℃，沥青发泡用水量为2.0%。试验段摊铺前先在拌和站进行用水量标定试验见图4.3-11。

图 4.3-11　沥青发泡用水量标定试验

2) 泡沫温拌沥青混合料的拌制

沥青发泡设备调试完毕后进行沥青发泡验证试验，改性沥青的发泡温度为 160℃，用水量为 2.0%，经在拌和站现场接样测试得到其膨胀率为 7，半衰期大于 300s，与室内发泡试验结果一致。现场选定的 SBS 改性沥青温度为 160℃，沥青发泡用水量为 2.0%。现场控制沥青混合料出料温度为 160℃，摊铺温度为 150℃。通过拌和站试拌得出温拌沥青混合料现场出料温度较热拌沥青混合料降低 15℃，混合料裹附性良好，未出现花白料情况，如图 4.3-12 所示。图 4.3-13 为泡沫温拌沥青混合料出料和热拌沥青混合料

图 4.3-12　机械发泡温拌沥青混合料试拌

出料的现场照片，可以明显看到泡沫温拌沥青混合料的沥青烟气更少。

图 4.3-13　出料现场烟气排放对比图

2022年1月8日，在钦北高速公路改扩建工程K2181+000~K2183+000右幅铺筑了橡胶泡沫温拌沥青路面试验路。其沥青混合料类型为SMA-13，设计厚度4cm。由室内橡胶沥青发泡数据可知，室内橡胶沥青发泡试验温度为170℃，沥青发泡用水量1.0%，添加剂用量为沥青质量的0.1%。

沥青发泡设备调试完毕后在拌和楼进行橡胶沥青现场发泡验证试验。多次试验后根据发泡参数调整橡胶改性沥青的发泡温度为170℃、发泡用水量为2.0%，经在拌和站现场取样测试得出，橡胶改性沥青发泡后膨胀率为4，半衰期大于300s，与室内发泡试验结果基本一致。

常规热拌橡胶沥青混合料橡胶沥青的加热温度为185℃，出料温度为180℃。则根据现场情况，选定橡胶改性沥青发泡温度为170℃，发泡用水量为2.0%。现场控制橡胶温拌沥青混合料出料温度为165℃，摊铺温度为145℃。通过拌和站试拌得出现场出料温度较热拌沥青混合料降低15℃，沥青与集料裹附良好，未出现花白料情况，拌和效果如图4.3-14所示。

图4.3-14 温拌橡胶沥青混合料试拌

3）运输

（1）温拌沥青混合料宜使用较大吨位的运料车进行运输。不得超载运输，或在运输过程中紧急制动、急弯掉头使透层、封层受到损伤。运料车的运力应稍有富余，施工过程中摊铺机前方应有运料车等候。宜待等候的运料车多于5辆后开始摊铺。

（2）运料车每次使用前后必须清扫干净，在车厢板上涂上薄薄一层防止沥青黏结的隔离剂或防黏剂，但不得有余液积聚在车厢底部。从拌和机向运料车上装料时，应多次挪动汽车位置，平衡装料，以减少混合料离析。运料车运输沥青混合料应采用双层防风油布覆盖表面，且双层防风油布应在运输、摊铺的全程保持覆盖，保温、防风、防雨，减少沥青混合料与氧气接触以免其发生氧化、表面硬化。

（3）运料车进入摊铺现场时，轮胎上不得沾有泥土等可能污染路面的脏物，否则宜设水池，运料车洗净轮胎后再进入工程现场。沥青混合料在摊铺地点凭运料单接收，若混合料不符合施工温度要求，或已经结成团块、已遭雨淋的不得用于铺筑。

（4）摊铺过程中运料车应在摊铺机前100~300mm处停住，空挡等候，由摊铺机推动前进并开始缓缓卸料，避免与摊铺机发生撞击。在有条件时，运料车可将混合料卸入转运车经二次拌和后向摊铺机连续均匀的供料。运料车每次卸料应倒净，尤其是对改性沥青混合料，如有剩余，应及时清除，防止硬结。

4）摊铺及碾压

（1）摊铺机熨平板需至少提前半小时预热或直接预热至100℃以上。应严格控制摊铺速度，避免使摊铺面过薄而出现拉带裂缝。在泡沫温拌SBS改性沥青或者低温的条件下施工时，应尽量避免对摊铺面进行人工踩踏及补料等操作。

（2）根据混合料的级配类型，选择合理的压路机组合方式及碾压要求，以达到最佳碾压效果。

（3）压实成型的沥青路面应符合压实度及平整度的要求。

（4）沥青路面施工应配备足够数量的压路机，选择合理的压路机组合方式及初压、复压、终压（包括成型）的碾压步骤，以达到最佳碾压效果。高速公路铺筑双车道沥青路面的压路机数量不宜少于5台。施工气温低、风大、碾压层薄时，压路机数量应适当增加。

（5）压路机应以慢而均匀的速度碾压，压路机的碾压速度应符合表4.3-20的规定。压路机的碾压路线及碾压方向不应突然改变否则会导致混合料推移。碾压区的长度应大体稳定，两端的折返位置应随摊铺机前进而推进，横向不得在相同的断面上。

压路机碾压速度（单位：km/h）　　　　表4.3-20

压路机类型	初压		复压		终压	
	适宜	最大	适宜	最大	适宜	最大
钢筒式压路机	2~3	4	3~5	6	3~6	6
轮胎压路机	2~3	4	3~5	6	4~6	8
振动压路机	2~3（静压或振动）	3（静压或振动）	3~4.5（振动）	5（振动）	3~6（静压）	6（静压）

（6）压路机的碾压温度宜符合表4.3-21的要求，并根据混合料种类、压路机型号、气温、层厚等情况经试压确定。在不产生严重推移和裂缝的前提下，初压、复压、终压都应在较高的温度下进行。同时不得在低温状况下作反复碾压，使集料棱角磨损、压碎，破坏集料嵌挤。

聚合物改性沥青混合料的施工温度范围(单位:℃)　　　　表 4.3-21

施工工序	聚合物改性沥青品种		
	SBS 类	SBR 胶乳类	乙烯-醋酸乙烯酯共聚物(EVA)、聚乙烯(PE)类
沥青加热温度	160~165		
改性沥青现场制作温度	165~170	—	165~170
成品改性沥青加热温度,不大于	175	—	175
矿料加热温度	190~220	200~210	185~195
改性沥青混合料出料温度	170~185	160~180	165~180
混合料贮料仓贮存温度	拌和出料后降低不超过10		
混合料废弃温度,高于	195		
混合料摊铺温度,不低于	160		
初压开始的混合料内部温度,不低于	150		
碾压终了的表面温度,不低于	90		
开放交通的路表温度,不高于	50		

(7)沥青混合料的初压应符合下列要求:

①初压应在紧跟摊铺机后碾压,并保持较短的初压区长度,以尽快使表面压实,减少热量散失。摊铺后初始压实度较大,经实践证明采用振动压路机或轮胎压路机直接碾压无严重推移而有良好效果时,可免去初压直接进入复压工序。

②通常宜采用钢轮压路机静压1~2遍。碾压时应将压路机的驱动轮面向摊铺机,从外侧向中心碾压,在超高路段则由低向高碾压,在坡道上应将驱动轮从低处向高处碾压。

③初压后应检查平整度、路拱,有严重缺陷时进行修整乃至返工。

(8)复压应紧跟在初压后进行,并应符合下列要求:

①复压应紧跟在初压后开始,且不得随意停顿。压路机碾压段的总长度应尽量缩短,宜按终压后的温度不低于规定值控制。采用不同型号的压路机组合碾压时宜安排每一台压路机作全幅碾压,防止不同部位的压实度不均匀。

②密级配沥青混凝土的复压宜优先采用重型的轮胎压路机进行搓揉碾压,以增加密水性,其总质量宜不小于25t,吨位不足时宜附加重物,使每一个轮胎的压力不小于15kN,冷态时的轮胎充气压力不小于0.55MPa,轮胎发热后不小于0.6MPa,且各个轮胎的气压大体相同,相邻碾压带应重叠1/3~1/2的碾压轮宽度,碾压至要求的压实度为止。

③当采用三轮钢筒式压路机时，其总质量不宜小于12t，相邻碾压带宜重叠后轮的1/2宽度，并不应少于200mm。

④对路面边缘、加宽及港湾式停车带等大型压路机难于碾压的部位，宜采用小型振动压路机或振动夯板作补充碾压。

(9)终压应紧接在复压后进行，如经复压后已无明显轮迹时可免去终压。终压可选用双轮钢筒式压路机或关闭振动的振动压路机碾压不宜少于2遍，至无明显轮迹为止。

(10)碾压轮在碾压过程中应保持清洁，有混合料黏轮时应立即将其清除。对钢轮可涂刷隔离剂或防黏结剂，但严禁刷柴油。当采用向碾压轮喷水(可添加少量表面活性剂)的方式时，必须严格控制喷水量且水成雾状，不得漫流，以防混合料降温过快。轮胎压路机在开始碾压阶段，可适当烘烤轮胎，在其上涂刷少量隔离剂或防黏结剂，也可对轮胎少量喷水，并先到高温区碾压使轮胎尽快升温，之后停止洒水。轮胎压路机轮胎外围宜加设围裙保温。

(11)压路机不得在未碾压成型路段上转向、调头、加水或停留。在当天成型的路面上，不得停放各种机械设备或车辆，不得散落矿料、油料等杂物。

(12)气候不利因素较多时，轮胎压路机进行初压有助于保证压实效果，但是应视结构层而定，为了沥青表面层避免产生较为明显的轮迹，需尽早安排钢轮振动压路机压实。

①中面层改性沥青泡沫温拌沥青混合料试验段铺筑：

钦北高速公路改扩建工程泡沫温拌沥青混合料摊铺温度较热拌沥青混合料降低15℃。在其中各个施工过程中，沥青烟等刺激性气体排放减少，如图4.3-15所示。目测摊铺、压实效果良好。

a)   b)

图 4.3-15

c)

图 4.3-15 改性沥青泡沫温拌沥青混合料试验路铺筑

②上面层橡胶改性沥青泡沫温拌沥青混合料试验段铺筑：

现场控制橡胶泡沫温拌沥青混合料摊铺温度较热拌沥青混合料降低 15～20℃。在其中各个施工过程中，沥青烟等刺激性气体排放减少，如图 4.3-16 所示。目测摊铺、压实效果良好。

a)各环节温度监测

b)橡胶泡沫温拌沥青路面摊铺

c)橡胶泡沫温拌沥青路面碾压

图　4.3-16

d) 橡胶泡沫温拌沥青路面铺筑效果

图 4.3-16　橡胶泡沫温拌沥青混合料试验路铺筑

5) 养生和开放交通

(1) 温拌沥青混合料路面应待摊铺层完全自然冷却，混合料表面温度低于50℃后，方可开放交通。

(2) 沥青路面雨季施工应符合下列要求：

①注意气象预报，加强工地现场、沥青拌和厂及气象台站之间的联系，控制施工长度，各项工序紧密衔接。

②运料车和工地应备有防雨设施，并做好基层及路肩排水。

(3) 铺筑好的沥青层应严格控制交通，做好保护，保持整洁，不得造成污染，严禁在沥青层上堆放施工产生的土或杂物，严禁在已铺沥青层上制作水泥砂浆。

4.3.3　实施效果

4.3.3.1　中面层改性沥青泡沫温拌沥青混合料试验段工后检测

1) 压实度检测

对各个面层路面进行钻芯取样，测试其压实度。由于路面压实功与实验室马歇尔击实功的不同，因此机械发泡法温拌沥青路面的压实度不宜采用马歇尔密度，而是利用最大理论密度的指标进行计算。参考《公路沥青路面施工技术规范》(JTG F40—2004)，采用最大理论密度来计算压实度时，压实度≥92 时可满足要求。

对铺筑的泡沫温拌沥青中面层进行了现场取芯压实度检测，如图 4.3-17 所示，数据如表 4.3-22 所示。

图 4.3-17 机械发泡温拌沥青混合料芯样

中面层温拌压实度检测汇总表　　　　　　表 4.3-22

取芯桩号	压实度(%)		空隙率(%)
	理论密度	标准马歇尔密度	
AK0+870	96.4	100.8	3.6
AK0+915	96.1	100.5	3.9
AK1+130	95.2	99.6	4.8
AK1+235	95.8	100.2	4.2
AK1+345	95.6	100.0	4.4
AK1+454	96.3	100.7	3.7
AK1+555	95.6	100.0	4.4

热拌沥青混凝土中面层压实度检测数据如表 4.3-23 所示。

中面层热拌压实度检测汇总表　　　　　　表 4.3-23

取芯桩号	压实度(%)		空隙率(%)
	最大理论密度	标准马歇尔密度	
K2178+968	95.2	99.4	4.8
K2178+860	95.7	99.9	4.3
K2178+745	94.8	99.1	5.2
K2178+644	94.5	98.7	5.5
K2178+534	95.7	99.9	4.3

续上表

取芯桩号	压实度(%)		空隙率(%)
	最大理论密度	标准马歇尔密度	
K2178+451	96.0	100.3	4.0
K2178+333	95.6	99.8	4.4
K2178+264	94.8	99.1	5.2
K2178+164	95.8	100.1	4.2
K2178+068	94.9	99.1	5.1

钻芯压实度试验结果表明，与热拌沥青混合料相比，在较低压实温度下（降低15℃左右）泡沫温拌沥青混合料仍能取得相当的压实效果。

2）渗水系数检测

对温拌中面层进行渗水系数检测如表4.3-24所示，热拌中面层渗水系数检测结果如表4.3-25所示。由表4.3-24可知泡沫温拌沥青路面与热拌沥青路面渗水效果相当，基本无渗水现象，渗水系数均满足规范要求。

温拌中面层渗水检测汇总表 表4.3-24

单点检测桩号	平均值(mL/min)	技术要求(mL/min)
AK0+826	21.7	≤120
AK1+032	24.7	
AK1+254	26.7	
AK1+468	34.3	
AK1+687	27.7	

热拌中面层渗水检测汇总表 表4.3-25

单点检测桩号	平均值(mL/min)	技术要求(mL/min)
K2180+760	24.1	≤120
K2180+612	32.7	
K2180+502	27.2	
K2180+402	40.1	
K2180+302	24.2	
K2180+802	37.8	
K2180+102	45.2	
K2180+045	47.7	

由以上数据可知,泡沫温拌沥青路面与热拌沥青路面渗水效果相当,均满足规范要求。

4.3.3.2 上面层橡胶改性沥青泡沫温拌沥青混合料试验段工后检测

1)压实度检测

对橡胶沥青上面层进行钻芯取样,测试其压实度。参考《公路沥青路面施工技术规范》(JTG F40—2004),采用最大理论密度来计算压实度时,压实度≥92%时可满足要求。

对铺筑的橡胶泡沫温拌沥青路面进行了现场取芯压实度检测数据见表4.3-26所示。

上面层橡胶温拌压实度检测汇总表　　　表4.3-26

取芯桩号	压实度(%)		空隙率(%)
	最大理论密度	标准马歇尔密度	
K2181+000~K2183+000	95.3	100.1	4.7
	95.6	100.4	4.4
	95.4	100.2	4.6
	95	99.7	5
	95.5	100.2	4.5
	95.3	100.1	4.7
	95.5	100.2	4.5

钻芯压实度试验结果表明,在较低压实温度下(降低15℃左右)橡胶温拌沥青混合料具有良好的施工和易性,路面压实良好。

2)渗水系数检测

对橡胶温拌上面层进行渗水系数检测,如表4.3-27所示。由数据可知渗水系数均满足规范要求,基本无渗水现象。

橡胶温拌上面层渗水检测汇总表　　　表4.3-27

单点检测桩号	平均值(mL/min)	技术要求(mL/min)
K2181+000~K2183+000	28.7	≤120
	31.5	
	31.7	
	30.0	

由以上数据可知，橡胶温拌沥青路面渗水效果均满足规范要求。

降温后拌和的改性沥青及橡胶沥青混合料裹附均匀、无花白料。工后检测温拌沥青路面压实度、渗水系数等各项指标良好。

与热拌沥青混合料相比，在拌和过程中，温拌沥青混合料的 CO_2 和 NO_x 的排放量分别下降 60.0% 和 72.6%，另外，其 SO_2 和烟尘的排放量分别下降 75.2% 和 47.9%。在摊铺过程中，温拌沥青混合料相比于热拌沥青混合料，其沥青烟、苯可溶物和苯并芘分别下降 91.9%、97% 和 80.2%。根据测试数据及现场施工时的直接感受，采用机械发泡温拌技术可显著减少沥青烟的挥发，极大地改善施工人员的工作环境。温拌沥青混合料的环保优势，使其尤其适合在城市道路、人口密集区道路、隧道道面等道路上使用。

4.4 BIM+GIS 公路工程正向设计技术

"BIM+GIS 技术"是新一轮交通强国建设的重要技术手段，BIM 与 GIS 的跨界融合，使微观领域的 BIM 信息和宏观领域的 GIS 信息相交换、互操作，实现了数字技术应用从单体到城市建筑群和公路工程管理的延伸拓展，提升了 BIM 技术应用的广度和深度，为公路工程等领域的新基建智慧化升级、数字化转型带来了新的契机。

4.4.1 技术简介

BIM 是建筑信息模型（Building Information Modeling）的简称，是以建筑工程项目的各项相关信息数据为基础而建立的建筑模型，通过数字信息仿真模拟建筑物所具有的真实信息。它是以从建筑物设计、施工到运营协调以及项目信息为基础而构建的集成流程。通过使用 BIM，可以在整个流程中将统一的信息进行创新、设计并绘制出项目，还可以通过真实性模拟和建筑可视化来让项目各方更好地沟通，以便让其了解工期、现场实时情况、成本和环境影响等项目基本信息。

GIS 是地理信息系统（Geographic Information System）的简称，又称为"地学信息系统"。它是一种特定的十分重要的空间信息系统。它是在计算机硬、软件系统支持下,对整个或部分地球表层(包括大气层)空间中的有关地理分布数据进行采集、储存、管理、运算、分析、显示和描述的技术系统。

公路行业的 BIM 技术应用往往需要结合地形地貌来交换信息。虽然 BIM 的整个生命周期从设计、施工到运维都是针对 BIM 单体精细化模型的,但是其不可能脱离周边的宏观的地理环境要素,成为空中楼阁。而三维 GIS 一直致力于对宏观地理环境的研究,提供各种空间查询及空间分析功能,并且在 BIM 的运维阶段,三维 GIS 可以为其提供决策支持,因此 BIM 需要三维 GIS。

4.4.2 示范工程实施及效果

本研究以钦北改扩建高速项目为依托,针对广西高速公路建设现状和存在的问题,通过使用 Web、BIM、GIS、大数据等技术开展设计优化、可视化分析、协同设计、施工数字化管理等应用研究,在铁山港大桥、石湾互通立交、无土装装板路基及北海、那丽、铁山港、合浦服务区投入运用,取得了良好的使用效果。

4.4.2.1 三维地质模拟及应用

铁山港大桥及石湾互通立交作为整个项目的重要工点,涉及较多地质问题,利用地质勘察资料,建立地质三维模型,反映项目的地质情况,如图 4.4-1 所示。通过地质三维模型,可方便查看、剖切任意位置和方向的地质模型。

本项目地质勘探与三维地质建模,以横断面信息为前提,逐层构造出铁山港大桥及石湾互通立交节点的地质实体,并通过可视化手段对三维地质实体切面检查、地层检查等。其为准确确定铁山港大桥及石湾互通工程地质状况提供了可视化依据,并为后续边坡开挖、道路防护、桥梁下部结构的施工提供准确的地质信息,并可以实现公路工程土石比的自动精准算量。

4.4.2.2 BIM+GIS 设计应用

针对铁山港大桥、石湾互通立交、无土路基等结构,结合 BIM 和 GIS 技术,进行三维设计方案的快速比选和优化,如图 4.4-2、图 4.4-3 所示。三维方案比选的关键点在于公路智能选线、三维模型的简化和方案快速修改。通过对项目设计成果多层次、多视角、多专业的核查,及时发现设计不合理之处,进行优化调整,并将最后的设计成果反映到 BIM 模型上。通过优化工程设计,减少施工现场的错误和返工。

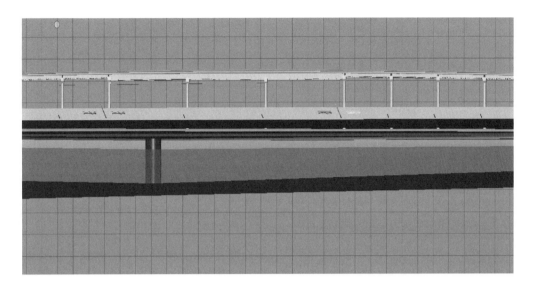

图 4.4-1　铁山港大桥三维地质模型

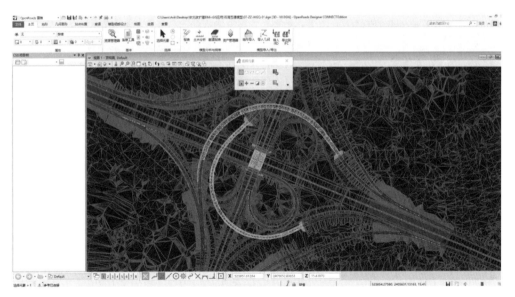

图 4.4-2　石湾互通立交三维 BIM 方案设计

图 4.4-3　铁山港大桥钢-混梁 BIM 模型

4.4.2.3　交通组织设计和可视化技术应用

结合专业的交通仿真分析软件,针对石湾互通立交,实现基于 BIM 模型的 4D 交通组织设计,动态反映交通组织全过程(包括区段的交通运行状况展示,工点交通组织方案展示),并模拟交通管制措施的合理性,可以有效进行施工组织及施工期间的交通组织,如图 4.4-4 所示。

图 4.4-4　基于 BIM 的交通组织模拟

基于 BIM 模型,以交通量分析和调查数据为基础,通过输入交通需求结果,并对项目关注区域实施交通控制,来模拟交通组织的效果。

4.4.2.4　服务区 BIM 应用

针对北海、那丽、铁山港、合浦服务区进行建筑建模,研究基于 BIM 的设计优化分析技术。基于 BIM 和 GIS 技术,结合建筑物周围的地貌、植被、气候条件等影响设计决策的因素,通过对建筑体的光照分析、通风分析、水环境分析、能量分析及场地安全行车分析等来对景观规划、环境现状、施工配套及建成后的交通流量等影响因素进行评价和分析。克服传统二维技术定量分析不足、主观因素过重、无法处理大量数据信息等弊端,迅速得出令人信服的分析结果,为单体建筑和场地的设计优化提供直观的数据参考。为打造绿色、高效、节能、品质的建筑设计提供技术支持,实现设计、分析、优化再到设计的一体化标准流程。利用 BIM 技术通过合同、计划和实际施工的消耗量的对比分析,实现对成本的有效管控。

通过 BIM 模型对服务区的场地布置进行优化,基于建筑模型,可以实现建筑物的能量分析和光照分析,为场地及建筑物的方案优化提供依据,实现三维到二维的出图及工程量的自动统计。通过模型渲染,可以对服务区的景观及装修效果进行预览,如图 4.4-5 所示。

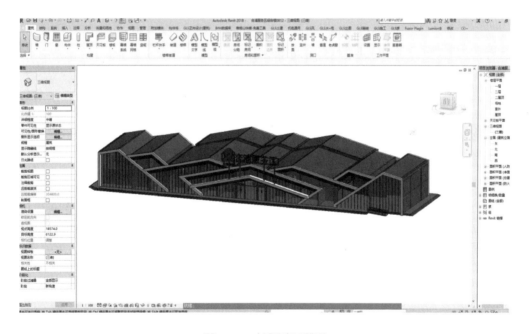

图 4.4-5 合浦服务区模型

服务区位于开阔的平原地貌,需与周边环境融合,项目采用 BIM 可视化模型进行环境分析,使用 revit 进行建筑、结构和排水的详细设计和出图,如图 4.4-6 所示。

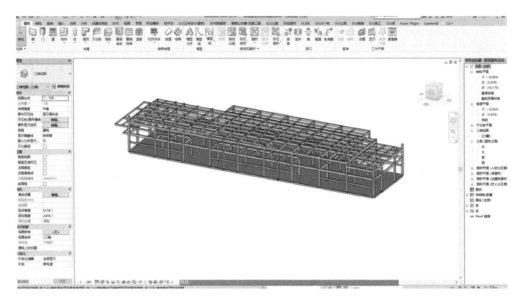

图 4.4-6 Revit 结构分析

4.5 一线工人驻地社区化管理体系应用

"工人馨村"的创新管理模式包括党建工作常态化、人力资源信息化、集中管理物业化、培训教育专业化、人员管理人本化(统称"五化")。"五化"管理模式不仅成功保证了施工进度，而且通过智能化、人性化管理，使得工人真正把工地当成了温馨的家，把流动性较大的民工转化成相对固定的产业工人。"工人馨村"已从一种管理模式，渐渐转变为交通建设领域内的品牌项目，屡次获得国内交通行业类的各大奖项。2020 年 9 月，交通运输部科技示范工程考察组认为，"工人馨村"模式作为一种优秀的管理理念，值得在国内进行全面大力地推广。"工人馨村"管理模式荣获第十八届全国交通企业管理现代化创新成果二等奖，并入选 2021 年度广西交通运输"科技示范"创新典型案例。

4.5.1 技术简介

"工人馨村"是工人规范化管理的模范，是保障生产建设和工人安全健康的智慧和创新。"工人馨村"内除建有统一用餐食堂、篮球场等常规设施，还为产业工人配套了健身器材、台球室、阅览室、24 小时空气能循环热水及洗衣房等配套化设施,供产业工人使用,让工友们有"回村"的感觉。

除此以外,钦北高速公路改扩建项目还大力加强"工人馨村"基层党组织的建设,把党的组织建到项目基层,实现基层党组织全面覆盖、有效覆盖。大力实施"双培"工程,努力把党员培养成生产经营骨干,把技术能手、优秀工人培养成党员,提高产业工人党员的比例。"双培"工程成为工人们提升自我、积极向党组织靠拢的优秀平台。钦北改扩建项目全线7个分部共建设了8个"工人馨村",可容纳全线3000名产业工人入住。"工人馨村"以提高项目工人生活区的整体水平为管理目标,对生活区、工人宿舍区、食堂区及公共区域的建设尺寸、配套设施进行规范化建设,"工人馨村"的高标准、人性化、小区化管理建设体制最大限度地调动了产业工人工作积极性,是高速公路现代化建设管理方法的一次创新尝试。

4.5.2 示范工程实施及效果

钦北高速公路改扩建工程建设指挥部不断摸索总结、结合工人需求和各方意见,最终提出"工人馨村"建设标准及运营管理方案,该方案规定了"工人馨村"内的生活区、宿舍区、公共食堂、公共区域的建设标准以及"工人馨村"内运营管理制度如治安、安全消防、保洁、防疫、食堂、物业、住退房、工人行为约束、检查与考核等各项细则。该方案保证了"工人馨村"的建设推行得以标准化。

钦北高速公路改扩建工程建设指挥部于2019年10月11日传达了《关于印发〈兰州至海口高速公路广西钦州至北海段改扩建工程产业工人管理办法〉的通知》(以下简称"通知"),明确了项目产业工人是指施工单位、专业分包单位、劳务分包单位等单位雇佣的参与项目建设的技术工人,目的在于充分调动产业工人的积极性、主动性、创造性,满足其多样化的工作生活需求,加强对其专业技能和职业道德培训,维护和保障产业工人的合法权益。通知系统阐述了产业工人管理办法的指导思想、目标任务、四大主要举措(加强和改进产业工人队伍思想政治建设、提升产业工人技能素质、保障产业工人合法权益、推行"工人馨村"管理体制)以及三个组织实施手段(构建合力推进工作格局、加大宣传力度、强化督促检查)。进一步加强了对产业工人的管理,提高了产业工人的综合素质,与"工人馨村"相辅相成,产业工人生活"软硬件"同步提升。

"工人馨村"建成以来不断改进，转变为了集"生活社区""思想政治学习平台""技能提升平台"等为一体的成熟体系，主要措施包括："工人馨村"建设管理体制创新、党建引领产业工人政治思想建设、产业工人技能素质提升、产业工人合法权益保障等。

4.5.2.1 "工人馨村"建设管理体制创新

1）高标准化建设

为了给产业工人提供安全卫生、和谐舒适的生活环境，钦北高速公路改扩建工程建设指挥部制定了《兰州至海口高速公路广西钦州至北海段改扩建工程"工人馨村"建设标准及运营管理方案》。承包人应以安全卫生舒适为建设标准，以保护公共财产和工人人身财产的安全，提高项目工人生活区的整体水平为管理目标，对生活区、工人宿舍区、食堂区及公共区域的建设尺寸、配套设施进行规定性建设。具体硬件设施包括：宿舍、食堂、夫妻房、探亲房、医疗室、超市、球场、理发店、24小时热水、免费Wi-Fi、远程职业培训室等设施，见图4.5-1～图4.5-5。

图4.5-1 "工人馨村"建成俯瞰图

图4.5-2 "工人馨村"内文体活动室

图4.5-3 "工人馨村"内篮球场

图4.5-4 "工人馨村"内食堂

图4.5-5 "工人馨村"内实景

2)标准化管理——"五化"模式

(1)党建工作常态化。

"工人馨村"内成立工人流动党员服务站,将工人队伍的流动党员纳入项目党支部进行管理,为工人党员们提供了思想政治学习的平台,并且定期开展"三会一课"活动,调动了党员参与组织生活的积极性,派驻支部党员在流动党员服务站与工友们积极交流,听取工人的意见及建议,进一步提高了项目基层党组织建设的整体水平。在各级党组织的领导下,凝聚起了党员的核心力量,广大党员在生产建设中发挥了先锋模范作用。

(2)人力资源信息化。

"工人馨村"内引进的人力资源信息管理系统,对"工人馨村"社区入住的工人进行大数据分析,对积极提升自我思想素质的工人党员、团员、积极分子进一步培养,壮大了基层党员力量。通过对入住工人登记造册,引进了"一卡通"管理系统,实现进出刷IC(集成电路)卡、就餐刷IC卡、购物刷IC卡等一体化、智能化的管理。

(3)集中管理物业化。

"工人馨村"通过引进物业管理模式,打造了集吃、住、行、学等一体化综合性多功能社区,用城市小区物业管理模式运营"工人馨村",营造了"工人馨村就是家"的氛围,为工人们提供了舒适的居住环境和充足的生活物资和疫情期间防疫物资,生活上为工人们提供医疗、理发、心理咨询、普法教育等服务,让工人们住得安心、吃得健康,生活安全有保障、学习提升有平台。同时,"工人馨村"开展了一系列"送清凉""送温暖""情暖旅途"、关爱工人健康以及文艺晚会进一线活动,保障广大一线工人的身心健康,使工人们感受到了公司和党组织温暖的关怀。

(4)培训教育专业化。

"工人馨村"落实了各项文件中的管理理念和措施,成功培养了一批一专多能的"北投工匠"。不断开展技能比武活动,通过竞赛形式引导一线工人以赛促学、学以致用,强化质量意识,提升实际操作水平,形成了"比、学、赶、超"的工作氛围,提升了实体工程品质。利用多功能安全培训箱对所有进场工人进行岗前安全教育培训并组织考试,设置VR(虚拟现实)安全体验馆,通过虚拟体验安全事故,提高工人安全作业警惕性。工人入住至今,钦北高速公路改扩建项目已在"工人馨村"进行了多次工人技能比武大赛、"五四"演讲比赛、安全技能培训等活动,工人们的技能水平和作业质量得到了普遍提升,如图4.5-6所示。

(5)人员管理人性化。

"工人馨村"的"馨"在建设之初用的是"新",但为了体现干净、整洁、和谐、温馨等意义,故将"新"改为"馨"字。"工人馨村"改变了以往参建农民工集体宿舍脏乱差的生活环境、放羊式松散管理方式。此外,还设立有远程视频会议系统,便于产业工人疫情期间参加会议及技能培训,在"村里"就能轻松完成安全教育、技术交底、政策传达及工作例会等,极大地提升了工作效率。通过在"工人馨村"内布设文化宣传栏、通知公告栏、文化宣传栏以及广播宣传等软文化建设,将"工人馨村"打造成一个具有文化气息的和谐社区。"工人馨村"还专设"村民委员会主任办公室",聘请专业物业管理团队,负责人为常驻"工人馨村"的"村长"。"村长"主要负责产业工人的信息录入、宿舍安排、用餐服务等服务工作。该物业团队将保安、保洁、食堂人员等进行统一管理,为"工人馨村"维护运营提供专业化保障。医疗队伍进"工人馨村"为工人们做体检，如图4.5-7所示。

图4.5-6 "工人馨村"工人参加工前培训　　图4.5-7 医疗队伍进"工人馨村"为工人们做体检

4.5.2.2 党建引领产业工人思想政治建设

1）加强和创新产业工人队伍党建工作

指挥部探索高速公路项目产业工人党建工作方法，在"工人馨村"大力加强项目基层党组织建设。把党的组织建到项目基层，实现基层党组织全面覆盖、有效覆盖。通过发展党员计划单列等方式，推进在产业工人中发展党员的工作，引导广大产业工人积极向党组织靠拢。加强党员日常教育管理，充分发挥"党建在线"信息化综合管理服务平台作用。探索开放式党组织生活，积极推行党群活动一体化，进一步增强活动的吸引力。"工人馨村"内的党建宣传栏如图4.5-8所示。

图4.5-8 "工人馨村"内的党建宣传栏

2)突出产业工人思想政治引领

加强理想信念教育，不断深化"北投梦·劳动美"主题教育，引导产业工人学习贯彻北投企业文化，团结引领产业工人实现项目"五个一"的目标。强化职业精神和职业素养教育，深入开展以职业道德为重点的"四德"教育，引导产业工人爱岗敬业、甘于奉献，培育执着专注、精益求精、一丝不苟、追求卓越的职业素养。

3)大力弘扬劳模精神、劳动精神、工匠精神

做好劳动模范、优秀工人的评选表彰工作，大力选树宣传"北投工匠"。综合运用传统媒体和各种新媒体，围绕产业工人的地位作用、重要贡献、感人事迹，开展分众化、互动式宣传活动。组织开展劳模事迹宣讲和"北投工匠"进企业、进项目、进班组活动。通过对产业工人典型的选树和宣传，营造尊重劳动、崇尚技能、鼓励创造的浓厚社会氛围，奏响"工人伟大、劳动光荣"主旋律。

4)创新面向产业工人的工会工作

坚持党建带工建，适应新时期产业工人队伍新变化新特点，进一步改进工会组织体制、运行机制、活动方式、工作方法，保持和增强工会组织的政治性、先进性、群众性，把工会组织建设得更加充满活力、更加坚强有力。支持工会创新组织形式和组建方式，最大限度地把产业工人组织到工会中来、凝聚在党的周围。建立联系服务产业工人制度，完善产业工人需求收集、调查、分析、反馈制度，形成以产业工人为中心的工作任务、项目形成机制，扎实开展为产业工人办实事项目，实现对产业工人按需服务、精准服务。

4.5.2.3 产业工人技能素质提升

1)加强职业技能培训

强化和落实承包人培养产业工人的主体责任，引导承包人结合生产经营和技术创新需要，制定技术工人培养规划和培训制度。发挥劳动模范、北投工匠作用，设立"钦北工人讲堂"，大力开展工人技能培训。鼓励名师带高徒，规范现代学徒制和企业新型学徒制，推行学徒制培训，如图4.5-9所示。探索"互联网+产业工人素质提升"新模式，搭建产业工人网上学习培训平台，建立有效的激励机制，动员产业工人积极参与网上自主学习、闯关练兵、培训考试、技能评价、互动交流、视频观摩能工巧匠和创新成果征集展示等。

图 4.5-9 "工人馨村"内的工人夜校

2)推进劳动和技能竞赛工作

深入推进劳动和技能竞赛,如图 4.5-10 所示。完善劳动和技能竞赛组织机制,成立项目劳动和技能竞赛委员会,领导劳动和技能竞赛工作。完善劳动和技能竞赛激励机制,研究制定劳动和技能竞赛奖励办法,并将竞赛成绩与产业工人的工资薪酬挂钩,实现承包人与产业工人互利双赢。

图 4.5-10 产业工人技能大赛比赛现场

3)创新技能导向的激励机制

增加产业工人,特别是高技能人才在项目先进个人评选中的名额比例。择优选拔高技能人才积极争取市级、自治区级表彰。深化群众性技术微创新活动,开展先进操作方法总结、命名、推广;开展产业工人优秀技术创新成果、创新型班组、创新型能手评选表彰活动。鼓励承包人引进高技能人才，承包人从区内外引进的急需紧缺的高级技师、技师按规定给予奖励。引导承包人在关键岗位、关键工序培养使用高技能人才，并相应提高待遇，实现多劳者多得、技高者多得。

4）开展"四微四新"活动

提升产业工人技能素质。制定产业工人培训规划和培训制度，开展钦北改扩建项目的"四微四新"活动（微改革、微创新、微发明、微创造；新技术、新工艺、新材料、新设备），大力开展工人技能培训。

4.5.2.4 产业工人合法权益保障

1）完善的权益源头维护机制

进一步健全涉及产业工人利益的维权工作体系，定期开展对相关法律法规执行情况的执法检查、监察和视察，强化产业工人维权法律保障。进一步深化对涉及产业工人利益的发展规划、政策举措、重大决策的调查研究和分析论证，积极推动劳动就业、收入分配、社会保障、劳动保护、技能培训、休息休假等方面的改革，完善劳动争议处理机制，不断完善产业工人权益保障制度。

2）推行"互联网+"普惠性服务

强化互联网在服务产业工人工作上的应用，建设网上"职工之家"，密切与产业工人在网上进行互动交流，畅通产业工人诉求表达渠道，让产业工人能在网上找到组织、参加组织活动。整合现有网络资源，借助社会力量，搭建综合性网络服务平台，提供网上入会转会、医疗、就业、帮扶救助、法律援助和日常生活优惠等服务，打造方便快捷、务实高效的服务产业工人新通道。深入了解产业工人需求，不断开发服务项目，拓展服务内容，提升网络服务产品的供给与服务能力，形成网上网下深度融合、互相联动的服务格局。

3）健全的健康权益维护机制

对于有职业病的产业工人，要认真使其做好健康检查，保障其合法权益。每年，项目都联系医疗机构，以"医疗大巴"进"工人馨村"的方式，为工人们提供移动式体检，保障工人身体健康。

4）健全的劳动安全保障机制

将安全生产培训作为产业工人职业培训的重要内容。落实企业安全生产主体责任，开展企业安全生产标准化创建活动，执行安全施工违规违法"黑名单"

管理制度。相应设置安全奖积分兑换物质奖励机制。

4.5.2.5 "工人馨村"的实际效应

1)有利于统战和党建工作开展

在实践中，指挥部党委认为，"工人馨村"不仅是对工人进行规范化管理，更为基层党组织和党员积极投身基层建设提供了良好的平台，成为了做好新时代统战工作的一个前沿堡垒。这些党员充分发挥基层党员先锋模范，大力实施"双培"工程，努力把党员培养成生产经营骨干，把技术能手、优秀工人培养成党员，提高产业工人的党员比例，把党的组织建到项目基层，实现基层党组织全面覆盖、有效覆盖，避免流动党员"边缘化"，让产业工人心中有党。

2)有利于新时代"工匠精神"的弘扬

"工人馨村"经常进行劳动模范、优秀工人评选表彰工作，大力选树宣传"北投工匠"。综合运用传统媒体和各种新媒体，围绕产业工人的地位作用、重要贡献、感人事迹，开展分众化、互动式宣传活动。

3)有利于产业工人技能素质提升

"工人馨村"制定了完善的技术工人培养规划和培训制度。发挥劳动模范、北投工匠作用，设立"钦北工人讲堂"，大力开展工人技能培训。鼓励名师带高徒，规范现代学徒制和企业新型学徒制，推行学徒制培训，开展"名师高徒"选树活动。探索"互联网＋产业工人素质提升"新模式，搭建产业工人网上学习培训平台，建立有效的激励机制，动员产业工人积极参与网上自主学习、闯关练兵、培训考试、技能评价、互动交流、视频观摩能工巧匠和创新成果征集展示等，深入推进劳动和技能竞赛。

4.5.2.6 "工人馨村"的品牌效应

自"工人馨村"创建以来，"工人馨村"已从一种管理模式，逐渐凝成为一个交通建设品牌，各"工人馨村"已接待自治区交通厅、《中国交通报》、北投集团领导及调研团、北海市、钦州市领导、兄弟单位的参观调研20多次。"工人馨村"获得行业一致好评，并被国务院国资委网站、"学习强国"平台、人民日报社"人民网"、《中国交通报》及《广西日报》等媒体渠道广泛宣传，作为优秀管理理念进行推广，如图4.5-11、图4.5-12所示。2020年，"工人馨村"管理模式荣获第十八届全国交通企业管理现代化创新成果二等奖，并入选2021年度广西交通运输"科技示范"创新典型案例，2021 年，"工人馨村"产业工人创新管理模式荣获中国公路学会创新大赛金奖。

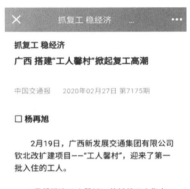

图 4.5-11　"学习强国"App、《中国交通报》对"工人馨村"的报道

图 4.5-12　国务院国资委对"工人馨村"的相关报道

"工人馨村"已拥有自主标志的创新管理模式品牌,如图4.5-13所示。"工人馨村"的标志设计表现出了创新性、美观性、传播性,该设计以圆形为主形状,代表圆满、团结之意;图形颜色沿用北投集团标志的金色为主调,金色是太阳的颜色,包含着光辉、温和,代表着温暖与幸福;图形外形由工人"工"字的大写字母G变换而成,内里由家园建设馨村,代表家、港湾、保护,是工人努力的精神动力,是团结和集体的象征;整个图形既简单又包含了"工人馨村,我们温馨的家园"的丰富寓意和愿景。该设计作品已在全项目"工人馨村"及各媒体推广使用。

图4.5-13 "工人馨村"品牌标志

4.6 技术小结

基于提升广西钦北高速公路改扩建工程耐久性,推动工程品质升级的需求,通过对复合改性橡胶沥青与水泥面板组合式耐久性路面技术、基于内养生原理的滨海地区机制砂混凝土抗腐蚀技术、机械发泡型温拌沥青混合料节能生产技术、BIM+GIS公路工程正向设计技术、一线工人驻地社区化管理体系应用等课题开展创新攻关和推广技术研究,取得了如下几方面的创新研究成果:

(1)开展复合改性橡胶沥青与水泥面板组合式耐久性路面技术推广应用,以废旧轮胎在道路工程中的大规模循环利用和显著提升传统橡胶沥青路用性能为目标,形成了新一代高性能复合改性橡胶沥青技术,提升了刚柔复合式路面结构的耐久性能。

(2)开展基于内养生原理的滨海地区机制砂混凝土抗腐蚀技术推广应用,通过向混凝土中引入内养生因子，使混凝土实现"自我内部逐步养生"，既能够减少混凝土收缩，改善混凝土流变特性，又能够节省大量后期养生用水，解决了混凝土施工阻力大、泌水离析、收缩开裂等技术问题。

（3）开展机械发泡型温拌沥青混合料节能生产技术推广应用，降低了沥青混合料的施工温度约20℃，节能20%~30%。同时，降低其沥青烟和CO_2的排放分别达80%和50%以上，并改善沥青路面压实。

（4）开展BIM+GIS公路工程正向设计技术推广应用，通过使用Web、BIM、GIS、大数据等技术进行设计优化、可视化分析、协同设计、施工数字化管理等应用研究，在铁山港大桥、石湾互通立交、无土装装板路基及北海、那丽、铁山港、合浦服务区投入运用，取得了良好的使用效果。

（5）开展一线工人驻地社区化管理体系应用，以党建工作常态化、人力资源信息化、集中管理物业化、培训教育专业化、人员管理人本化的"五化"管理，打造了一个一线工人管理平台，实现管理平台、集约管理，并且作为创先争优、评优评先的有效载体，增强了爱岗敬业精神，提高了人员素质，实现了工程品质提升。

第5章 出行服务功能提升技术

5.1 全厚式透水路面与零坡段路表快速排水技术

全厚式透水路面技术是通过设计透水水泥混凝土基层+透水沥青混凝土面层组合路面结构,增强道路面层、基层快速渗水能力,从而实现道路排水畅通,避免积水。零坡段路表快速排水技术是通过调整设计高程增加道路的横向坡度,从而增强横坡较小路段排水能力,实现零坡路段持续排水。

5.1.1 技术简介

全厚式透水路面及零坡段路表快速排水法可大幅度提高路表降雨排放速度。相同条件下,渗透系数为 0.72 时较 0.45 时的积水压力降低了 10%~20.5%、渗流速度增加了 31.9%~69.8%,有效缓解了暴雨期路面排水功能不足造成的安全隐患,具有显著的经济效益、社会效益。

5.1.1.1 全厚式透水路面技术原理

与一般的透水路面相比,全厚式透水路面将基层设置为透水层,增加了道路功能层区域,由面层透水变为面层+基层共同透水。降雨时,雨水由于道路横坡的作用沿路表排出,且沿面层不断下渗;接触到透水基层时雨水进一步下渗,在面层与基层的共同作用下加速路面雨水的导流。增加透水基层可将道路发挥接收雨水并排出路面作用的空间进一步加大,缓解降雨丰富地区的道路积水压力。

5.1.1.2 零坡段路表快速排水技术原理

道路设计过程中难免存在一些横坡较小甚至接近于零的路段,为了避免由于排水不畅导致路面积水的情况,需要对零坡路段进行路表快速排水技术改造。该技术通过适当调整零坡段道路设计高程,增加路面横坡促进路表排水,同时也避免了雨水积蓄在透水路面内无法排出的情况。

5.1.2 示范工程实施及效果

在广西钦北高速公路改扩建工程铁山服务区实施了全厚式透水路面技术示范应用,在广西钦北高速公路改扩建工程 K2225+560 至 K2225+660 段实施了零坡段路表快速排水技术示范应用。

5.1.2.1 全厚式透水路面结构设计与室内性能试验

项目组根据施工单位寄送的中面层材料，开展了泡沫温拌沥青混合料室内性能验证工作。

1）透水路面结构设计

设透水基层的沥青路面，一方面能疏干面层下渗的水分，另一方面可作为路面结构的一部分承担行车荷载。因此它既需要具有足够的排水能力，又需要具有良好的力学性能。

（1）气候环境

铁山港区地处广西南部，位于南海北部湾畔、北海市东部、铁山港岸边，东经109°15'~109°45'，北纬21°26'~21°40'，地处南亚热带，属典型的季风性海洋气候，雨热同季，光照充足，夏无酷热，冬无严寒，年平均气温23.3℃，年降雨量1800mm。按照公路自然区划属东南湿热区中的Ⅳ7区华南沿海台风区。其具体水热状况见表5.1-1。

钦北高速公路所处地区水热状况 表5.1-1

二级区划	潮湿系数 K	年降水量（mm）	雨型	最高月 K 值	最大月雨期长度	最高月平均地温（℃）	地下水埋深（m）
Ⅳ7区华南沿海台风区	0.75~2.0	1600~2600	夏雨和台风暴雨	2.0~3.0	2.5~4.5	30~32.5	一般>3；海滨<1

（2）交通荷载

主线沥青路面设计年限为15年，采用单轴双轮组轴载100kN为标准轴载，设计使用年限内设计车道累计大型客车和货车交通量为15.02064×10^6辆，路面设计交通荷载等级为重交通荷载等级。

将进入服务区的车辆按照50%折算，则服务区路面累计当量轴载作用次数取为7.51×10^6，路面设计交通荷载等级为中等交通等级。

（3）结构验算

参考国内外相关透水路面结构，根据路面在服务区所处位置交通轴载特点，选定路面结构如图5.1-1所示。工程所在公路自然区划为Ⅳ7区，土质为黏性土。路基干湿状况为中湿以上，土基回弹模量E_0设计取为50MPa。

第5章 出行服务功能提升技术

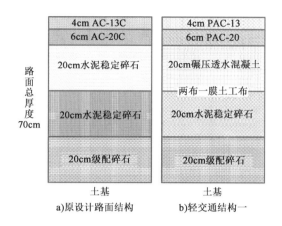

图 5.1-1　全厚式透水路面结构

新旧路面结构对比见表 5.1-2。

新旧路面结构对比　　　　　　　　　　表 5.1-2

结构层位	原结构	小汽车道拟定结构（最大轴重20kN）
面层	4cm AC-13C	4cm PAC-13
	黏层	黏层
	6cm AC-20C	6cm PAC-20
夹层	封层	黏层（高黏改性沥青撒布量约为 0.4kg/m²）
基层	20cm 水泥稳定碎石	20cm 普通透水混凝土（28d 弯拉强度≥1.5MPa）
夹层	—	两布一膜土工布
底基层	20cm 水泥稳定碎石	20cm 水泥稳定碎石（7d 无侧限强度≥4.0MPa）
垫层	20cm 级配碎石	20cm 级配碎石
路基	黏性土	黏性土
路面总厚度	70cm	70cm

按照《公路沥青路面设计规范》（JTG D50—2017）相关要求，刚性基层沥青路面只需验算沥青层永久变形，但需按照《公路水泥混凝土路面设计规范》（JTG D40—2011）验算刚性基层承载力。小汽车行车道/小汽车停车区（轻交通）路面结构透水混凝土弯拉强度应不小于 1.5MPa。各结构层厚度和材料参数见表 5.1-3。

小汽车行车道/小汽车停车区（轻交通）路面结构　　　表 5.1-3

结构层位	结构层材料	厚度（mm）	材料模量（MPa）	泊松比
面层	PAC-13 沥青混凝土	40	7000	0.30
	PAC-20 沥青混凝土	60	5500	0.30

续上表

结构层位	结构层材料	厚度(mm)	材料模量(MPa)	泊松比
基层	碾压透水混凝土	200	10000	0.20
夹层	两布一膜土工布	—	—	—
底基层	水泥稳定碎石	200	2000	0.25
垫层	级配碎石	200	250	0.35
路基	黏性土	—	50	0.40

按照《公路沥青路面设计规范》(JTG D50—2017)附录 B 开展沥青路面结构验算。计算结果见表 5.1-4，均满足设计要求。

4cm PAC-13 + 6cm PAC-20 沥青路面永久变形计算结果　　表 5.1-4

分层编号	分层厚度(mm)	竖向压力(MPa)	永久变形(mm)
1	20.0	0.700	1.108
2	20.0	0.693	3.539
3	20.0	0.662	4.218
4	20.0	0.605	3.149
5	20.0	0.534	1.954
累计	100.0	—	13.969

(4)排水能力验算

《公路排水设计规范》(JTG/T D33—2012)要求，透水基层厚度的选取应按需要排放的水量和基层的渗透系数来确定。根据历史资料，铁山港周边最大峰值降雨强度为 75.7mm/s，根据汇水面积和路面结构情况提出各结构层材料的渗水系数要求见表 5.1-5。

渗水系数要求　　表 5.1-5

混合料类型	空隙率设计值(%)	渗水系数设计值(mm/min)
PAC-13	18~25	≥5000
PAC-20	18~25	≥5000
透水混凝土	15~22	≥2500

2）透水混凝土基层配合比设计

按照《透水水泥混凝土路面技术规程》（CJJ/T 135—2009）开展透水混凝土配合比设计试验，考虑透水混凝土在保证透水性能的情况下应具备足够的强度。则可得透水混凝土配合比设计见表5.1-6，透水混凝土试件如图5.1-2所示，试验结果见表5.1-7。

透水混凝土配合比　　　　　　　　　　　　　　表5.1-6

强度等级	设计空隙率（%）	42.5级水泥（kg/m³）	水灰比	减水剂（kg/m³）	0~5mm砂（kg/m³）	5~10mm碎石（kg/m³）	10~20mm碎石（kg/m³）
C15	15	250	0.28	2.5	50	163	1465

图5.1-2　透水混凝土试件

强度及渗水系数试验结果　　　　　　　　　　　表5.1-7

空隙率（%）	7d抗压强度（MPa）	28d弯拉强度（MPa）	渗水系数（mm/s）
18.3	15.5	1.8	3800

根据表5.1-7中数据，该配合比的C15透水混凝土渗水系数满足表5.1-5中的渗水系数设计要求，同时，7d抗压强度和28d弯拉强度也达到规范标准。

3）透水沥青混合料面层配合比设计

改扩建项目采用主线面层透水沥青混合料，全厚式透水路面技术为透水水泥混凝土基层+透水沥青混凝土面层。因此，全厚式道路面层配合比考虑采用主线面层透水沥青混合料配合比，具体指标见表5.1-8。

面层透水沥青混合料配合比(单位:%)　　　　表 5.1-8

11~16mm	6~11mm	0~3mm	矿粉	SBS 改性沥青	高黏剂	聚酯纤维(外掺)
42	40	13.5	4.5	4.4	0.4	0.1

5.1.2.2 全厚式透水路面施工工艺

1)透水混凝土基层施工工艺

(1)搅拌和运输

透水混凝土必须采用机械搅拌,搅拌机的容量应根据工程量大小、施工进度、施工顺序和运输工具等参数选择。搅拌地点距作业面运输时间不宜超过0.5h。透水混凝土原材料(按质量计)的允许误差不应超过下列数值:

水泥:±1%;增强料:±1%;集料:±2%;水:±1%;外加剂:±1%。

采用自落式搅拌机时,宜将配好的石料、水泥、增强料、外加剂投入搅拌机中,先进行干拌60s,再将计量好的水分2~3次加入搅拌机中进行拌和,搅拌时间宜控制在120~300s。采用强制式搅拌机时,宜先将石料和50%用水量的水加入强制式搅拌机拌和30s,再加入水泥、增强料、外加剂拌和40s,最后加入剩余用水拌和50s以上。

透水混凝土拌合物运输时要防止离析,应注意保持拌合物的湿度,必要时采取遮盖等措施。透水混凝土拌合物从搅拌机出料后,运至施工地点进行摊铺、压实直至浇筑完毕的允许最长时间,由试验室根据水泥初凝时间及施工气温确定,并应符合表5.1-9的规定。

初凝时间与施工气温规定　　　　表 5.1-9

施工气温 t(℃)	允许最长时间(h)
5≤t<10	2
10≤t<20	1.5
20≤t<30	1
30≤t<35	0.75

(2)摊铺和碾压

透水混凝土基层可采用水泥稳定碎石摊铺机或沥青混凝土摊铺机进行摊铺。施工工艺的控制重点是使材料的压实度接近100%,同时又保证材料尽可能少被压碎。因此松铺系数、压路机吨位及组合以及碾压遍数是关键。

松铺系数可通过控制实测孔隙率和高程来控制。摊铺时松铺系数宜控制在

1.15~1.30之间。摊铺前，排水基层下承层表面应进行洒水湿润，并按试铺确定的松铺系数进行施工放样。用摊铺机将拌合物均匀地摊铺在设计宽度内，表面应摊铺平整，并符合设计纵、横坡度的要求。排水基层可不设纵、横向伸缩缝。纵、横向施工缝应设置固定方木或钢模板，其高度应与设计厚度相同。纵、横向施工缝应保证侧面垂直、水平向顺直、材料均匀一致。排水基层应设置与面板胀缝上下对齐的隔离缝。

排水基层压实应符合下述技术要求：初压时应采用8~10t双光轮压路机静碾压，严禁压路机在表面掉头。初压速度应控制在2~2.5 km/h之间，初压往复轮迹应重叠1/3轮宽。复压时，应检查并填补低凹处或铲除凸出部分，进行2~3遍低频高幅振动碾压。压路机碾压作业速度可控制在1.3~3.0km/h之间。振碾轮迹应重叠1/2轮宽。终压时，应采用光轮静碾压，终碾后压实表面应无松散材料及纵向碾压印痕。

碾压应紧随摊铺，从拌合物摊铺起1h内完成初碾，1.5h内完成终碾。

排水基层压实成型后，应立即覆盖复合养生膜、湿土工毡、湿麻袋进行保湿养生。气温不大于5℃时，应采用保温保湿养生措施。养生期间应始终保持基层表面处于潮湿及适宜温度状态。严禁用土围水、覆盖湿砂或湿锯末等细碎材料养生。

排水基层摊铺完成后，面层施工前，应封闭交通，并派专人保护，严禁人员行走与车辆通行。

2）透水沥青混凝土面层施工工艺

(1) 拌制

建议采用拌和站动态监控系统，对混合料的拌和时间、温度、级配、沥青用量等关键指标进行过程动态监控，发现问题及时报警纠正，以保证排水沥青混合料的生产质量。

拌和时间经试拌确定，应以混合料拌和均匀、所有矿料颗粒全部裹覆沥青结合料为度，无花白料、无结团成块或严重的粗细集料分离现象。推荐拌和顺序和时间为：集料+纤维干拌15s，随后喷洒沥青，同时投入高黏度添加剂拌和10s，3~5s后投放矿粉，矿粉投放完后湿拌35s，整个循环周期65~67s。集料加热温度为185~200℃，SBS改性沥青加热温度为160~170℃。根据运距合理选择集料和沥青加热温度，使沥青混合料出厂温度调整控制在175~185℃（95%

的车辆温度应控制在该区间),但不得超出195℃,超出195℃的沥青混合料应做废弃处理。拌和中尽量避免较低的沥青混合料生产温度,但是为了提高沥青混合料出厂温度而将集料加热过高,导致运到现场的沥青混合料出现碳化现象,同样是不可取的生产措施。

(2) 运输

为保证沥青混合料及时运至摊铺现场,必须配备足够的自卸汽车,运输能力必须大于拌和机生产能力,且超过摊铺机摊铺能力的20%以上。沥青混合料的运输汽车载重量宜达到30t以上,底板应涂覆薄层隔离剂;装料前,运输车底板应排干隔离剂;车轮胎必须冲洗干净。驾驶员应加强对汽车保养,避免混合料运输途中冷却受损。在运料车侧厢板中部距底30cm处钻取测温孔,检测时插入深度不少于150mm。装料时汽车应按照前、后、中的顺序来回移动。在运输过程中,运输车辆必须采取覆盖措施,确保长途运输的保温效果。应在摊铺机前10~30cm处停住,不得撞击摊铺机;卸料过程中应挂空挡,靠摊铺机推动前进,以确保摊铺层的平整度。上述所有配合比外加剂掺量均没有给出,具体根据混凝土拌合物的工作性能来确定,按照初始混凝土坍落度为180~210mm来设计,具体用量由试拌来确定。

沥青混合料运至摊铺地点后应检查拌和质量和混合料温度,不符合温度要求或已经结成团块、已遭雨淋湿的混合料不得铺筑。排水沥青混合料到场温度应由专人逐车检测,到场温度不得低于160℃。运输车不得紧急制动、急弯掉头使透层、封层或刚摊铺的沥青面层造成损坏。每台车必须落实好防滴水措施,防止空调水滴落到地面,同时每台车发动机和油箱位置必须采用有效的防漏油措施。

每天开始摊铺时排在施工现场等候卸料的运料车不少于4辆。施工过程中,摊铺机前方一般应有2~3辆运料车等候卸料。运输车倒料应分为4次升斗,为防止粗集料滚落造成的离析,应在运输车后门安装侧板。排水降噪沥青混合料具有较高的空隙率,热量散发较快,必须落实好保温密封措施。

(3) 摊铺

宜采用非伸缩式摊铺机。铺筑试验段采用两台摊铺机,应采集摊铺机的初始压实度参数(试验段总结中应明确两台摊铺机夯锤和震动设置参数)。当采用不同型号的摊铺机时,夯锤频率应开到最大值的85%~100%,振动频率开到最大值的85%~100%。两台摊铺机初始密度相差应小于0.05g/cm³。摊铺机配备非接触式平衡梁装置两套。

两台摊铺机前后行走间距为5~10m,搭接宽度控制在5~10cm,以确保纵向接缝质量。接缝位置必须避开车道轮迹带。

摊铺机横向螺旋前端加装粗集料防滚落挡板,避免摊铺面接地层垫底为一层大颗粒粗集料,从而防止层间排水导流层和层间的黏结性能大幅度下降、路面不能正常传递行车荷载、面层间水现象严重并引发路面坑槽等早期病害的现象出现。

摊铺前应根据松铺厚度、纵横坡度调整好摊铺机。摊铺机开始摊铺前必须对熨平板预热至110℃以上,摊铺过程中必须开动熨平板的振动捶击等夯实装置。面层正式摊铺后,每10m必须检查松铺厚度(摊铺机左、中、右3点),每10m必须检查两台摊铺机对接横坡。对一般密级配结构,两台摊铺机对接高出1~3mm;对大空隙率级配结构,两台摊铺机对接高出0~1mm。排水沥青混合料摊铺温度不宜低于155℃,低于150℃沥青混合料应做废弃处理。

(4)压实

排水沥青路面空隙率高达18%~25%,粗集料基本为点与点接触,容易压实,也容易被压碎,造成沥青混合料局部失去黏聚能力,导致掉粒飞散等病害。因此,排水沥青路面碾压要均匀压实,对集料要多次碾压搓揉使其达到稳固。

按初压、复压、终压三个阶段进行。压路机从外侧向中心碾压,由低处向高处碾压,轮迹始终与路基中线平行,相邻碾压带重叠50~100mm。初压与复压采用11~13t钢轮压路机,终压宜采用20t以上的胶轮压路机。

初压应在混合料摊铺后紧跟进行,压实温度控制在150~165℃,不得产生推移、开裂,初压为静压1~2遍。初压后观察平整度、路拱,发现问题及时作适当调整。复压宜采用与初压相同的双钢轮压路机,紧接初压进行,静压2~4遍。表面温度为80~100℃时进行终压。终压可采用胶轮压路机压实1~2遍。为防止较高温度下胶轮压路机黏轮,宜采用隔离剂喷淋装置。最后采用双钢轮压路机静压1~2遍收尾。

压路机行驶速度保持均匀一致。压路机不得在未碾压成型的混合料和刚碾压成型的路面上转向,也不得停留在高于80℃且已压实成型的路面上。压路机在操作或静止时,应采取有效措施防止油料、润滑脂或其他杂质落于路面。

钢轮碾压造成排水沥青粗集料表面沥青膜脱落,当天应采用改性乳化沥青(用量为 0.10~0.15kg/m^2)洒布 1~2 遍。

5.1.2.3 零坡段路表快速排水技术设计方案

1)改造方案设计

通过设计文件和现场测量结果分析,发现 K2225+560~K2225+660 桩号范围处于变坡段,设计图纸给出的路表横坡介于 -0.25%~0.978%,不利于透水面层下渗的雨水快速排出路面范围,建议对桩号范围路段采用零坡段路表排水设计方法进行改造,具体位置如图 5.1-3 所示。课题组计划采用零坡段路表快速排水技术逐步调整横向坡度,增大横坡以加强排水。具体的参数设计与技术方案见表 5.1-10。

图 5.1-3 零坡段设计位置

K2225+560~K2225+660 道路横断面原始设计参数　　表 5.1-10

桩号	横坡(%)
K2225+560	-0.25
K2225+580	0.18
K2225+600	0.51
K2225+620	0.55
K2225+640	0.92
K2225+660	0.978

第5章 出行服务功能提升技术

对各桩号横坡进行分段调整，需要计算各桩号坡度控制点的高程进行精确设计。令各桩号距中央分隔带边缘 1.6m 处为 a 点，至路肩处的 2 个坡度控制点依次为 b、c，各桩号处的横坡示意图如图 5.1-4 所示。计算求得道路各桩号横断面设计参数及结构层原始厚度见表 5.1-11 和表 5.1-12。

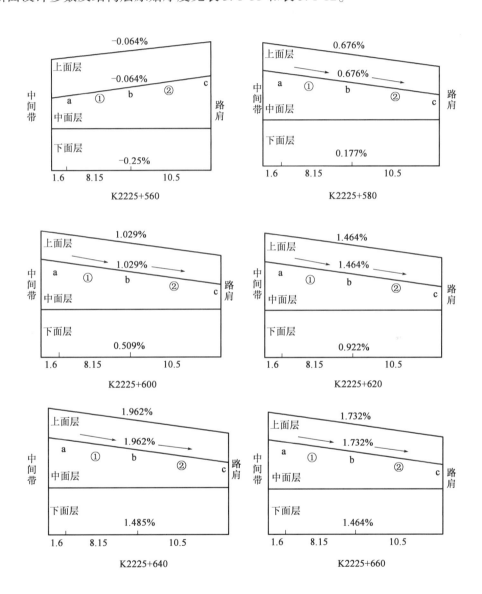

图 5.1-4 横断面变坡示意图

K2225+580～K2225+660道路各桩号横断面原始设计参数 表5.1-11

桩号		设计高程(m)			横坡(%)
		a	b	c	
上面层顶面	K2225+580	10.833	10.711	10.879	-0.25
	K2225+580	10.735	10.613	10.700	0.187
	K2225+600	10.622	10.517	10.356	0.51
	K2225+620	10.529	10.392	10.245	0.55
	K2225+640	10.418	10.294	10.143	0.92
	K2225+660	10.312	10.192	10.037	0.978
中面层顶面	K2225+560	11.004	10.992	11.016	-0.25
	K2225+580	10.695	10.573	10.660	0.187
	K2225+600	10.582	10.477	10.316	0.51
	K2225+620	10.489	10.352	10.205	0.55
	K2225+640	10.378	10.254	10.103	0.92
	K2225+660	10.272	10.152	9.997	0.978
下面层顶面	K2225+580	10.819	10.806	10.793	0.35
	K2225+600	10.713	10.692	10.672	0.55
	K2225+620	10.389	10.473	10.105	1.52
	K2225+640	10.278	10.154	10.003	1.47
	K2225+660	10.172	10.052	9.897	1.47

K2225+580～K2225+660道路各桩号结构层原始厚度 表5.1-12

桩号		厚度(m)		
		a	b	c
上面层	K2225+580	0.04	0.04	0.04
	K2225+600	0.04	0.04	0.04
	K2225+620	0.04	0.04	0.04
	K2225+640	0.04	0.04	0.04
	K2225+660	0.04	0.04	0.04
中面层	K2225+560	0.06	0.06	0.06
	K2225+580	0.06	0.06	0.06
	K2225+600	0.06	0.06	0.06
	K2225+620	0.06	0.06	0.06
	K2225+640	0.06	0.06	0.06
	K2225+660	0.06	0.06	0.06

续上表

桩号		厚度(m)		
		a	b	c
下面层	K2225+560	0.1	0.1	0.1
	K2225+580	0.1	0.1	0.1
	K2225+600	0.1	0.1	0.1
	K2225+620	0.1	0.1	0.1
	K2225+640	0.1	0.1	0.1
	K2225+660	0.1	0.1	0.1

零坡段路表快速排水技术改造后的道路各桩号横断面设计参数和结构层厚度见表5.1-13和表5.1-14。

K2225+560~K2225+660 道路各桩号横断面改造后设计参数　　表5.1-13

桩号		设计高程(m)			横坡(%)
		a	b	c	
上面层顶面	K2225+560	11.054	11.042	11.066	-0.064
	K2225+580	10.849	11.007	10.881	0.676
	K2225+600	10.899	10.815	10.707	1.029
	K2225+620	10.818	10.677	10.545	1.464
	K2225+640	10.714	10.544	10.348	1.962
	K2225+660	10.572	10.427	10.249	1.732
中面层顶面	K2225+560	11.004	10.992	11.016	-0.064
	K2225+580	10.957	10.882	10.831	0.676
	K2225+600	10.849	10.765	10.657	1.029
	K2225+620	10.768	10.627	10.495	1.464
	K2225+640	10.664	10.494	10.298	1.962
	K2225+660	10.522	10.377	10.199	1.732
下面层顶面	K2225+560	10.937	10.952	10.984	-0.25
	K2225+580	10.832	10.812	10.799	0.177
	K2225+600	10.73	10.694	10.635	0.509
	K2225+620	10.638	10.546	10.466	0.922
	K2225+640	10.544	10.421	10.267	1.485
	K2225+660	10.453	10.309	10.180	1.464

K2225+560~K2225+660 道路各桩号结构层改造后厚度　　　表 5.1-14

桩号		厚度(m)		
		a	b	c
上面层	K2225+560	0.05	0.05	0.05
	K2225+580	0.05	0.05	0.05
	K2225+600	0.05	0.05	0.05
	K2225+620	0.05	0.05	0.05
	K2225+640	0.05	0.05	0.05
	K2225+660	0.05	0.05	0.05
中面层	K2225+560	0.067	0.04	0.032
	K2225+580	0.125	0.070	0.032
	K2225+600	0.119	0.071	0.022
	K2225+620	0.130	0.081	0.029
	K2225+640	0.120	0.073	0.031
	K2225+660	0.069	0.068	0.019
下面层	K2225+560	0.104	0.242	0.105
	K2225+580	0.097	0.199	0.099
	K2225+600	0.108	0.177	0.279
	K2225+620	0.109	0.154	0.221
	K2225+640	0.126	0.127	0.124
	K2225+660	0.141	0.117	0.143

2）改造后排水效果模拟

为了验证零坡段路表快速排水技术改造效果，采用数值模拟的方式进行路面降雨渗流模拟。零坡段路表快速排水技术主要改变了路面横坡，改路面平面为斜面增大了汇水面积，因此建立 Fluent 多孔介质简化道路模型，设置降雨等级与渗水系数进行渗流模拟。经 CFD（计算流体力学）-Post 后处理，简化模型与模拟结果如图 5.1-5 和图 5.1-6 所示。

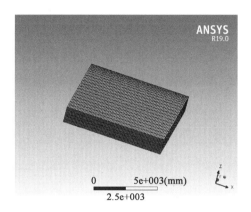
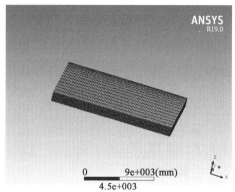

图 5.1-5 透水路面简化三维模型

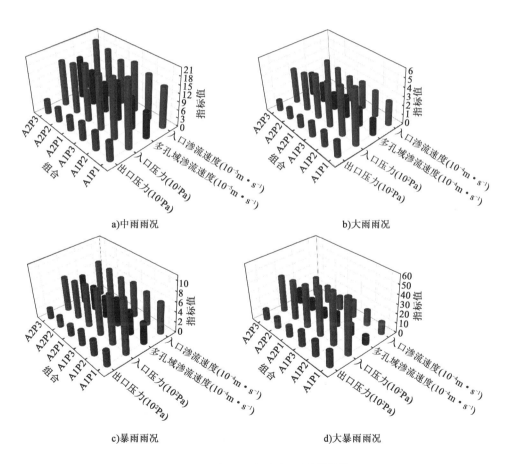

图 5.1-6 四种雨况下透水路面渗流模拟结果

根据图 5.1-6 中的渗流压力与渗流速度可知,不同降雨等级条件下渗流模拟结果具有较明显区别。路面入口压力与多孔区域渗流速度均呈上升趋势,说明降雨等级对路面渗流过程存在较大影响,降雨强度越高路面积水压力越大。相同降雨等级情况下,渗透系数和汇水面积的增加对路面渗流具有明显的促进效果。当渗透系数和汇水面积最大时,多孔区域渗流速度达到最大值,且入口压力最低,此时路面排水效果得到了提升,积水压力降低,说明零坡段路表快速排水技术改造可增强透水路面排水性能。

5.1.2.4 零坡段路表快速排水技术施工工艺

课题组运用的零坡段快速排水法是通过控制设计高程的方式改变道路纵坡,仅需要在施工时改变高程控制,按前文改造后的设计高程进行测量放线,因此其施工工艺与正常道路面层施工工艺相同,摊铺时两个坡面由两辆摊铺机同时进行摊铺。由前文可以发现道路填挖高度均超过面层设计的 0.19m 厚度,满足面层结构要求。由于本路段是在旧路上改扩建,既有路面可完全利用,因此在设计高层不足的位置通过增加下面层沥青混凝土厚度来调平,以满足最终的设计高层。

下面层按原计划施工,下面层施工完毕后开始中面层摊铺,采用拉钢丝绳控制,控制点 b 处为分界线。两辆摊铺机同时摊铺,中面层分段施工接缝处采用玻纤格栅进行处理,以防止裂缝。中面层施工完毕后进行上面层施工,按原设计高层进行控制,摊铺完成后路表面与原计划高程一致。具体施工工艺如下。

(1)拌和

粗、细集料应分类堆放和供料,取自不同料源的集料分开堆放。如粗、细集料含泥量超过 1%,不得使用。拌和应将集料包括矿粉充分地烘干。每种规格的集料、矿粉和沥青都必须分别按要求的配合比进行配料。沥青的加热温度应在 140~160℃ 范围内,集料加热温度应在 150~170℃ 范围内,混合料的出厂温度应在 150~160℃ 范围内,改性沥青混合料的加热温度为 180~185℃,并应保证其运到施工现场的温度不低于 160℃。过热的混合料或已经碳化、起泡和含水的混合料都应放弃。拌和后的混合料必须是均匀的,集料的所有颗粒都应覆附上结合料且不得带有花白斑点、离析和结块现象,否则不得用于工程。在材料的规格和配合比发生改变时,都应根据室内试验资料进行试拌,试拌时必须抽样检查混合料的沥青含量、级配组成和有关力学性能，并报请监理工程师批准。改性沥青在油罐的储存超过10d时，应重新进行性质检测。

(2) 运输

应采用干净自卸槽斗汽车运送混合料，车槽内不得沾有有机物质。为防止尘埃污染和热量过分损失，运输车辆应备有覆盖装备，在槽四角应密封紧固。为减少粗、细集料的离析现象，每卸一斗混合料应挪动一下汽车位置。已经离析或结团不能压碎的硬壳、团块或在卸料时留于车上的混合料，以及低于规定铺筑温度或被雨淋湿的混合料都应废弃，不得用于本工程。除非运来的材料可以在白天铺完并能压实或者在铺筑现场、备有足够和可行的照明设施，当天或当班不能完成压实的混合料不行运往现场，多余的混合料不得用于本工程。

(3) 摊铺

使用自动找平沥青摊铺机(最大摊铺宽度24m)进行全宽度摊铺和刮平。下面层施工摊铺机自动找平时，采用所摊铺层的高程靠金属边桩挂钢丝所形成的参考线控制，横坡靠横坡控制器来控制，精度在±0.1%范围。摊铺时，沥青混合料必须缓慢、均匀、连续不间断地摊铺。不得随意变换速度或中途停顿。摊铺机螺旋送料器中的混合料高度保持不低于送料器高度的2/3，并保证在摊铺机全宽度断面上不发生离析。上下两层之间的横向接缝应错开50cm以上。在机械不能摊铺及整修的地方，在征得监理工程师同意后可用人工摊铺和整修。在施工安排时，当气温低于10℃时不安排沥青混合料摊铺作业。中面层施工安排两辆摊铺机同时作业，控制两个坡面设计高程进行摊铺，相邻坡面接缝处铺设玻纤格栅。上面层施工按原设计高程进行摊铺。

(4) 压实

一旦沥青混合料摊铺整平，并对不规则的表面修整后，立即对其进行全面均匀的压实。初压在混合料摊铺后较高温度下进行，沥青混合料不应低于120℃，不得产生推移、发裂。碾压时将驱动轮面向摊铺机，碾压路线及碾压方向不得突然改变，初压两遍。复压要紧接在初压后进行，沥青混合料不得低于90℃，复压遍数为4~6遍至稳定无显著轮迹为准。终压要紧接在复压后进行，沥青混合料不得低于70℃，采用轮胎压路机碾压2~4遍，并无轮迹，路面压实成型的终了温度应符合规范要求。为防止压路机碾压过程中沥青混合料黏轮现象发生，可向碾压轮洒少量水、混有极少量洗涤剂的水或其他认可的材料，对碾轮做适当保湿。

(5) 养生

沥青混凝土施工完成后，让其自然冷却，温度低于50℃后方可开放交通。

5.1.2.5 零坡段路表快速排水技术效果评测

为了验证零坡段路表快速排水技术改造效果，在施工过程中对试验段控制点高程进行及时复测。施工现场如图5.1-7所示，路面参数见表5.1-15，均满足快速排水技术改造要求。

a) 改造前路面横坡(较小)

b) 改造后路面横坡(较大)

c) 改造后路面横坡(侧视图)

d) 试验段现场图

图5.1-7 零坡段路表快速排水技术施工现场

零坡段控制点高程复测结果

表 5.1-15

桩号	旧路面			下面层顶面			中面层顶面			下面层+调平层厚度			下面层+调平层横坡(%)	中面层厚度			中面层横坡(%)
	右1.6m处(m)	右9.75m处(m)	右20.25m处(m)	右1.6m处(m)	右9.75m处(m)	右20.25m处(m)	右1.6m处(m)	右9.75m处(m)	右20.25m处(m)	右1.6m处(m)	右9.75m处(m)	右20.25m处(m)		右1.6m处(m)	右9.75m处(m)	右20.25m处(m)	
K2225+560	10.833	10.711	10.879	10.937	10.952	10.984	11.004	10.992	11.016	0.104	0.242	0.105	-0.252	0.067	0.040	0.032	-0.064
K2225+580	10.735	10.613	10.700	10.832	10.812	10.799	10.957	10.882	10.831	0.097	0.199	0.099	0.177	0.125	0.070	0.032	0.676
K2225+600	10.622	10.517	10.356	10.73	10.694	10.635	10.849	10.765	10.657	0.108	0.177	0.279	0.509	0.119	0.071	0.022	1.029
K2225+620	10.529	10.392	10.245	10.638	10.546	10.466	10.768	10.627	10.495	0.109	0.154	0.221	0.922	0.130	0.081	0.029	1.464
K2225+640	10.418	10.294	10.143	10.544	10.421	10.267	10.664	10.494	10.298	0.126	0.127	0.124	1.485	0.120	0.073	0.031	1.962
K2225+660	10.312	10.192	10.037	10.453	10.309	10.18	10.522	10.377	10.199	0.141	0.117	0.143	1.464	0.069	0.068	0.019	1.732

5.2 人文地域特色服务区建造技术

人文地域特色服务区建造技术是在可持续发展理念的指导下，通过采用一系列绿色低碳技术，尽可能地提升服务区污水处理和雨洪控制能力，减少对服务区周边生态环境的破坏，同时挖掘融合地域文化和人文特色，推动高速公路服务区向集交通、旅游、生态等服务于一体的复合型服务场所转型升级。

5.2.1 技术简介

人文地域特色服务区建造技术主要包括MABR(膜曝气生物反应器)低能耗污水处理及回用建设技术、基于SWMM模型(暴雨洪水管理模型)的服务区雨洪调控技术、主题特色服务区营造综合技术等。

5.2.1.1 MABR低能耗污水处理及回用建设技术

MABR低能耗污水处理及回用建设技术主要通过现场调研、资料收集、试验检测等手段，识别水环境敏感目标，分析污水水质特性，确定MABR污水处理能力，提出服务区污水低能耗深化处理技术方案。

5.2.1.2 基于SWMM模型的服务区雨洪调控技术

基于SWMM模型的服务区雨洪调控技术是以LID(低影响开发)为理念，采用SWMM模型构建服务区雨洪模型，研究不同LID措施对服务区径流的调控效应，从而提出更加科学的海绵服务区建设方案。

5.2.1.3 主题特色服务区营造综合技术

主题特色服务区营造综合技术是以"五化"(特色化、地域化、低碳化、海绵化、智慧化)服务区技术理念，系统优化设计方案，总结和挖掘特色服务区主题。通过建筑风格设计、主题景观小品、文化图案铺装来体现文化主题，实现建筑与人与自然的完美融合。

5.2.2 示范工程实施及效果

5.2.2.1 MABR低能耗污水处理及回用建设技术

1) MABR概述

MABR是一种污水生物处理新工艺，它利用高透氧的疏水膜进行曝气，具有极大比表面积的透氧疏水膜还可以作为载体供微生物生长。MABR 通常采用中空纤维微孔膜或无孔硅橡胶膜作为曝气膜。在曝气的过程中，空气或纯氧以溶解扩散的形式或极其微小的气泡形式进入水体，因而可以获得很高的氧利用率。

2) 低能耗膜曝气处理研究

利用 MABR 膜组件进行服务区污水的试验，见图 5.2-1。研究曝气压力和水力停留时间对 MABR 运行效果的影响，确定最优参数并考察最优参数下 MABR 的运行效果，性能参数见表 5.2-1。

膜与膜组件性能参数　　　　　　　　　　　表 5.2-1

参数	单位	数值
膜组件长度	m	0.9
中控纤维有效长度	m	1
膜丝数量	根	12
中空纤维膜外径	mm	2.3
中控纤维膜内径	mm	1.1
膜孔径	μm	0.1

图 5.2-1　MABR 膜组件

本研究所用污水来源于一般城市生活污水，其检测结果见表 5.2-2。经检测，所取生活污水的 COD（化学需氧量）、氨氮等污染物浓度与公路服务区污水相比均较低,需人为投加葡萄糖、乙酸钠和氯化铵以提高其浓度。投加葡萄糖、乙酸钠和氯化铵后的污水浓度见表5.2-3。

进水水质指标试验测试结果　　　　表5.2-2

序号	服务区	取样点	环境温度（℃）	水温（℃）	COD（mg/kg）	氨氮（mg/kg）	硝态氮（mg/kg）	总磷（mg/kg）
1	铁山（铁山至合浦方向）	隔油池出水	25	22	516	18	—	8.9
2	合浦（合浦至那丽方向）	隔油池出水	25	23	262	117.6	—	10.4
3	合浦（合浦至铁山方向）	终端进水	25	23	258	149.2	<1	9.1
4		终端排水	25	23	184	108	<1	12.15
5	那丽（合浦至那丽方向）	隔油池进水	25	23	816	210.5	—	14.25
6		隔油池出水	25	23	470	178.5	—	12.3
7	那丽（那丽至合浦方向）	污水井进水	25	23	596	189	—	13.5

低能耗膜曝气处理模拟用水(单位：mg/L)　　　　表5.2-3

COD	氨氮	总氮	总磷	SS
180~220	25~30	30~35	1~2	20~40

(1)低能耗膜曝气处理技术供氧能力测试

将溶解氧电极和膜组件放入容积为1L的容器中,再将去离子水注入容器,滴加新鲜配制的亚硫酸钠和氯化钴溶液,对溶液进行消氧。当水体中溶解氧降到0mg/L时,开启曝气泵向对水体供氧,每隔10min记录一次水体中的溶解氧变化。通过气体流量计来调节曝气压力,使膜组件在不同的曝气压力下向水中供氧。供氧能力试验分别在6kPa、12kPa和20kPa下进行,采用封闭端曝气的方式。溶解氧随时间的变化如图5.2-2所示。由图5.2-2可得,在6kPa、12kPa和20kPa的空气曝气压力下,组件的供氧能力分别为360.27mg/d、832.06mg/d和927.37mg/d,单位面积供氧能力分别为5.21g/($m^2 \cdot d$)、12.02g/($m^2 \cdot d$)和13.35g/($m^2 \cdot d$)。

(2)曝气压力对MABR运行效果的影响

为了研究曝气压力对MABR运行效果的影响,设计试验保持蠕动泵的进水流量为45mL/h，即水力停留时间为16h，通过气体流量计调节曝气压力分别为3kPa、6kPa、12kPa和20kPa。在以上四个曝气压力下分别进行试验。

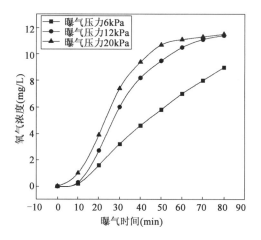

图5.2-2　不同曝气压力下膜组件的供氧能力

注：试验时温度10℃，该温度下饱和溶解氧浓度11.8mg/L

①曝气压力对溶解氧的影响

图5.2-3为不同曝气压力下MABR反应器内的溶解氧变化。

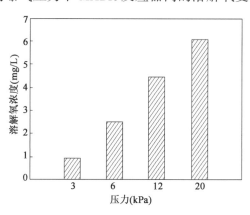

图5.2-3　曝气压力对MABR内溶解氧的影响

从图5.2-3中可以看出，MABR反应器内的溶解氧浓度随着曝气压力的增大逐渐增加，在3kPa、6kPa、12kPa和20kPa的曝气压力下溶解氧分别为0.92mg/L、2.5mg/L、4.31mg/L和6.12mg/L。

②曝气压力对COD去除效果的影响

曝气压力对COD去除效果的影响如图5.2-4所示。

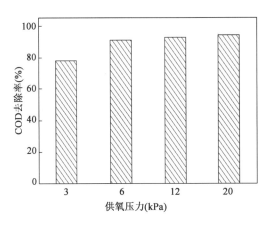

图 5.2-4　曝气压力对 COD 去除效果的影响

从图 5.2-4 中可以看出，COD 去除率随着曝气压力的增大而升高。压力为 3kPa 时去除率仅为 78.4%；压力为 6kPa 时去除率升高至 91%；压力为 12kPa 时去除率为 93.2%，此时反应器内的溶解氧为 4.5mg/L 左右；而压力升至 20kPa 时去除率不再明显增加，稳定在 94.1% 左右，此时反应器内的溶解氧为 6.1mg/L 左右。COD 去除率不再明显增长的可能原因是，压力为 12kPa 时反应器内的溶解氧已经足够降解微生物生长的 COD 或曝气压力过大导致附着在中空纤维膜上的生物膜脱落。

③曝气压力对氨氮、总氮去除效果的影响

曝气压力对氨氮、总氮去除效果的影响如图 5.2-5 所示。

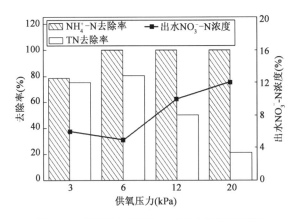

图 5.2-5　曝气压力对氨氮、总氮去除效果的影响

从图5.2-5中可以看出，在供氧压力为3kPa时，MABR中溶解氧浓度0.9mg/L，氨氮去除率仅为77.1%，而TN(总氮含量)去除率为74.3%，此时出水硝氮浓度为6mg/L左右。说明在曝气压力过低、水中溶解氧不足的情况下，氨氧化菌的活性受到了抑制，硝化反应的氨氧化阶段进行不彻底，但低溶解氧的情况提高了反硝化菌的活性，适合进行反硝化反应。在供氧压力为6kPa时氨氮去除率100%，总氮除去率达到最高值80.3%，出水硝氮浓度为5mg/L左右，此时水中溶解氧为2.5mg/L左右。说明在6kPa的供氧压力下水中溶解氧基本可供氨氧化菌生长，硝化反应进行较彻底，且反硝化菌也能具有一定活性，总氮能得到较好去除。在压力为12kPa和20kPa时，氨氮去除率保持在100%不变但总氮去除率大幅下降，在12kPa时总氮去除率为50.5%，20kPa时仅为21.7%，出水硝氮分别为10mg/L和12mg/L。说明随着曝气压力的升高，水中溶解氧足以供氨氧化菌生长，硝化反应进行彻底，但过高的溶解氧会抑制反硝化菌的活性从而抑制反硝化反应的进行，故总氮去除率低。

(3) 水力停留时间对MABR运行效果的影响

为了研究水力停留时间对MABR运行效果的影响，设计试验保持曝气压力6kPa，调节蠕动泵的进水流量分别为62.5mL/h、71.4mL/h和83.1mL/h，使水力停留时间分别为16h、14h、12h。在以上三个水力停留时间下分别进行试验。水力停留时间对各污染物去除率的影响如图5.2-6所示。

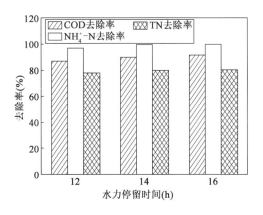

图5.2-6　水力停留时间对各污染物去除率的影响

由图5.2-6可知，COD、氨氮、总氮的去除率随着水力停留时间的缩短都略有下降。水力停留时间为12h、14h和16h时，COD去除率分别为92.7%、90.2%和

87.8%，氨氮去除率分别为100%、100%和97.3%，总氮去除率分别为81.2%、80.1%和78.4%。水力停留时间对各污染物去除负荷的影响如图5.2-7所示。

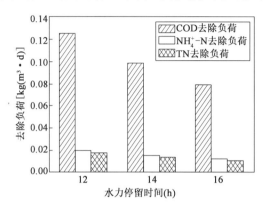

图5.2-7 水力停留时间对各污染物去除负荷的影响

由图5.2-7可知，随着水力停留时间的减少，各污染物的去除负荷均有增加。水力停留时间为16h、14h、12h时，COD去除负荷分别为$0.079kg/(m^3 \cdot d)$、$0.099kg/(m^3 \cdot d)$和$0.013kg/(m^3 \cdot d)$，氨氮去除负荷分别为$0.012kg/(m^3 \cdot d)$、$0.015kg/(m^3 \cdot d)$和$0.025kg/(m^3 \cdot d)$，总氮去除负荷分别为$0.011kg/(m^3 \cdot d)$、$0.014kg/(m^3 \cdot d)$和$0.0185kg/(m^3 \cdot d)$。说明在保证一定去除率的前提下，缩短水力停留时间可以尽可能地获得更高的去除负荷。

5.2.2.2 铁山服务区雨洪模型构建

1）服务区雨水管网概化

根据铁山服务区设计文件，结合建模需求对排水管网进行简化，构建适用于服务区雨洪模型的排水管网拓扑结构，如图5.2-8所示。服务区排水管网被划分为雨水管段62条，节点62个（J1~J62），排水口两个（O-1和O-2）。从图5.2-8中也可以看出，服务区的地势总体上中间高、四周低。研究区部分排水管网的属性参数如表5.2-4所示。

铁山服务区管网概化参数　　表5.2-4

管道名称	起始节点	终止节点	起点高程	终点高程	管长	管径
L1	J1	J2	10.09	9.94	30.00	0.4
L2	J2	J3	9.94	9.79	30.00	0.4
L3	J3	J4	9.79	9.57	24.00	0.4
L4	J4	J5	9.57	9.48	30.00	0.6

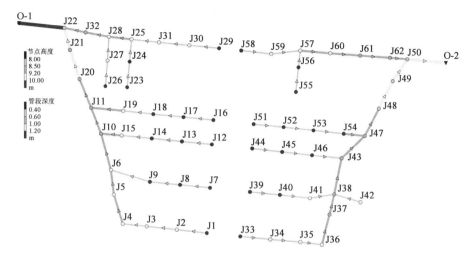

图 5.2-8 铁山服务区雨水管网

2) 子汇水区域划分

子汇水区域划分是指根据研究区域的实际汇流情况,将地表径流分配到相应的排水节点中。子汇水区划分结果对模型模拟精度有一定影响。因此,在划分子汇水区域时,应综合考虑研究区域内雨水管道走向、雨水口分布、地面高程、下垫面层类型等因素。子汇水区的划分通常有以下三种方法:

(1) 根据雨水管网走向,结合雨水口、停车场、绿化区域、建筑物及道路分布情况,人工划分子汇水区域。这种方法适用于面积较小、排水管网简单、资料丰富的研究区域。

(2) 根据排水管网的节点分布,采用 ARCGIS 软件的泰森多边形方法进行子汇水区域划分,然后再人工进行局部调整。这种方法相对简单,适用于比较大的研究区域。

(3) 先根据地形、河道及建筑物和道路分布划分出较大的子汇水区域,在此基础上采用泰森多边形法进一步精细划分子汇水区,然后再人工进行局部调整。这种方法同样适用于面积较大的研究区域,划分效果优于方法(2)。

考虑铁山服务区面积较小、设计资料相对丰富,本项目采用方法(1)进行子汇水区域划分。结合服务区排水管网走向、雨水口、停车场、绿化区域、建筑物及道路分布情况,将服务区划分为 121 个子汇水区,如图 5.2-9 所示。研究区部分子汇水区属性参数见表 5.2-5。

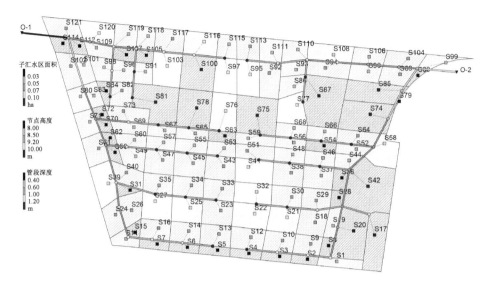

图 5.2-9 铁山服务区子汇水区域划分

铁山服务区子汇水区域基本参数　　　　表 5.2-5

子汇水区域名称	面积(m^2)	特征宽度(m)	平均坡度(%)
S1	0.039	19.807	0.841
S2	0.022	14.850	0.704
S3	0.025	15.791	0.637
S4	0.026	16.112	0.381
S5	0.026	15.974	0.088
S6	0.026	16.100	0.364
S7	0.026	16.261	0.518
S8	0.021	14.547	0.875

3）其他参数确定

除了上述的管网数据和子汇水区域属性这些基础参数之外，SWMM 模型还需要设置一些无法通过测量或者计算获得的经验参数。这类参数可通过 SWMM 模型用户手册查或者阅参考文献获取，其经验取值范围见表 5.2-6。

SWMM 模型主要经验参数　　　　表 5.2-6

参数名称	糙率系数		洼地蓄水量(m)		霍顿模型下渗参数		
	不透水区域	透水区	不透水区	透水区	最大下渗率 ($mm·h^{-1}$)	最小下渗率 ($mm·h^{-1}$)	渗透衰减常数 (h^{-1})
SWMM 手册取值范围	0.011~0.026	0.05~0.3	1.27~2.54	2.54~7.62	72.4~78.1	0~10	2~7

4)模型率定与验证

对于在建服务区,由于缺乏实测降雨径流数据,可采用基于径流系数的降雨径流模型校准方法进行模型参数率定。该方法是以径流系数作为模型参数校准的目标函数,通过对比综合径流系数和径流系数模拟值实现模型参数率定与验证。铁山服务区SWMM模型参数率定结果见表5.2-7。

SWMM 模型参数率定结果　　　　表 5.2-7

糙率系数			洼地蓄水量(mm)		霍顿模型下渗参数		
管道	透水区	不透水区	透水区	不透水区	最大下渗率 $(mm \cdot h^{-1})$	最小下渗率 $(mm \cdot h^{-1})$	渗透衰减常数 (h^{-1})
0.014	0.3	0.013	10	2	80	5	3

5)SWMM 模型中的 LID 措施

SWMM 模型 5.1 版本中提供了生物滞留池、雨水花园、绿色屋顶、渗滤沟、透水铺装、雨水桶、屋顶隔断及植草洼 8 种 LID 措施。

6)不同开发模式下模拟结果分析

(1)设计暴雨过程线

采用暴雨强度公式结合芝加哥雨型合成适用于研究区域的降雨过程线。根据 2014 年"中国城市新一代暴雨强度公式"查得北海暴雨强度计算公式,见式(5.2-1):

$$q = \frac{1298.671(1 + 0.4641\lg P)}{(t + 5.322)^{0.48}} \tag{5.2-1}$$

式中:q——平均暴雨强度[L/(s·ha)];

P——设计降雨重现期(年);

t——降雨历时(min)。

将雨强 q 转化为 i,则式(5.2-1)转化为:

$$i = \frac{7.79(1 + 0.4641\lg P)}{(t + 5.322)^{0.48}} \tag{5.2-2}$$

式中:i——历时 t 内的平均降雨强度(mm/min)。

以重现期 P 取 5 年、降雨历时 t 取 120min 为例,结合《北海市城市排水(雨水)防涝综合规划》,雨峰系数取为 0.3,图 5.2-10 绘制了降雨历时 2h 的北海暴雨强度过程线。

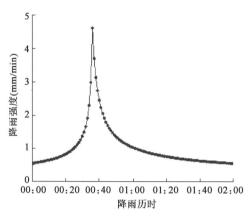

图 5.2-10　5 年一遇降雨过程线

（2）基于 SWMM 模型的传统开发模式与 LID 开发模式模拟结果分析

采用上一节中给出的 2h 暴雨数据，模拟了 5 年一遇暴雨强度下服务区在传统开发模式与 LID 开发模式下的雨洪过程，模拟结果见表 5.2-8。从表 5.2-8 中可以看出，与传统开发模式的模拟结果相比，LID 开发模式下服务区内总径流量、洪峰值流量及径流系数均有所减少，总入渗量有所增加。汇水区总径流量由 100.330mm 削减为 83.761mm，洪峰流量由 2.849m³/s 削减至 2.292m³/s，服务区的径流系数由 0.818 减小至 0.683。图 5.2-11 绘制了两种开发模式下服务区径流过程线。从图 5.2-11 中可以看出，模拟结果比较稳定，且径流过程线与降雨过程线规律相符。

模拟结果　　　　表 5.2-8

开发模式	总降雨量（mm）	总蒸发量（mm）	总入渗量（mm）	总径流量（mm）	洪峰流量（m³/s）	径流系数
传统	122.678	0	21.670	100.330	2.849	0.818
LID	122.678	0	29.086	83.761	2.292	0.683

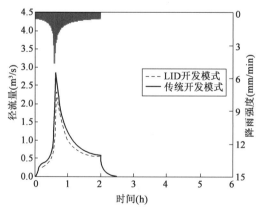

图 5.2-11　两种开发模式下服务区径流过程线的对比

5.2.2.3 主题特色服务区营造技术体系总结与提升

1）人文服务区建设理念

(1) 人文服务区建设

生态建筑学理念认为，建筑是为人使用，所以在设计中要充分考虑人的舒适性和使用的方便性。而对于服务区的建设而言，考虑的不仅是人的因素，而且还应考虑车辆行驶、供给及养护等需求。因此可以认为，服务区的使用主体更具多元性和复杂性。

(2) 人文服务区建设技术原则的确定

现阶段高速公路服务区的建设已不再是简单地停留在满足使用者的简单需求上，而是综合地运用多种方法进行全方位建设。既要坚持以人为本，充分考虑人、车及货物的需求，尊重使用者的行为，又要坚持创新的观点，以发展的眼光来创造新的经济价值，同时还要以可持续发展理念为指导，促使社会、经济与环境的可持续发展。

对此，交通运输部提出"建设人民满意交通"，这是指导当下服务区建设的重要准则。对于服务区的人性化建设技术原则，综合本研究提出的"四节一环保"向"人与自然和谐共生"理念重构，提出了服务区建设理念，构建了高速公路绿色服务区建设技术体系。具体地讲，可以归纳为如下几个方面：

①多元与整体的结合——有机整体原则

高速公路服务区作为高速公路的附属服务设施，与高速公路的关系应该是一个有机的整体。因此，服务区建设必须树立起一个整体的观念。

从外部看，服务区是高速公路的一个重要组成部分，服务区的建设应根据区域路网建设规划和交通流特性，做到服务设施规划布局与路网布局规模相结合、项目服务设施布设与单点服务设施规模相统筹，合理控制建设规模，保证服务，发挥功能，减少占地，节省投资，提高规模效益。同时，服务区所处的外部环境也是一个有机整体，服务区的建设还应考虑与周边人文、自然环境相协调，尽可能减少对周边环境的负面影响。

从内部看，服务区本身就是一个有机复合体，多元共存是影响其建设的一个复杂问题。除了服务设施的建设之外，还有与服务设施相配套的其他用地，由于各功能用地布局相互影响，服务区建设必须要统筹规划，合理组织好各功能用地之间的联系，使之成为一个有机而秩序的整体结构。

②功能与需求的统一——以人为本原则

吴良镛先生在《广义建筑学》中提出，从"建筑天地"走向"大千世界"（建筑的人文时空观），以强调建筑学的新领域不仅限于规划设计本身，而应关注涉及"人居"的诸多问题。《人居环境科学导论》中强调人与自然的协调，其主要观点即认为人居环境的核心是"人"，要"以人为本"。

继而反观整个高速公路行业，显然它是服务性行业的一种，服务是高速公路行业的本质属性，发展是手段，服务是目的。而服务区是为高速公路提供服务的基础，为高速公路使用者提供完备、一流的服务设施是提升高速公路发展质量的必由之路。因此，在服务区建设过程中，贯彻落实"以人为本"的理念显得尤其重要。

做到"以人为本"，要在周密细致地满足道路使用者的服务需求的基础之上，完善服务区的功能配置，达到功能设置的人性化。同时于整个建设过程而言，除合理完善的规划设计外，其涉及的细枝末节都应体现人性化，于建筑设计本身，应考虑无障碍设计等人性化设计。除"以人文本"之外，还应做到"以车为本"，应充分考虑车辆驾驶员的行驶习惯，充分体现服务区建设的人本理念。

③休闲与自然的共生——生态环保原则

服务区的基地环境多数情况下都设在广袤的原野之中，远离城镇，相对封闭，不同于一般的城市建筑，无可利用的外部资源，大部分须自身解决供水、供热等，要消耗较多的能源。尤其是供水问题，已经成为制约服务区运营的重要因素。服务区提供休息、餐饮、加油、机修等服务的同时，产生了大量的垃圾和排放物，对环境带来了不利的影响。目前，国家已加大环境保护和治理力度，倡导节能环保型社会，因此服务区的生态环保问题更是不容忽视。

当前服务区的生态设计内涵已大为拓展，从最初的自给自足、节能环保的自维持概念，发展到生态平衡、可持续发展的宏观生态建筑；逐步从着眼于建筑技术的改进，拓展到建筑技术性与艺术性、自然性与社会性的整体文化范畴。服务区的环保、节能设计、太阳能利用和循环水利用等必将是今后服务区设计的方向。

④严谨与灵活的结合——适度超前原则

伴随我国经济飞速发展，高速公路建设势头迅猛。在交通需求快速增长的同时，也在某种程度上显露出一些不确定性，这使得我国高速公路服务区建设越来越考虑长远计划。着眼于未来，科学合理规划，做到既不铺张浪费，又能充分发挥服务区的功能，是近年来一些大型服务区的规划原则。这些服务区建设规模适度超前，在公路通车以后，采取不完全开放的政策，即在路网规模扩展、交通量增长至一定程度后才完全开放服务区的所有功能。这对服务区的建设、管理、运营及养护维修等都有很大的益处。

钦北高速公路作为科技示范项目，对人文服务区的建设应充分考虑未来交通发展需求和复杂多变的使用要求，采取一次规划、分期开发的原则，通过科学的设计和精细的建设，保留足够的弹性发展空间，创造建筑布局形态严谨而灵活的开放型服务区。

2) 基于地域特色建筑风格再现的服务区建设

(1) 地域文化特色

地域文化特色包括人文方面的自然特色和社会特色。自然特色是当地的大好河山、宜人风光；社会特色是当地的人文景观、民间工艺等。不同地域都会有其文化特色，因其不同的自然地理、人文因素等方面的原因，所形成的文化便有所差异。

(2) 基于地域文化特色的服务区设计原理及方法

①国内服务区现状调查

在对服务区的调研过程中，现就以忽视地域文化这一特点，进行如下分析。国内一些服务区追求的是基础的功能设施，功能设施单一，只有吃饭、休息、上卫生间等这些基础设施的配置，并不能够满足一些想要缓解疲劳、放松身心的旅客需求。也有一些服务区的设计很类似，令人没有办法区分。一条高速公路上会有多个城市，会有不同的文化，但服务区的设计没有融入当地文化，在建筑外观、室内风格、路标指示等的设计非常类似，缺乏个性化的体现和地域文化的融入，缺乏创意。

②人与自然和谐共处的设计原理

我国土地资源十分丰富,设计应注重对当地的水资源、自然资源以及文物资源的保护。选址及规划设计应选取公路网沿线上的优美景致地区,把建筑置于自然景观之中。规划和建筑设计需要结合地形并因地制宜地布入其中,要顺应及融入自然景观之中,保持其完整性,减少对原生自然景观的破坏。建筑物在颜色、形式以及体量上都应当顺应自然并融入山水之中。

③科学规划的设计原理

服务区采用单向服务,应保证就餐、卫生间、加油与维修、休息等设施能够使用方便,管理快速有效。在规划调研与分析阶段,应细心勘察设计,体现设计的功能多样化,凸显自然的环境设计,创建出能够展现当地服务区的象征性建筑,并融入当地以及周边地域的人文景观,以彰显地方文化特征。

④功能多元化的设计原理

服务区的基本设施包括餐饮区、卫生间等,而多功能服务区就是要将这单一模式给予打破,以此来满足有特殊需求的旅客,并能提升该地服务区的品质。比如在历史文明遗存或者风土人情浓厚的地段,可以添加传统文物或传统艺术等传统文化,既具有教育意义,又能够促进本地服务区以及周边地区的经济发展。

(3) 基于地域文化特色的服务区建设技术体系

①自然环境蕴含着丰富的创作元素

尊重当地的自然地理要素,顺应其所在的自然环境,使得建筑能够顺应并融入自然之中。因此,对于服务区规划与设计,要对其自然条件、地理环境、气候因素等进行细致的调研,挖掘可以作为服务区设计的创作元素,进行可行性分析,将其体现于服务区的场地规划、建筑设计之中,使服务区与周围的地形地貌自然而然地融为一体,充分地体现其地域文化。

②地方民居是建筑创作的源泉

不同的地域造就了不同的建筑形式以及建筑元素,这在一定程度上也反映了当地的建筑文化,具有独特性、不可替代性。在进行服务区的建筑设计时,充分运用传统建筑的元素、颜色、技术等可以增强服务区的可识别性。古今中外有不少设计师凭借对自然的认知、思索与感悟,遵循着传统建筑留存的设计法则,顺应不同的环境而创作出具有浓郁地方特色的建筑作品。

③地方文化风俗是建筑创作的语汇

各地区在时间的长河中慢慢形成了特有且丰富多彩的民族民俗文化，因此也会产生各式各样的建筑形式以及建筑元素，为建筑师进行地域建筑的创作提供了灵感。在设计时可参考该地区的艺术创作、传统文物等，并汲取传统人文历史的精华并对其加以运用，展示于当今的服务区中。

④地方材料和技术再现地域特色

建筑，不论形式还是空间组成都是用材料来表现的，要把建筑材料作为一种传达文化、发展文化的载体。服务区设计不仅要利用传统的建筑材料，更要关注新科技的发展，创造出不断变化发展着的新型材料特色。

⑤地方建筑小品和本土产品增强了地域文化

公共设施是在一个特定空间里的被人们所使用、给予人们服务的产品，主要包括景观、休息、照明、指示等方面的设施。环境设施与建筑小品渲染了服务区的地域文化，还给人们带来了方便。本土产品是具有当地特色的产品，例如工、农业产品，也是服务区在设计时可以把握的设计元素。在服务区中展示其工、农业产品，既可以推广该产品，又能够增强服务区的地域特征，还具备一定的教育意义。

3）特色服务区的构建

为落实好"人文地域特色服务区建造技术"专项工作，切实强化科技应用和示范，在科技示范工程专项创建过程中，项目组坚持发展和生态两条底线，坚持点、线、面相结合，打造"一区一特色、一区一品牌"的服务区创建思路，重点聚焦低能耗污水处理技术示范、特色服务区建造技术具体任务。

（1）合浦服务区：人文体验型服务区

兰海高速公路合浦服务区位于广西北海合浦县境内，邻近地块为农田与水库，缺乏建设用地。设计团队实地调研后发现，合浦曾是中国古代海上丝绸之路的起点，当地出土的汉墓文物不计其数，现有合浦汉墓群、汉文化博物馆、汉闾文化园等多处汉文化景点，但皆未深度开发，北海游客少有听闻。合浦县旅游所需的并非是增添一处交通便捷的景点，而是借助高速公路的流量效应打造出自身的汉文化旅游名片。合浦服务区文化元素如图5.2-12所示。

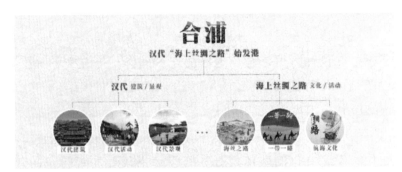

图 5.2-12　合浦服务区文化元素

由此，设计提出"导势扬名，打造人文体验型服务区"的核心发展思路，通过"一个特色服务区，一座穿越古村落"设计理念，将合浦服务区打造为"合浦汉文化名片"与"情景穿越体验地"。

①一个特色服务区

服务区建筑设计灵感源于合浦的"合"字，将"合"字与"海上丝绸之路"扬帆而起的意象相融，诞生了"天合、地合、人合"的建筑形态，同时结合斗拱等传统元素，利用现代手法将汉文化进行了重新演绎。室外环境以综合楼为视觉中心，融入隶书、纹样、斗拱、合浦文物、丝绸等，进一步凸显大汉风情。合浦服务区综合楼效果如图 5.2-13 所示，主题文化元素如图 5.2-14 所示。

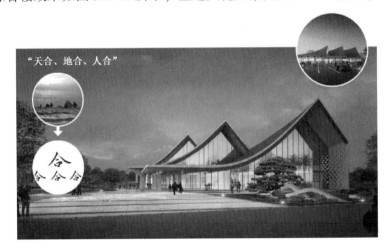

图 5.2-13　合浦服务区综合楼效果

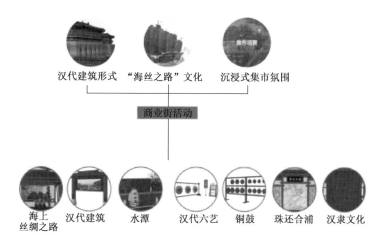

图 5.2-14　合浦服务区主题文化元素

服务区综合楼内重现汉时情景，内部装修及工作人员均仿照传统街道进行复刻，带来全新的购物体验。

②一座穿越古村落

设计选取上行服务区外围的一处村落进行改造，重新塑造为汉代古村风貌，将游客由室内引向室外。游客可由服务区直接进入古村，进村前需在制定区域换取汉代五铢钱，还可更换汉代服饰进入。进村后可体验汉代手工艺、婚俗、餐饮等多样汉代活动。

(2) 铁山服务区：娱乐度假型服务区

铁山服务区位于广西北海市境内，是兰海高速公路沿线广东茂名与广西北海间重要的门户节点。服务区位置距铁山港海面不足1km，沿海现状红树林景观尚佳，服务区周边为林地、古榕树、虾塘及渔村，周边区域并无旅游景点。

总体来看，铁山服务区旅游资源并不优越，但地理位置处于两大湾区互联互通节点之上，初步具备了实现交旅融合的经济基础。此外，由于该项目投资方对东盟产品进口具备核心优势，设计提出了"借势成景，打造购物度假型服务区"的核心思路。将周边海岸渔村纳入远期开发范围，通过"一个主题服务区，两类特色购物，三大度假片区"的设计理念，将铁山服务区打造成为"微度假旅游目的地"与"特色购物体验地"。

①一个主题服务区

在服务区的具体设计中，综合楼采用了跨线建筑形式，充分利用上下行两侧客流，增强商业氛围，同时凸显出铁山门户形象。外立面则充分融入东盟十国风情，结合当地山海元素，使铁山服务区不仅成为高速入口门户，也成为广西面向东盟发展的门户缩影。室外环境选取东盟十国元素及东南亚植物花卉为特色，一显繁花似锦的南洋风情。

②两类特色购物

因本项目投资方在东盟进口食品领域具有较强优势，且铁山服务区本身临海，因此服务区内部商业主打"东盟零食总动员"与"北海鲜生拼团仓"两类特色商品购物。依托投资方良好的社会资源整合能力带来的价格优惠、品质上乘、携带便捷的东盟零食与北海生鲜产品，铁山服务区成为远近闻名购物目的地。为增强沉浸式的购物体验，铁山服务区的内装设计采用东南亚风格，营造特色东南亚水街，通过氛围营造发掘顾客消费潜力。

③三大度假片区

度假片区是铁山服务区交旅融合的重要内容，通过对服务区红线外围现状渔村、红树林、老榕树的整体包装开发，形成足以支撑一天一夜度假行程的"微度假小镇"。小镇依然采用东南亚风格形成三大片区，分别为主打东盟十国特色美食的"山盟海食风情夜"，主打南洋风情住宿的"渔村灯火听涛眠"，以及主打海洋互动体验的"红林赶海访雷公"。三大片区又可分为"十国风情街""海鲜美食坊""南洋民宿""神树祈福""水上夜市""赶海观林"六大项目，最终成为适宜亲子游、情侣游、休闲游的特色度假产品。

在休闲度假逐步成为旅游主旋律的今天，旅游产品开发的核心要素已从景观资源转化为体验内容，这让资源并不优越的铁山服务区有机会通过对有限资源的合理搭配包装，借助天然交通优势实现旅游产业的弯道超车。

5.3 路域景观融合提升技术

路域景观融合提升技术基于地域人文特色，提出了旅游公路5大主要功能即联通功能、宣介功能、休闲功能、服务功能和应急功能；包含了主体工程、景观风貌、服务设施、安全设施、信息服务5大技术体系；建立了从宏观到微观的旅游公路规划、设计技术的系统解决方案，提出了公路交通网和旅游资源网"2网"融合、绿色-特色-景色"3色"协调和点域-线域-面域-空域"4域"共建的公路交旅融合建设技术。

5.3.1 主题型互通立交绿化

结合沿线互通立交的地形、地貌、人文特点，因地制宜进行绿化造景，充分展示本项目优良的地域景观资源，明确不同区位互通设计主题特色。场地内进行龟背形地貌营造，通过乔、灌、草层次化组团栽植，运用植物季相特色，打造疏林草地式互通景观。

5.3.1.1 互通立交绿化设计理念

1）互通景观设计原则

（1）生态和谐原则

实现环境、生态充分和谐，尊重自然，融于自然，景观绿化设计应与互通周边环境（地形、植被等）有机结合、理性布置，遵循可持续发展的设计理念。

（2）功能性原则

景观绿化设计应以驾驶安全为前提进行，确保驾乘人员的视线通透，种植设计对视线有引导作用。

（3）经济实用原则

以经济、实用为指导原则，在植物材料、景观材料选择及施工组织等方面下功夫，做到合理布局、完善功能的同时，最大程度节约资金。

（4）景观优美原则

设计注重整体感及局部造型美观，植物色彩明晰，季相突出，并与周边自然景观形成良好的视觉关系，相互融合。

（5）突出地域特色原则

景观设计要融入地方区域文化特色，突出本土的风貌特征，展现区域的独特风采，体现沿线人文历史的底蕴。根据现状条件，适时运用当地乡土植物、民族符号、文化图案等手法，使互通景观具有独特性、识别性和趣味性，促进互通景观工程品质的提升。

（6）集约节约原则

互通景观设计应突出集约节约，充分调动平衡项目主体土石方，利用弃方优化互通区地形，使地形更加自然，竖向排水更加流畅，更有利于植物生长。

2）互通景观设计步骤

互通立交景观设计的步骤如图 5.3-1 所示。

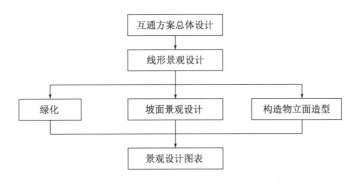

图 5.3-1 互通景观设计步骤

3）设计注意事项

在互通立交景观设计过程中，需要注意以下事项：

(1) 不影响主线高速行驶注意力。

(2) 交通汇流处通视。

(3) 自然栽种为主。

(4) 与周围环境协调。

(5) 城市出入口应与城市景观结合。

(6) 人工痕迹尽量少留。

4）植物种植设计

互通立交的绿地养护水平相对于边坡和中央隔离带要精细得多，一般情况下还可以进行土质的改造，因此对施工的标准要求较高，而放宽了植物选择的范围，可以较少考虑公路恶劣的条件，较多考虑造景的实际要求。当车辆行至立交区时，行驶速度较慢，驾乘人员可以从容地欣赏美景，也对立交区景观的精细度要求较高。

立交景观多以远观为主，比较注重群体美的效果。绿化要围绕一个设计主题，以简洁明快、美观大方的格局，体现互通立交的宏伟气魄，也给人以开阔的视野空间。作为公路上的景观节点，在植物色彩上可以寻求丰富的变化，一般多选用秋色叶植物，同时立交绿化必须满足四面的观赏效果并适应欣赏者瞬间观景的视觉要求，在空间和层次上追求丰富的变化。设计主要通过乔灌草的合理搭配，以及通过修剪形成高低错落的植物搭配来达到这一效果。匝道区域车速较慢，停留时间相对较长，视觉变化多端，是景观营造的重点区域。

(1) 匝道景观设计

在匝道两侧绿地的入口处，适当种植一些低矮的树丛、树球或三五株小乔木，增强出入口的导向性。

在匝道平曲线外侧，栽植成行的常绿小乔木起视线引导作用，间距按弯道的缓急考虑。匝道平曲线内侧栽植高度不超过1.2m的矮灌木或花丛，间接示意驾驶员减缓速度。

对于匝道边坡，无论是挖方边坡还是填方边坡，都是反映高速公路路域景观水平的重要区域。应结合具体地形，在可视区域保证最佳的通视条件下做重点美化，以地被植物为基础点缀花灌木。

匝道多级边坡平台的绿化美化基本与主线相同，建议选择与主线不同的植物品种，增强互通区的环境景观恢复效果，如图5.3-2所示。

图5.3-2 匝道两侧景观

(2) 互通立交中央景观设计

立交中央的大片绿化地段称作绿岛，即主线与匝道围合区域。此区域要全面绿化，提高单位面积内的绿量。在不影响驾驶员视线和交通安全的基础上，以常绿乔木为主，遵循"木本植物与草本植物，常绿树与落叶树，针叶树与阔叶树，乔木与灌木，观叶树与观花、观果树相结合"的原则，结合地形特点、建筑形式和人文特色，组合出错落有致的植物群落，构成"春天万紫千红，夏天绿树浓荫，秋季层林尽染，冬季松梅傲立"的自然景观。需要注意的是，乔木不可运用过多，绿篱种植得不可过高，否则会产生阴沉压抑的感觉。绿化树种尽可能选择与公路其他绿化区域相似的种类和绿化形式，同时注重立体绿化。在立交桥顶设种植池栽植藤本植物，如五叶地锦、小叶扶芳藤等，最大限度地减轻建筑在视觉中所占的分量，实现桥体与周围环境的融合。桥下视线所及的地块也应进行绿化，桥下以耐阴、耐旱的草坪或花灌木来满足桥下雨水少、湿度小、光照较差的环境。

中心绿地在景观再造时，注意构图的整体性，力求图案美观大方、简洁有序，使人印象深刻。小块绿地以疏林草地的形式群植一些标志性植物，使层次富于变化，反映地方风光的独有韵味，有时还可以人工创造水体，并利用植物模仿湿地景观，达到生态补偿的作用，若周边有水系使其内外贯通效果更佳。进行植物选择时，综合考虑环境适应性、立地条件的特殊性、经济可承受性及反映本土文化的特色性，还应以性能优良的乡土植物为主，并加强对植物的形态、色彩和绿期的重视，同时注意同一品系的植物分布不宜过分集中，以有效增强群落的抗逆性和抗多种病虫害的能力。

5）互通立交设计策略

互通立交景观设计力争使互通立交区内更加自然，与周围环境相协调，并通过对匝道围合区内场地进行微地形改造，使公路与环境产生和谐的对话关系，流露出对自然的尊重。在有大量弃方的互通立交区内，利用弃方对互通立交场地内的填方路堤进行放坡处理，消耗弃方，让区内场地更加自然和谐，利于植物的种植。

依据互通立交所处的地理位置、服务城镇性质、结合周边环境特征等决定互通立交的表现形式和植物配置，互通立交景观设计分为景观型互通立交和常规型互通立交两类。

(1) 景观型互通立交

对位于项目起点、段落节点、车流量较大、具有重要地理位置的互通立交，其展示形象的作用较为显著，并且地势以填方为主、适合景观营造的，在设计中可作为景观型互通立交。景观型互通立交在设计中兼顾背景林营造与景观树点缀，以常绿乔木为背景林，点缀组团或大的开花、色叶树种，形成季相与色彩变化。其中前景以营造通透效果的疏林草地景观为主，背景通过群植常绿树种形成背景林带效果，中景采用表现具有色相变化的特色树种，达到层峦叠嶂景色秀丽的景观效果。如此设计既便于驾乘人员领略周边的环境风貌特征，主题特色明显，又兼顾周边环境风貌的景观效果。同时考虑景观型互通立交多为枢纽或者位于城市出入口，具有形象展示的窗口作用，为尽快实现最优的景观效果，设计时树种选择规格可适当较大。

(2) 常规型互通立交

常规型互通立交内部常考虑片植栽植方式，形成与周边植被和谐统一的景观效果。互通立交分流端可以点缀大树孤植，或几棵乔木丛植方式来起到视线提示作用。如挖方较多，则要着重考虑坡顶、坡面的植被恢复。在局部开场空间可以通过色叶灌木或小乔木形成突出地域特色的象征性图案、元素等来提高互通立交的"可识别性"。

5.3.1.2 石湾互通立交设计应用研究

1) 互通立交现状

以石湾互通立交为主要实施对象，现状见图 5.3-3。石湾互通立交所在地形为平原丘陵地形，周边以农田为主，植被群落分布较散，覆盖浓密。互通立交区内部匝道圈内部分植被保留完整，地势平坦，互通立交整体立地条件良好。

图 5.3-3 互通立交现状图

2）主题定位

将石湾互通立交主题定位为"师法自然，石湾绿岛"。项目建设对于原有植被进行保护保留，尊重原生态环境，在此基础上，其景观设计从大自然的角度出发，加以效仿，模拟自然植被的布置法则，使互通立交整体达到从自然中"长出来"的效果。

3）设计理念

依据《广西高速公路生态绿化景观设计指南》，以"模仿自然"为一条主线贯穿整个区域的设计，按照现状保留植被的片状分布形式对互通立交区内各个区域进行大范围的植被恢复，同时结合地形的起伏变换来塑造地面的运动感，植物疏密结合，色彩优美。对于近主线的路侧空间，充分考虑驾乘人员的视觉体验，在迎面角度点栽高大的点景树，结合置石造景，营造景观亮点，提高景观观赏度，打造绿色品质高速公路。

4）场地设计

在有大量弃方的互通立交区内，建议利用弃方对互通立交场地内的填方路堤进行放坡处理，将路堤尽量放缓。一方面消耗弃方，另一方面避免了路堤的圬工防护，使互通立交场地内避免出现整齐的路堤，让区内场地更加自然和谐，利于植物的种植。如匝道之间的填方路堤，均可尽量放缓坡度，与原地面线顺接，取消路堤的圬工防护，使路堤绿化与互通立交场地内的绿化一起考虑，使互通立交区绿化形成一个有机的整体。

对于互通立交区内的挖方边坡，坡顶坡脚可尽量倒弧处理，避免生硬的一刀切情况。

互通立交区内排水沟和边沟的尺寸较大，成为了一道与环境不协调的视觉污染，建议针对汇水面积的大小，将水沟改为断面较大的植草碟形沟，与地形融合。对不需设置水沟的地方（如地形向路外倾斜的地段），建议取消水沟，让坡面水自然漫流。互通立交内低洼处，可结合排水设计，设计湿地水池，既形成了优美的湿地景观，还可作为互通立交内植物灌溉水源。

从总体上看，应注意减少生硬的不规则场地，在满足排水等工程要求的前提下，尽量将互通立交区内场地做得自然整洁。

5）地形塑造

地形处理措施得当，对互通立交景观设计效果有显著的提升。建议利用现有主体工程弃方对填方边坡进行放缓处理，使互通立交地形整体舒缓顺延，结合现有场地塑造微地形，更有利于突出植被层次，促进植被生长与场地排水。地形图如图5.3-4所示。

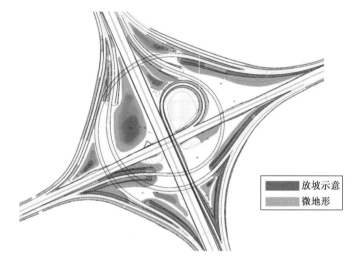

图5.3-4　互通立交地形图

6) 绿化设计

互通立交区植物设计坚持乔、灌、草、藤结合，常绿与落叶结合，乡土与外来结合，实现四季有绿、三季有花，在保证短期有景观效果的前提下，减少投入和后期养护费用。主要措施是：

①以自然式种植为主，采用自然式组团种植，以常绿乔木作为背景，台湾相思、麻楝、扁桃等作为骨架树种，整体营造欣欣向荣的绿色环境；搭配红花羊蹄甲、仪花等不同开花乔木作为特色树种，同时点缀以黄槐决明、红绒球等开花小灌木，达到丰富景观颜色层次的效果；组团周边种植大王椰，以体现滨海风情。

②植物规格大小结合。在主要观赏面，采用几株规格较大(15cm左右)、具有较高观赏价值的乔木营造孤立木或丛林景观，形成互通立交区骨架景观；以规格较小的树木配植，在保障安全视距的前提下，尽可能地多植地径3~5cm的树木。长远效果是要在互通立交成区形成森林群落景观。

③依据互通立交现状植被颜色的部分，以绿色常绿乔木为基底，搭配开花植物，丰富色彩，突出季相特点。拟选用植物品种如图5.3-5、图5.3-6所示。

图 5.3-5　互通拟选植物（一）

图 5.3-6　互通拟选植物（二）

其中，选用台湾相思、扁桃、麻楝为背景植物，搭配假苹婆、仪花、红花羊蹄甲、黄槐决明丰富植被色彩；选用小叶榄仁为视线导向树木；点植美丽异木棉、凤凰木、小叶榕为景观树。设计图及效果图如图 5.3-7～图 5.3-9 所示。

第5章 出行服务功能提升技术

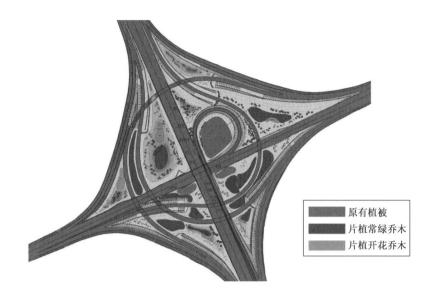

图 5.3-7 互通立交景观绿化设计图

图 5.3-8 互通立交景观意向图

图 5.3-9 互通立交景观效果意向图

5.3.2 绿化碳汇植物选用

以合浦服务区为主要实施对象，在传统绿化景观设计的基础上，以植物碳汇能力为基础，采用绿化植物碳汇能力与生态景观相结合的优化设计技术，通过应用便携式光合仪和植物冠层分析仪等设备对植物的固碳释氧能力进行数据采集和结果分析，研究成果形成了"植物固碳释氧效益与景观一体化配置技术咨询意见"，为绿化设计单位在景观绿化植物选择与配置中提供技术参考。本项目将继续加大与现场工程进度的结合，结合示范工程建设情况对钦北高速公路路域景观营造与提升提出具体意见，在此基础上编制完成《北部湾地区高速公路地域特色景观建设技术指南》。

5.3.2.1 绿化碳汇植物机理研究

1）固碳释氧原理

生态系统内部不断进行着物质循环，以此满足其各组成成分的生存需求。物质循环包括碳、氧、氮、硫、磷等构成生命有机体各要素的循环，其中碳氧循环是对生态系统影响最大的因子，因为植物在进行光合作用的过程中需要吸收 CO_2 释放 O_2，固碳释氧是同时进行的。

植物通过光合作用不断调节碳氧比例，以保持空气新鲜。植物光合作用过程需要吸收264g的CO_2和108g的H_2O,生成180g的碳水化合物和192g的O_2,这一过程释放的O_2质量与制造的碳水化合物的质量比为1:0.938,释放O_2量与固定CO_2量比例为1:0.727;植物消耗碳水化合物用以满足自身生长需求,为光合作用的反过程,消耗的O_2量和释放的CO_2量分别与光合作用过程中产生的O_2量和吸收的CO_2量相等,这便是城市植物固碳释氧基本原理。

城市生态系统中,空气中的碳氧比例还受到城市工业、人口等多种因素的影响,而碳氧比例严重影响空气质量并制约城市发展。研究城市植物与绿地的固碳释氧能力,有助于科学规划城市绿地系统,为城市居民提供良好的生活环境。

2)固碳释氧能力影响因素

碳在植物中的累积作用并不是线性的,植物固碳释氧能力受到多种因素的影响,主要包括以下几方面。

(1)植物自身因素

影响固碳释氧能力的植物自身因素主要有植物种类、株龄、叶位等。乔木、灌木、草本及藤本植物的固碳释氧能力高低不同但差异不大,而具体植物种类的固碳释氧能力差异较大。随着植物株龄的增加,其固碳释氧能力呈抛物线形状,即中龄植株固碳释氧能力最强。植物上层叶片比下层叶片固碳释氧能力强,东南方位叶片比西北方位叶片光合速率强。

(2)季节因素

太阳辐射、温度、降水及日照长短等均会影响城市植被固碳释氧量,即季节变化与植被固碳释氧量密切相关。春夏季植被固碳释氧量大于秋冬季的主要原因在于春夏季日照时间长、太阳辐射量高。此外,夏季温度较高,植物叶气孔工作效率会大幅下降,从而抑制了光合作用,这是夏季植被固碳释氧量低于春季的原因。

(3)大气污染因素

大气污染对植物的光合作用具有一定的抑制作用,其中影响最大的三种有害气体为SO_2、O_3、NO_2,它们影响植物净光合速率,从而影响植物的固碳释氧能力。试验表明,在植物耐受浓度范围内,SO_2浓度越高、熏气时间越长,植物光合速率越低,主要原因在于在SO_2气体污染下叶片气孔大幅关闭,导致植物吸收CO_2能力降低。空气中O_3浓度较高时也会抑制植物的光合速率,主要是因为

高浓度 O_3 影响碳水化合物的输出从而引起光合作用产物的累积，致使植物固碳释氧能力降低。同时，高浓度 O_3 导致叶气孔关闭也是引起光合作用降低的原因之一。在 NO_2 污染环境下，植物利用光的能力下降，最大净光合速率和表观量子效率都出现不同程度的降低，园林植物的叶绿素含量均有不同程度的降低。

(4) 绿地面积变化因素

城市绿地面积变化会引起城市碳氧比例上下波动。以黑龙江省为例，1900—2000 年，森林面积减少了 106667.570 km^2，森林覆盖率减少了 23.568%，森林年 O_2 释放量百年来减少了 5621.560 万 t，减少近三分之一。人类活动引起的森林面积减少，是导致黑龙江省森林 O_2 释放量减少的主要因素。

3) 研究方法

植物作为生态系统中的生产者，通过光合作用吸收 CO_2，释放 O_2，从而降低了环境中的 CO_2 浓度，补充了环境中 O_2 浓度，这一作用是其他生物所不能替代的，其对于城市生态系统物质能量的循环以及生态环境的改善有重要的意义。绿色植物发挥固碳释氧作用的大小，中心问题是如何发挥植物的光合效能，而植物进行光合作用的有效部位是叶片，因此，对于植物景观设计与绿化工程中植物固碳释氧能力的研究归根结底在于研究植物的光合能力和绿量大小。

植被的固碳释氧效益是生态学研究的热点之一。Nowak 等通过野外调查获取美国 10 个城市有关生物量、生长率、死亡率、枯落物比例等方面的植被覆盖数据，分析了各大城市植被吸收 CO_2 的能力；彭立华等利用 Citygreen 模型提供的植被固碳系数计算了南京绿地的固碳效益；MacFarlane 估算了密歇根州城市森林的年生产力和城市森林废木的潜在经济效益；Robinson 等通过 BIOME-BGC 模型研究了植被碳通量和城市景观受人为干扰程度之间的关系。

从适合钦北高速公路绿化树种的植物配置以及气候因子对光合作用的影响出发，综合相似气候区域主要园林绿化树种光合作用参数相关研究文献，对主要园林绿化树种的固碳释氧总量进行了计算。

4) 绿化树种固碳能力的估算方法

(1) 通过光合效率估算植物的固碳释氧能力

根据绿化树种的固碳机理，可以通过测定植物光合作用的日同化量，进而推算出植物日固定的 CO_2 量和释放的 O_2 量。一般可以使用光合作用测定仪器来测定植物的瞬时光合效率，再用当日净同化量计算公式计算树种当日净同化量。

在树木光合作用日变化曲线中，其同化量是净光合速率曲线与时间横轴围合的面积。以此为基础，树种的当日净同化量的计算公式为式(5.3-1)：

$$P = \sum_{i=1}^{j} \left[(P_{i+1} + P_i) \div 2 \times (t_{i+1} - t_i) \times 3600 \div 1000 \right] \quad (5.3-1)$$

式中：P——园林树种的日同化总量[mmol/(m^2·d)]；

P_i——指初测点的瞬时光合速率[μmol/(m^2·s)]；

P_{i+1}——下一测点的瞬时光合速率[μmol/(m^2·s)]；

t_i——初测点的瞬时时间(h)；

t_{i+1}——下一测定点的时间(h)；

j——测试次数；

3600——每小时为3600s；

1000——1mmol为1000μmol。

通过计算出的园林树种日同化总量P，测定其日固定CO_2的量W_{CO_2}和日释放的O_2量W_{O_2}为：

$$W_{CO_2} = P \cdot \frac{44}{1000} \quad W_{O_2} = P \cdot \frac{32}{1000} \quad (5.3-2)$$

式中：44——CO_2的摩尔质量(g/mol)，为单位地面面积上的叶片固定CO_2的质量[g/(m^2·d)]；

32——O_2的摩尔质量(g/mol)；

W_{O_2}——单位地面面积上的叶片固定O_2的质量[g/(m^2·d)]。

通过测定的树种光合效率来估算其固碳释氧量的方法适用于每年的6～8月份，是测定单株植物固碳释氧量的方法。6～8月园林树种的生长旺盛，估算出来的日固碳释氧量一般为其一年之中的峰值。

(2) 通过叶面积指数估算园林树种的固碳能力

以单株树木叶面积指数为基础，推导出形态特征指标为自变量的城市园林树木生态效益推算模型公式。方程的一般形式为：

$$Y = ab \quad (5.3-3)$$

$$b = \pi c d^2 / 4 \quad (5.3-4)$$

式中：Y——单株植物的日固碳释氧值(g)；

a——单位叶面积日固碳释氧值(g/m^2)；

b——植物总的叶表面积(m^2);

c——叶面积指数;

d——冠幅(m)。

将式(5.3-4)代入式(5.3-3),得到:

$$Y = \pi a c d^2 / 4 \tag{5.3-5}$$

从式(5.3-5)中可以看出,随着叶面积指数 c 的增大,在冠幅一定的情况下,树木的固碳能力也在增加。

通过叶面积指数估算园林树种固碳量得出的数据仍是单株树种的日固碳量。

(3)通过生物量估算植物固碳能力

方精云等使用我国森林资源清查资料和生物量实测资料,总结提出了生物量换算因子法,建立生物量与蓄积量的关系。林分生物量与木材材积比值(BEF)不是不变的。进一步的研究表明,可以将林分材积 x 作为换算因子的函数,来表示 BEF 的连续变化。方精云等利用幂指数函数来表述 BEF 与林分材积 x 的关系,见式(5.3-6):

$$BEF = ax + b \tag{5.3-6}$$

当材积 x 很大时,BEF 趋向恒定值 a;当材积 x 很小时,BEF 很大。此结论符合树木的相关生长理论。该公式使得区域森林生物量的计算得以简化。由此,生物量与蓄积量可表示为简单线性关系,见式(5-3-7):

$$B = a + bV \tag{5.3-7}$$

式中:a——树干木材生物量与林木总生物量的比值,为常数;

b——地上部分或地下部分生物量占林木总生物量的百分数,为常数;

B——生物量;

V——蓄积量。

此方法以通过建立生物量与蓄积量之间的关系为基础,来对植物的碳储量进行估算。一般来说,蓄积量大的植物,其固碳量也大,反之固碳量则小。

(4)通过生产力计算植物的固碳能力

国家林业行业标准《森林生态系统服务功能评估规范》(LY/T 1721—2008)中提供的植被固碳公式为:

$$G_{植物固碳} = 1.63 R_{碳} A B_{年} \tag{5.3-8}$$

式中：$G_{植物固碳}$——植被年固碳量(t/年)；

$R_{碳}$——CO_2中碳的含量，为27.27%；

A——林分面积(hm^2)；

$B_{年}$——林分单位净生产力[t/($hm^2 \cdot$年)]。

此方法是对森林群落一年的固碳量进行估算。从式(5.3-8)中可以看出，林分的单位净生产力越高，群落的固碳量越大。

5.3.2.2 基于固碳释氧能力的公路服务区绿化植物选择

1) 常见绿化树种光合特性及固碳释氧能力分析

(1) 材料与方法

净光合速率可用光合测定仪测定，选取每个月中旬连续三天的晴天进行测定，每隔一个月测定一次。在每株观测树东南西北各个方位选择光照条件相同的叶片，分别测定其光合速率、蒸腾速率、气孔导度的日变化情况。每个叶片应记录稳定的观测值，将观测值数据导入计算机后，按照测定的时间段对数据进行集合平均，用于软件分析。

叶面积指数为植物的叶面积总和与植株所覆盖的土地面积总和之比。研究绿化植物的生态效益，植物的叶面积指数非常重要。叶面积指数测定于每个月中旬的连续三天早上，运用植物冠层分析仪，在植物的各个不同方向各取一对观测值，再运用观测分析仪的配套分析软件对采集的数据进行分析，计算叶面积指数，每个树种重复三次取其平均值。

选取长势良好、无病虫害的常见乔灌木绿化树种作为试验材料，采用美国Li-Cor公司制造的Li-6400便携式光合仪(图5.3-10)，每天在8:00~18:00期间每隔2h对所选树种的净光合速率进行测定，现场见图5.3-11。每树种选三株，每株选三片中部外围功能叶进行测定，计算三次测定后的平均值。

根据各树种的净光合速率日变化曲线图，使用式(5.3-1)计算各种植物在测定当日的净同化量。

一般植物夜间的暗呼吸消耗量按照白天同化量的20%计算，因此，结合式(5.3-2)，单位叶面积净日固碳量的计算公式见式(5.3-9)：

$$W_{CO_2} = P \cdot (1-0.2) \cdot \left(\frac{44}{1000}\right) \quad (5.3\text{-}9)$$

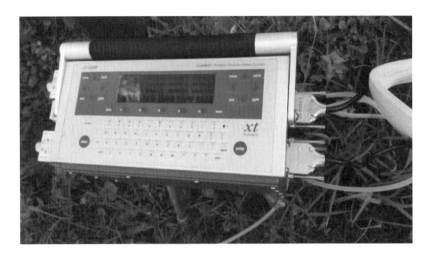

图 5.3-10　Li-6400 便携式光合仪

图 5.3-11　光合作用测定

再结合式(5.3-3)，则可计算出该测定日植物释放 O_2 的量，如式(5.3-10)所示：

$$W_{O_2} = P \cdot (1 - 0.2) \cdot \left(\frac{32}{1000}\right) \quad (5.3\text{-}10)$$

(2)结果与分析

各树种固碳释氧量的值从大到小排列见表 5.3-1。植物的光合作用是植物与外界环境进行能量转化的过程，在此过程中植物将大气中的 CO_2 固定在体内并释放出 O_2。净固碳量越高说明此种植物与外界交换的 CO_2 和 O_2 量越多，固定在体内的有机质含量就越高。本研究所选树种中，固碳释氧能力最强的是鸡蛋花，最弱的中国无忧树，其余的排序为细叶榄仁＞人面子＞花叶艳山姜＞美丽异木棉＞小叶榕＞三角梅＞大红花＞鸡冠刺桐＞樟树＞穗花棋盘角＞荔枝＞大花紫薇＞秋茄＞水翁＞香樟＞红花羊蹄甲＞九里香＞红花荷＞散尾葵＞印度紫檀＞柳叶垂榕＞蓝花楹＞龙船花＞杜鹃红山茶＞黄花风铃木＞腊肠树＞白骨壤＞仪花＞桐花树＞深山含笑＞假苹婆＞广宁红山茶＞水瓜栗＞南洋樱花＞火焰木＞木榄＞鹅掌柴＞栾树＞红海榄＞木棉＞中国无忧树。

设计中可根据场地特点，选择表 5.3-1 中固碳释氧能力强的绿化植物品种。

植物固碳释氧能力分析排序 表 5.3-1

树种	拉丁名	日同化总量 ($mmol/m^2$)	净日固碳量 [$g/(m^2·d)$]	日释氧量 [$g/(m^2·d)$]
鸡蛋花	*Plumeria rubra 'Acutifolia'*	662.40	23.32	16.96
细叶榄仁	*Terminalia amtay*	621.00	21.86	15.90
人面子	*Dracontomelon duperreanum Pierre*	604.80	21.29	15.48
花叶艳山姜	*Alpinia zerumbet*	558.00	19.64	14.28
美丽异木棉	*Ceiba speciosa St. Hih*	486.00	17.11	12.44
小叶榕	*Ficus concinna (Miq.) Miq.*	412.20	14.51	10.55
三角梅	*Bougainvillea spectabilis Willd.*	410.40	14.45	10.51
大红花	*Hibiscus rosa-sinensis Linn.*	403.20	14.19	10.32
鸡冠刺桐	*Erythrina crista-galli Linn.*	403.20	14.19	10.32
樟树	*Cinnamomum camphora (L.) Presl.*	381.60	13.43	9.77
穗花棋盘角	*Barringtonia racemosa (L.) BL. ex Do.*	361.80	12.74	9.26
荔枝	*Litchi chinensis Sonn.*	358.20	12.61	9.17
大花紫薇	*Lagerstroemia speciosa (L.) Pers.*	354.96	12.49	9.09
秋茄	*Kandelia candel (Linn.) Druce*	353.52	12.44	9.05
水翁	*Cleistocalyx operculatus (Roxb.) Merr.*	349.20	12.29	8.94
香樟	*Cinnamomum camphora (L.) Presl.*	334.08	11.76	8.55
红花羊蹄甲	*Bauhinia blakeana Dunn*	332.64	11.71	8.52

续上表

树种	拉丁名	日同化总量（mmol/m²）	净日固碳量[g/(m²·d)]	日释氧量[g/(m²·d)]
九里香	Murraya exotica L.	327.60	11.53	8.39
红花荷	Rhodoleia championii Hook. f.	327.24	11.52	8.38
散尾葵	Chrysalidocarpus lutescens	309.60	10.90	7.93
印度紫檀	Pterocarpus indicus Willd.	309.60	10.90	7.93
柳叶垂榕	Ficus benjamina	306.00	10.77	7.83
蓝花楹	Jacaranda mimosifolia	302.40	10.64	7.74
龙船花	Ixora chinensis Lam.	291.60	10.26	7.46
杜鹃红山茶	Camellia azalea Wei	278.64	9.81	7.13
黄花风铃木	Tabebuia chrysantha	268.92	9.47	6.88
腊肠树	Cassia fistula	266.04	9.36	6.81
白骨壤	Clerodendrum inerme	255.60	9.00	6.54
仪花	Lysidice rhodostegia Hance	239.40	8.43	6.13
桐花树	Aegiceras corniculatum（L）Blanco	232.20	8.17	5.94
深山含笑	Michelia maudiaeDunn	232.20	8.17	5.94
假苹婆	Sterculia lanceolata Cav.	226.80	7.98	5.81
红山茶	Camellia semiserrata Chun et Chi	215.64	7.59	5.52
水瓜栗	Pachiraaquatica Aubl.	208.80	7.35	4.35
南洋樱花	Jatropha integerrima Jacq.	201.60	7.10	5.16
火焰木	Spathodea campanulata Beauv.	190.44	6.70	4.88
木榄	Bruguiera gymnorrhiza（L.）Poir.	184.68	6.50	4.73
鹅掌柴	Schefflera octophylla（Lour.）Harms	181.08	6.37	4.64
栾树	Koelreuteria paniculata Laxm.	176.40	6.21	4.52
红海榄	Rhizophora stylosa	176.04	6.20	4.51
木棉	Bombax ceiba Linn.	165.24	5.82	4.23
中国无忧树	Saraca dives Pierre	122.40	4.31	3.13

2) 低碳生态景观营造基本原则

(1) 低碳性原则

在景观绿化建设施工的过程中，不可避免地要排放碳。因此，为了减少碳排放，在施工时，保证地点选择合理，对于一些不必要的机械尽量不要操作，相关人员要对地形进行综合分析，做到因地制宜，保证施工顺利进行，同时还要保护好植被，加强对项目的评估，使其符合低碳的要求。

(2) 环保性原则

在建设低碳生态景观时，选材作为园林施工中重要的基础环节，材料采购人员要尽量选取既优质又环保的材料，严格控制材料的成本；最好不要用木材，尽量使用新型材料代替，做到对自然环境的保护。

(3) 经济性原则

在工程施工中，选材要保持经济性，而在工程完工后，也要严格控制后期维修和养护的费用。比如：对于植物的修剪，在施工时，可以尽量种植不需要进行修剪或者是生长比较缓慢的植物，降低人力消耗和财力消耗，保证既实用又美观，服务区、互通区等面状工程建设时，要尽量保持原有的生态系统，确保植物的多样性。

3) 基于固碳释氧能力的公路服务区绿化植物选择建议

(1) 树种

相关研究成果表明，植物固碳释氧能力与本身物种结构有关，同时，与植物绿量也密切相关。阔叶乔木的单株叶面积大，因此在公路及服务区绿化时，多用阔叶乔木树种搭配灌木树种，会有较强的固碳释氧功效。乔、灌草、复层搭配的形式可以追求最大程度的景观变化并发挥最大的生态效益，是把生态和景观完美结合的最好形式。因此，在不影响安全的前提下，高速公路服务区应通过配植多种季相变化丰富的绿化植物，形成乔、灌、藤、草相结合的丰富多彩的复层植物群落景观。

(2) 叶片质地

植物叶片的质地总体上可分为"革质"和"纸质"两种。革质的叶子较硬，角质层或蜡质层较厚，叶片挺括，如鸡蛋花、小叶榕、荔枝的叶子。纸质的叶子角质层或蜡质层较薄，叶片较薄、软，如细叶榄仁的叶片。

叶的质地不同，产生不同的质感，观赏效果也就不同。革质的叶片，具有较强的反光能力，由于叶片较厚，颜色较浓暗，故有光影闪烁的效果；纸质、膜质叶片，常呈半透明状，给人以恬静之感，至于粗糙多毛的叶片，则多富于趣味。"革质"叶片的固碳释氧能力也相对较强。在高速公路绿化树种中的选择中，多选择革质叶片，能发挥较强的固碳释氧效应。

(3) 苗木规格

树种固碳释氧能力与单株植物的叶面积有较大关系。因此，选择移栽树种，且树种有较大的单株叶面积，能够最大程度地发挥绿色植被在高速公路中的固碳释氧作用。服务区建设中，可将前期保留下来的一些大树移栽于服务区中合适的位置，既美化了环境、净化了空气，又保护了天然资源。

(4) 生物多样性

生物多样性是指一个区域内生命形态的丰富程度，是生命在其形成和发展过程中跟多种环境要素相互作用的结果，是生态系统不断演化的结果。因此，生物多样性常作为评价一个生态系统健康程度的重要指标，生物多样性越高，生态系统抵御外界干扰的能力越强；各个种类对已分化的生态位占据得越充分，系统对资源的利用率越高，各物种间的营养关系越多样化，营养水平间的能量流动越趋于稳定；系统内各个物种所有个体间的距离增大得越多，越不利于病虫害的传播和扩散。

生物多样性不仅意味着植物种类的丰富度，还要注意生物种群在个体数量上的均衡分布。因此，在服务区绿化树种选择中，要注重不同层次结构的植物种类和数量的配置，使各物种能在稳定的环境中协同进化，发展成一个接近原生生态系统的自然生物防护体系。

5.4 基于安全提升的新一代交安设施应用技术

5.4.1 高强复合隔离栅立柱应用技术

5.4.1.1 技术简介

高强复合隔离栅立柱由玻璃纤维新型材料制成，玻璃纤维新型材料是以氯氧镁水泥、耐碱玻璃纤维、水为主要原材料组成的一种具有优良物理力学性能的新型复合材料。相比于传统的钢材质和水泥混凝土材质的隔离栅立柱，复合隔离栅立柱重量轻、强度高、环保节能、价格低廉、耐久性好、防偷盗，且安装重组和运输方便。

5.4.1.2 示范工程实施及效果

1）示范路段

推广应用的隔离栅立柱为绿色，外皮包裹厚度≥2mm，涂层厚度≥0.25mm，边框焊接网隔离栅使用尺寸为 60cm×70cm×2204cm 的立柱，刺钢丝隔离栅使用 60cm×70cm×1800cm 的立柱。本项目主要用于公路隔离与防护。

2）施工工艺

高强复合隔离栅立柱的施工工艺主要包括材料入场、测量放样、基础开挖、现场浇筑、养生维护、斜撑埋设、挂网固定、质量检验等主要步骤，如图 5.4-1 所示。

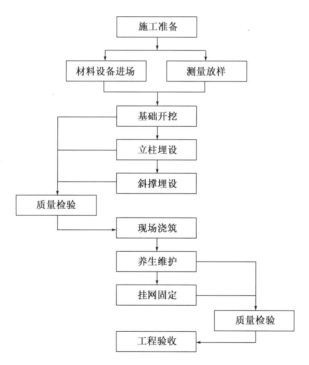

图 5.4-1 GRC 复合隔离栅立柱施工流程

（1）施工准备

隔离设施的安装施工一般宜在路基施工完成以后，在不影响工程施工的情况下尽早开始。根据工程特点及现场环境制定隔离栅的设计及施工方案，并进行施工准备工作。

（2）材料设备进场

①隔离栅构件：高强复合隔离栅立柱进场后，选择地势平坦的空地按照横一层竖一层的交叉形式整齐排列摆放，以防止由于随意摆放造成材料变形，影响施工质量。隔离栅网片、斜撑、连接件等其他构件也应存放在防雨、防潮、避光、无腐蚀的环境中，不与高温热源或明火接触。

②水泥、砂、石料：当采用现浇混凝土作为隔离栅的基础时，可以选用当地生产的水泥和集料，并按照工程管理要求及相关行业规范分类存放，防止水泥淋雨受潮，功能失效。

（3）现场安装

①测量放样：根据设计图纸的要求，结合施工现场的地形、地物的实际情况，找出公路界碑划定施工区域，确定隔离栅中心线、隔离栅立柱以及斜撑安装的具体位置，并用白灰沿着线绳画出隔离栅纵向线形，按照图纸要求画出立柱和斜撑的精确点位，每个柱位均应按设计要求确定高程，并与公路界地形相协调。随后将选定的施工现场进行适当清理，将立柱中心线上及内外侧各30~50cm范围内的较大石块、树木等清除，以利于隔离栅的安装施工。

②基础开挖：隔离栅基础应在立柱及斜撑的标定安装位置挖出坑基，隔离栅在起始、结尾及转弯处的基础可适当增大或加深。在地形平缓处，基坑的开挖深度基本以混凝土基础的设计高度为准，而在地形起伏较大处，特别是变坡点附近，则应视具体情况而定。

③立柱及斜撑埋设：隔离栅立柱及斜撑应按设计图纸分段进行埋设，隔离栅立柱、斜撑的埋设深度一般为300mm，埋设深度可根据基础情况自行调整。隔离栅立柱应以百米为单位先浇筑安装两边及中点的立柱作为定位柱优先安装。当放入隔离栅立柱及斜撑后，应用临时支撑固定立柱及斜撑，并检查其垂直度。此外，隔离栅基础坑底可垫混凝土，用以调节隔离栅的立柱高程。定位桩安装完毕后应用两根弹性较小的细棉线，分别固定在两端立柱最下面和最上面的挂钩上并拉绷紧，其余隔离栅立柱统一按照固定位置、按刻度浇筑。隔离栅立柱及斜撑埋设后，隔离栅立柱的纵向线形应做到直线段平直顺畅、曲线段顺滑圆润，隔离栅立柱顶面连线应基本平齐圆顺，不得有忽高忽低的现象。隔离设施的构造应考虑其在风力作用下的横向稳定性，隔离栅立柱及斜撑不应在施工安

装的张紧受拉过程中弯斜，也不应在使用过程中倾倒或偏离中心线。

④混凝土浇筑：隔离栅立柱及斜撑的埋置深度、地面高度、垂直度检查无误后，可采用搅拌设备，按照设计文件的混凝土施工配合比现场浇筑混凝土。混凝土浇筑时，按每25cm的深度分层浇筑混凝土，并用铁棍、镐把等工具将混凝土捣动夯实，条件允许的情况下可采用振动棒振动压实。浇筑后用规范的坑模进行修整，使其形状规范整齐，并捣出灰浆，用抹子抹平成形。

⑤养生维护：隔离栅立柱及斜撑的基础浇筑完成后要有至少21d的养生时间；如果时间紧张也需要在混凝土强度达到70%以上后，才能够进行隔离网的安装。混凝土养生期间应安排专人看护，负责用杂草、草帘遮盖基础，防止太阳暴晒，同时保护施工现场，防止人为破坏隔离栅立柱。

⑥挂网固定：高强复合隔离栅立柱及斜撑安装结束且基础达到强度后，应尽快安装隔离网，完成高强复合隔离栅整体的安装作业，实现安全隔离的目的。隔离网的安装应严格按照图纸要求分段进行施工。

3）实施效果

本产品强度高、韧性好、耐高低温、耐酸碱、美观实用、经久耐用，社会反映良好，如图5.4-2所示。

图5.4-2　高强复合隔离栅立柱

5.4.2　新型抗冲击旋转式交通防撞护栏应用技术

新型抗冲击旋转式交通防撞护栏应用技术研究是利用废旧橡塑材料作为弹性转子，针对路侧高危路段研发的新型防撞护栏，体现了绿色、环保、安全的理念。

5.4.2.1 技术简介

新型抗冲击旋转式防撞护栏转子材料在设计中秉承"以塑代钢、以柔克刚"的全新理念,针对传统公路护栏在安全性方面的缺陷而设计。此种结构不但具有防撞功能,更重要的是具有导正功能,即能阻止偏离正常行驶方向撞上护栏的汽车冲出护栏,并引导其回到正常的行驶车道上。其安全性能优于现有公路弧形钢波护栏,对驾乘人员的保护比传统护栏更好。新型抗冲击旋转式交通防撞护栏能提高道路被动防护体系的安全保障能力,有效降低事故严重程度,减少或避免生命和财产损失,美化公路环境,社会、经济效益明显。

5.4.2.2 示范工程实施及效果

1) 示范路段

抗冲击旋转式防撞护栏开创性使用大尺寸旋转桶作为失控车辆与护栏的接触介质。旋转桶的材料为具有弹性特征的 EVA(乙烯-醋酸乙烯共聚物) 和聚乙烯共混物,可减缓失控车辆的横向冲击过程;而且,旋转桶在一定冲击下可绕立柱旋转,带动失控车辆导向恢复到正确的行驶方向。

2) 施工工艺

抗冲击旋转式防撞护栏的旋转桶采用高分子 EVA 和聚乙烯合成,颜色为警示黄,表面设有反光膜粘贴槽,槽内粘贴Ⅳ类反光膜。主要施工流程见图 5.4-3。

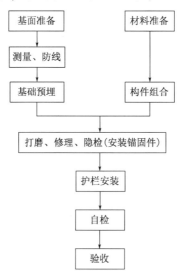

图 5.4-3 新型抗冲击旋转式防护栏施工流程

(1)场地要求

路面清洁、平整,无洒落物及杂物。做好施工交通组织、警示与安全防护工作。

(2)施工机械要求

必须配备齐全满足施工要求的施工机械和配件,做好设备保养、调试运转工作,保证在施工期间一般不发生有碍施工进度和质量的故障。每个施工点必须配备货车、打桩机等施工机械。

(3)现场安装

①测量放样:在开始安装抗冲击旋转式防撞护栏前应对施工现场进行实地考察,根据抗冲击旋转式防撞护栏的防撞机理及布设要求在施工现场准确地找到其设置位置。再按照抗冲击旋转式防撞护栏的标准节距进行准确定位放样。

②立柱安装:在预定安装护栏的石灰线上垂直路面立置两根刚性高度标志杆,在设计高度横拉一根细直线(或用激光高度尺在此高度上照射一条水平直线),在预定标注位置将立柱垂直打下。

③下护栏安装:根据护栏结构,安装之前需先沿护栏U形槽将半圆头腰颈螺栓与方形垫扣放入,再安装固定其他螺栓。

④抱箍圈安装:在下护栏安装固定时,用螺栓将抱箍圈固定于每个立柱上。

⑤回旋圈安装:两根下护栏安装完成后,每根立柱先后套上两片回旋圈。

⑥旋转桶安装:每根立柱套上一个旋转桶,用手拨动感到无明显阻碍即可。

⑦上护栏安装:上护栏安装与下护栏安装相似,安装之前也需先沿护栏U形槽将螺栓与方形垫扣放入,抬起护栏,将护栏上所有螺栓插入立柱顶孔之后再用螺母拧紧固定。

⑧抱箍圈安装:在上护栏安装固定时,用螺栓将抱箍圈固定于每个立柱上。

⑨护栏之间的连接:护栏之间采用连接架连接。一段护栏安装完成后应首先将连接架插入该护栏一端,并且用螺栓将其简单固定,以方便下一段护栏的拼接。

⑩护栏与端头的连接:将端头套入护栏,用螺栓将其固定即可。

⑪端盖:在完成上述步骤且所有的紧固件拧紧后,将端盖放在立柱上并用木榔头敲紧。

3）实施效果

新型抗冲击旋转式防撞护栏可减缓失控车辆的横向冲击过程，而且旋转桶在一定冲击下可绕立柱旋转，带动失控车辆导向回至正确的行驶方向，应用效果良好。现场实施效果如图 5.4-4 所示。

图 5.4-4　新型抗冲击旋转式防撞栏

5.4.3　面板显示主动发光交通标志

5.4.3.1　技术简介

面板显示主动发光交通标志将光源布置于标志体内，光源向标志面板背面定向投射光，透过面板显示标志信息内容的主动发光标志，可解决逆反射式和照明式道路交通标志的不足等问题。

5.4.3.2　示范工程实施及效果

1）设计要点

（1）遵循规范

现行《道路交通标志和标线　第 2 部分：道路交通标志》（GB 5768.2）、《道路交通反光膜》（GB/T 18833）、《城市道路主动发光交通标志设置指南》（GA/T 1548）、《面板显示主动发光交通标志》（T/CSIA 001）。

（2）设计说明文件

执行以下工艺质量要求，并满足以下条件：

①面板显示主动发光标志执行现行《面板显示主动发光交通标志》（T/CSIA 001）技术要求。提供由国家级交通安全设施或产品检测检验机构出具的型式检测合格报告（也可抽样检测合格报告），优先选择获得交通产品认证证书的产品。

②运行管理软件、云平台软件、调光程序软件等均应取得省级软件产品检测中心的合格检测报告。

③标志版面及其设置形式应符合现行《城市道路主动发光交通标志设置指南》(GA/T 1548)相关要求。

④发光标志四周封装采用铝合金型材或是金属板材折边成型。采用铝合金型材抱边时箱体厚度≤35mm(不含支撑件);金属板折边成型时箱体厚度≤40mm(不含支撑件)。

⑤标志发光部分的底板采用透明板镶嵌式工艺,发光显示均匀无阴影,文字图形显示边界轮廓清晰。

⑥透明板技术参数:拉伸屈服强度≥60MPa,邵式硬度≥80D,透光度≥80%,热变形温度(1.8MPa)≥135℃。

⑦在不破坏标志板表面逆反射材料的情况下,采用LED混光型光源板。光源板布设于标志箱体,光源向标志逆反射材料背面定向投射,显示高清晰信息内容。

⑧混光型光源板技术要求:采用树脂材质线路板,贴片式LED间距28mm×28mm布珠。在标志版面面积范围内满铺标准光源板,余量空间可采用小规格光源板拼接。标志面板相同发光颜色的照度差值≤120lx/m^2。

⑨贴片式LED技术要求:规格为3.5mm×2.8mm。极限指标值:功耗200mW,正向电流20mA,正向峰值电流60mA,反向电压5V,光通量8.0~9.0lm,发光指向角120°。

⑩标志表面文字图形采用高透光型微棱镜反光膜,白色透光率≥25%,透光均匀性1.2∶1~1.3∶1,24V电压时的标志表面白色反光膜表面照度≥1000lx。

⑪标志信息透光显示的亮度指标:白色≥300cd/m^2,黄色≥150cd/m^2,红色≥45cd/m^2,绿色≥45cd/m^2,蓝色≥30cd/m^2,棕色≥22cd/m^2。

⑫标志蓝色与白色(绿色与白色)部分平均亮度对比度介于1∶18~1∶5之间。

⑬光控程序:自动感光控制采用太阳能电路压降分析式控制模块,控制单元能根据标志周围面光照强度,自动开启/关闭标志发光单元。光控程序所需太阳能板置于控制箱侧面或背面。当标志环境表面照度≤100lx时,自动开启发光

单元；当标志环境表面照度＞100lx时，自动关闭发光单元。

⑭调光程序：标志发光单元能根据昼夜光线强度自动调节发光亮度，保持相对均衡的发光对比度。

⑮正常夜间有效动态视认距离≥210m，静态视认距离≥250m。

⑯供电：接入电网供电时，输入电压220V，输出电压24V，采用宽压电源；采用太阳能供电时，输入电压24V，输出电压24V，配置蓄电池的满载状态下发光工作时间不小于120h。

⑰标志应具备防雷、防触漏电保护装置，接线电缆无裸露，制造商标识清晰。

⑱标志整体重量≤(22±3)kg/m²，设计使用寿命7~10年，免费维护期2年。

⑲标志环境温度适用等级：B级，-40~+50℃(A级，-20~+55℃；C级，-55~+45℃)。

⑳可以选择配置智能物联网终端模块。若配置物联网卡，应能接入道路交通安全设施运行管理系统。

㉑防护等级不低于IP55。

2）实施效果

本产品有效解决了逆光反射的问题，应用效果良好。示意图如图5.4-5所示。

图5.4-5　面板显示主动发光交通标志示意图

5.5 技术小结

基于提升广西钦北高速公路改扩建工程服务功能，为公众提供优质出行体验的需求，通过对全厚式透水路面与零坡段路表快速排水技术、人文地域特色服务区建造技术、路域景观融合提升技术、基于安全提升的新一代交安设施应用技术等课题开展创新攻关和推广技术研究，取得了如下几方面的创新研究成果：

(1) 开展了全厚式透水路面与零坡段路表快速排水技术推广应用，提出了透水水泥混凝土基层＋透水沥青混凝土面层组合路面结构，实现了道路排水畅通，避免积水。开展了零坡段路表快速排水技术推广应用，通过调整设计高程增加道路的横向坡度，增强了横坡较小路段排水能力，实现了零坡路段持续排水。

(2) 开展了人文地域特色服务区建造技术推广应用，以可持续发展理念为指导，通过采用一系列绿色低碳技术，推动了高速公路服务区向集交通、旅游、生态等服务一体的复合型服务场所转型升级。

(3) 开展了路域景观融合提升技术研究，提出了主题型互通式立交绿化技术和绿化碳汇植物选用技术，把海洋景观、壮乡人文、地域风情、红树林生态资源等融入公路建设中去，显著提升了钦北美丽高速公路建造水平。

(4) 开展了基于安全提升的新一代交安设施应用技术推广应用，主要应用了高强复合隔离栅立柱、新型抗冲击旋转式防撞护栏和面板显示主动发光交通标志，显著提升了交通安全运行水平。

第6章 成果与经验总结

2021年4月,"广西滨海地区高速公路低影响高品质改扩建科技示范工程"通过交通运输部组织的专家评审和现场考察,获得立项批复,实施期限为2021年4月至2023年12月。

为将钦北高速公路改扩建工程打造成"低影响、高品质改扩建"的交通科技推广示范工程,在交通运输部、广西壮族自治区交通运输厅的组织和精心谋划下,广西北部湾投资集团有限公司发挥主体作用,在交通运输部公路科学研究院、广西交科集团有限公司的全力配合下,通过与设计、施工、监理等参建单位的精诚协作、通力配合,在改扩建工程安全快速施工、废旧材料循环利用、工程品质及服务功能提升等方面取得了丰硕的成果,为科技示范工程的完美收官保驾护航。

6.1 科技示范成果

本项目获得中国钢结构金奖、中国公路学会微创新大赛金奖、第十八届全国交通企业管理现代化创新成果二等奖等全国奖项18项,获得广西钢结构金奖、广西建设工程优质结构奖、广西2020年度"科技示范"创新典型案例等广西奖项14项,编制标准8部,形成工法14项,申请国家专利35项,在全国学术期刊上累计发表核心论文26篇,举办全国性技术交流活动2次,参加学术交流活动4次,具体如表6.1-1所示。2021年12月,本项目作为广西首个交通运输部科技示范工程,在交通运输部全国科技示范工程视频交流会上作专题报告发言,并获交通运输部肯定表扬。

本项目实施过程以中国公路学会论坛、年会等为平台,进行主题汇报,宣传项目成果和经验;策划科技示范工程工作座谈会、技术交流会等活动,扩大行业影响力;通过《中国交通报》《广西日报》、"学习强国"平台、人民日报社"人民网"等媒体广泛宣传科技示范工程实施的阶段性成果和经验;在学术期刊、专题论文集发表学术论文,出版"钦北科技示范工程"简报,进行专项报道与总结,提升科技示范工程在行业内的知名度,对全国高速公路"低影响、高品质改扩建"工程建设起到了示范和带动作用。

成果一览表　　　　　　　　　　　　　　　　　　　　表 6.1-1

成果类型	成果名称
全国奖项 （18 项）	1. 大风江大桥下承式刚架系杆钢箱拱桥施工技术获得第十五届中国钢结构金奖
	2. "工人馨村"产业工人创新管理模式获得第十八届全国交通企业管理现代化创新成果二等奖
	3. "警路企"联盟协同管理体系创新第十八届全国交通企业管理现代化创新成果三等奖
	4. 装配式桥梁"桩柱一体化"工艺获得首届全国公路"微创新"大赛铜奖
	5. "工人馨村"产业工人创新管理模式获得第二届全国公路微创新大赛金奖
	6. 水泥混凝土内养生技术获得第二届全国公路微创新大赛铜奖
	7. 基于泡沫温拌的沥青路面低碳施工成套技术获得第三届全国公路微创新大赛金奖
	8. 蔗渣废弃物高值化利用技术获得第三届全国公路微创新大赛金奖
	9. 桥梁改扩建中可调节式抱箍快速安拆用的马鞍形笼梯获得第三届全国公路微创新大赛银奖
	10. 硅铝基全固废碱激发高聚物注浆材料体系设计及应用获得第三届全国公路微创新大赛银奖
	11. "四改八"宽幅沥青路面刚柔同步紧跟协同碾压工艺获得第三届全国公路微创新大赛铜奖
	12. 大跨度拱桥吊杆索力优化实用技术获得第四届全国公路微创新大赛铜奖
	13. "工人馨村"品牌获得第三届交通运输优秀文化品牌推选"创新力奖"
	14. 环保型低造价蔗渣纤维制备技术获评中国公路建设行业协会 2021 年度交通建设"微创新"成果
	15. 水泥混凝土内养生技术获评中国公路建设行业协会 2021 年度交通建设"微创新"成果
	16. 节能型机械发泡橡胶沥青混合料技术获评中国公路建设行业协会 2021 年度交通建设"微创新"成果
	17. "工人馨村"产业工人创新管理模式获评中国公路建设行业协会 2021 年度交通建设"微创新"成果
	18. "大风江大桥 BIM 匠心建造"获得 2021 第四届"优路杯"全国 BIM 技术大赛银奖

续上表

成果类型	成果名称
广西奖项 （14项）	1. 大风江大桥下承式刚架系杆钢箱拱桥施工技术获得2022年度广西钢结构金奖
	2. 兰州至海口高速公路广西钦州至北海段改扩建工程设计施工总承包No1标工程2023年第一批广西建设工程优质结构奖
	3. 兰州至海口高速公路广西钦州至北海段改扩建工程设计施工总承包No2标工程2023年第一批广西建设工程优质结构奖
	4. 装配式桥梁"桩柱一体化"建造技术获评广西2020年度"科技示范"创新典型案例
	5. "工人馨村"产业工人创新管理模式获评广西2021年度"科技示范"创新典型案例
	6. 兰州至海口高速公路广西钦州至北海段改扩建工程获得广西壮族自治区建筑业绿色施工示范工程
	7. 提高ARSMA-13沥青上面层平整度标准差次验收合格率获得2022年度工程建设质量管理小组活动二等奖
	8. "大风江大桥BIM匠心建造"获得广西全区交通行业第一届"广西北投杯"BIM技术应用职业技能大赛二等奖
	9. "大风江大桥BIM匠心建造"获得2021第五届"八桂杯"BIM技术应用大赛三等奖
	10. G75/G7212钦州至北海段改扩建工程获评2020年广西公路水运工程平安工地建设项目先进单位
	11. 广西北部湾投资集团有限公司钦北高速公路改扩建工程建设指挥部获评2020年度广西"安康杯"竞赛先进集体
	12. 广西北部湾投资集团有限公司钦北高速公路改扩建工程建设指挥部获评2021年度交通运输工作突出贡献集体
	13. 广西北部湾投资集团有限公司钦北高速公路改扩建工程建设指挥部获评2021年度广西高速公路建设优秀集体
	14. 钦北改扩建科技示范工程建设团队获评北投集团2021年度科技创新先进团队

续上表

成果类型	成果名称
标准规范 （8部）	1.《路用废旧混凝土再生集料技术规程》（DB45/T 2564—2022）
	2.《高速公路改扩建工程预算定额》（T/CECS G：G20-01—2022）
	3.《高速公路改扩建路基技术规范》（DB45/T 2561—2022）
	4.《高速公路沥青路面施工技术规范》（DB45/T 2524—2022）
	5.《内养生混凝土技术规程》（DB45/T 2528—2022）
	6.《橡胶沥青路面施工技术规范》（DB45/T 1098—2023）
	7.《城镇预制装配式混凝土梁桥技术规程》（DB45/T 147—2023）
	8.《公路纤维材料应用技术规范》
工法 （14项）	1. 预制梁纵横坡楔型块精准调节施工工法（GXGF275—2021）
	2. 全厚式透水路面施工工法（GXLQGF13—2022）
	3. 现浇泡沫轻质土用于改扩建路基拼宽施工工法（GXLJGF12—2019）
	4. 零坡段路面施工工法（GXLQGF17—2022）
	5. 低噪音路面施工工法（GXLQGF18—2022）
	6. 高速公路软基混凝土预制管桩施工工法（GXLQGF21—2022）
	7. 泡沫温拌沥青混合料施工工法（GXLQGF22—2022）
	8. 悬挂式移动吊架现浇涵洞盖板施工工法（GXGF168—2022）
	9. 免拉杆钢模现浇排水沟施工工法（GXGF217—2021）
	10. 基于BIM的钢筋模块化预制梁体安装装配式施工工法（GXGF272—2021）
	11. 预制箱梁装配式养护喷淋一体化型钢台座施工工法（GXGF320—2020）
	12. 短预应力束低回缩量张拉施工工法（GXGF321—2020）
	13. 大尺寸圆矩咬合桩施工工法（GXGF240—2022）
	14. 水下桩接柱及墩身环保型施工方法（GXGF239—2022）
知识产权 （35项）	1. 橡胶沥青、低碳橡胶发泡沥青、橡胶沥青混合料及其制备方法
	2. 一种便于吊装和拼接的预制装配管桩
	3. 一种零坡路段采用移动路脊增强路面排水能力的结构和实施方法
	4. 一种海绵服务区典型LID设施布设面积优化方法
	5. 一种植物纤维的加工处理方法

续上表

成果类型	成果名称
知识产权（35项）	6. 公路作业区防闯入时空多级预警系统
	7. 一种下役钢筋混凝土构件破碎、分选、清洗、强化装备与方法
	8. 一种沥青路面增强用蔗渣纤维的制备方法
	9. 桩柱一体化预制装配桥梁下构连接部位防腐方法
	10. 一种掺钢渣复合地基结构
	11. 一种用于大吨位预制管桩的安装平台及安装方法
	12. 一种桥梁装配式快速施工平台及其控制方法
	13. 一种可调式弯道行车安全诱导系统
	14. 低能耗污水处理及回用装置
	15. 一种沥青路面用蔗渣纤维脱水装置
	16. 一种全粒度精细化利用钢渣的沥青路面结构及其材料
	17. 一种钢渣路面结构
	18. 一种预制装配式桥梁下构连接部位腐蚀监测设备及方法
	19. 一种适用于预制管桩四点起吊的起吊装置及控制方法
	20. 有限空间钢管桩水上平移装置及其应用方法
	21. 可调节长度的贝雷梁加强腹杆组件
	22. 一种新型预制盖梁及其施工方法
	23. 格子梁就位精调装置
	24. 活动板房抗风加固构造
	25. 组合式沥青延度试模快速脱模装置
	26. 零坡路段采用移动路脊增强路面排水能力的结构和实施方法
	27. 有限空间钢管桩水上平移装置及其应用方法
	28. 高速公路作业区安全预警系统 V1.0
	29. 一种取样机防护装置
	30. 一种高速公路改扩建工程新旧桥拼接临时结构
	31. 一种变宽桥预制梁架设临时支墩平台
	32. 一种旧 T 梁拆除时的边梁支撑装置
	33. 一种适用于弯箍机的钢筋收纳传送装置
	34. 一种推行式预制板状构件翻转脱模装置
	35. 一种用于桩柱连接及垂直度调节的装置

续上表

成果类型	成果名称
学术论文 （26篇）	1.《桩柱一体化施工桩身空间姿态精确定位技术》
	2.《钢渣沥青混合料的路用性能研究》
	3.《公路作业区临时交通安全设施布局方案动态自动生成系统的设计与实现》
	4.《高速公路服务区排水管网优化及 LID 设施布设研究》
	5.《基于标准化的公路工程电子档案建设与应用》
	6.《基于 SWMM 雨洪模型的参数全局综合敏感性分析公路环保蓄能发光路面材料性能研究及应用》
	7.《高速公路改扩建废旧混凝土全组分再利用工艺研究》
	8.《基于地域特征的钦北高速公路合浦文化挖掘探索》
	9.《瞬时强降雨地区零坡段路面排水能力提升方法研究》
	10.《钦北改扩建试水装配式桥梁"桩柱一体化"》
	11.《广西北部湾沿海高速绿色公路建设"四新技术"应用研究》
	12.《盐酸改性对蔗渣纤维关键技术指标的影响研究》
	13.《蔗渣纤维硅藻土复合改性沥青指标研究》
	14.《钢渣砂替代机制砂的混凝土的特性试验研究》
	15.《Study on structural optimization of poroelastic road surface based on finite element technology》
	16.《Generation 3D irregular aggregates with revised random algorithm using discrete element method》
	17.《Study on the Foam Process of Different Types of Warm Mix Asphalt》
	18.《高性能聚氨酯涂料研制及其在耐磨层中的性能研究》
	19.《层状硅酸盐改性沥青混合料抗紫外线性能衰变研究》
	20.《聚羧酸系减水剂与水泥的相容性研究综述》
	21.《广西典型黏土动力特性及动剪切强度分析》
	22.《重剪比对板柱节点抗震性能的影响》
	23.《灌入式半柔性混合料路用性能研究进展》
	24.《SMA-5 超薄磨耗层再高速公路预养护中的应用研究》等
	25.《基于正交试验的钢渣混凝土坍落度及其损失研究》
	26.《基于遗传算法优化 BP 神经网络的不良路基沉降量预测应用研究》

续上表

成果类型	成果名称
主办活动 (2次)	1. 2021数字孪生赋能智慧工地建设暨钦北高速改扩建科技示范工程现场观摩会（2021年4月）
	2. 广西滨海地区高速公路低影响高品质改扩建科技示范工程技术交流会（线上会议）（2022年11月）
技术交流 (4次)	1. "第四届全国公路平安百年品质工程论坛"（2021年10月）王泽能作"'工人馨村'产业工人创新管理模式"交流
	2. "第六届平安百年品质工程交流会"（2023年9月）张洪刚作"新一代高性能橡胶沥青技术研发与产业化示范"交流
	3. "2023高速公路改扩建管理和技术创新大会"（2023年9月）王杰作"改扩建工程沥青路面再生技术"交流
	4. "2023高速公路改扩建管理和技术创新大会"（2023年9月）张红日作"高速公路改扩建工程设计技术实践与创新"交流

6.2 技术创新成果

钦北高速公路改扩建科技示范工程以《交通强国建设纲要》为指导，充分发挥项目承担单位广西北部湾投资集团有限公司的交通全产业链优势、交通运输部公路科学研究院等单位的科技创新优势，从设计、施工、运维全寿命周期着眼，从安全、便捷、高效、绿色、经济等多个维度入手，集中开展了高速公路改扩建安全快速施工、废旧材料循环利用、工程品质及服务功能提升等领域技术研究与应用。服务钦北高速公路建设与运营，促进交通技术科技成果的转化与应用，提升我国广西滨海地区高速公路改扩建技术水平。工程取得了如下技术创新成果：

1）高速公路改扩建工程安全快速施工与通行能力保障技术

（1）零安全生产责任事故。

（2）施工作业区车辆通行能力提高20%。

（3）整体施工效率提升15%，主线提前一年半通车。

（4）节约用地约 150 亩。

（5）实现东盟博览会等重大活动及节假日安全保畅，获得自治区交通运输厅表彰。

2）高速公路改扩建工程废旧材料循环再利用技术

（1）国内首次实现旧混凝土、旧护栏、旧轮胎、蔗渣、钢渣等多源固废的大规模再利用。

（2）全线旧桥、旧路等废旧材料 100% 循环利用。

3）高速公路改扩建工程品质提升技术

（1）首创了交通领域产业工人社区化管理模式，总体提升产业工人技术技能，奠定品质工程基础。

（2）研发了高温、高湿、高腐蚀环境下工程耐久性提升的系列新材料、新工艺和新技术。

（3）设计、施工过程中采用多项智慧化管控技术，工程品质得到大幅提升，沥青路面压实度、厚度 100% 合格，沥青上面层平整度标准差达到 0.4mm 以下，构造深度控制在 1.0 ~1.2mm，渗水系数小于 30mL/min。

4）高速公路出行服务功能提升技术

（1）畅：智能诱导保障行车通畅。

（2）安：排水路面提升雨天行车安全。

（3）舒：低噪音路面提升出行舒适度。

（4）美：打造交旅融合特色服务区，实现人文、路域景观融合。

（5）社会公众出行满意度达到 98% 以上。

6.3 实施经验总结

1）建章立制，开展管理机制出新

组建实施机构，明确工作职责，成立领导小组和办公室、专家咨询组，以及项目工作小组、科技小组、宣传小组，组织机构见图 6.3-1。有效组织和协调了各方面资源和力量，有序推进了示范工程的实施。制定科技示范工程实施管理办法、科技项目管理办法和宣传管理办法等，加强对科技示范实施工作进行指导，将示范工程实施要求落到实处。加快组织实施，全力推进项目建设，先后组织召开近10余次科技示范工程推进会议和协调会,对科技示范工程实施核心工作进行推进,实时关注项目进展,协调解决实施过程相关问题,多角度全方位确保科技示范工程顺利实施。

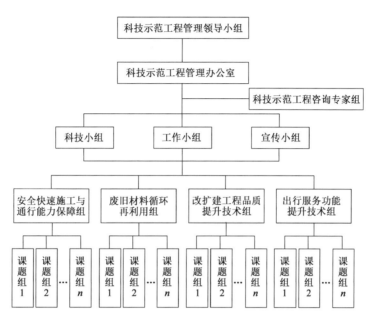

图 6.3-1　科技示范工程组织机构

2)科学谋划,保障实施内容纳入设计

为保障科技示范工程实施效果可靠,降低技术风险,早在项目申报初期即成立科技示范工程工作组,对于纳入示范工程的技术均进行前期调研,确保各项技术可行、适用,将示范相关的技术内容纳入专项设计,确保各项实施内容的顺利落实。

3)注重实施,强化过程管理

在钦北高速公路改扩建工程建设过程中,进行全过程监督管理,动态记录项目推进的重要阶段、控制节点及主要目标等信息,将科技示范工程的实施纳入月考核,并作为日常巡查重点,切实做到奖优罚劣。同时,监理人员对科技示范工程全过程旁站监督,确保工程质量。除设立常规的指挥部、监理、驻地等监管单位外,各项技术实施时,必须派驻专人常驻工地一线,根据工程进度开展现场技术交底与咨询,加强现场的技术指导,确保实施效果。

4)科技引领,积极推进技术创新与推广

钦北高速公路改扩建工程设立了多项科技攻关与推广课题,为技术推广应用提供平台。为了提高科技示范项目实施质量,设立科技示范工程咨询专家组对实施全过程进行技术支持。技术创新与推广项目均完成了合同约定的工作内容。

5)全员参与,实施多类型动态培训

为了让钦北高速公路改扩建工程全体参建人员参与到示范工程中,广西北部湾投资集团有限公司有计划、有组织地实施多种类型动态培训,通过组织专题培训、技术宣贯、专项技术培训、岗位动态培训等方式,确保一线施工人员掌握各项示范内容。自开工以来针对不同施工阶段、不同人群开展了多次培训,培训对象遍及管理人员和全线参建单位技术人员,将科技示范工程理念贯彻到全体参建人员。

6.4 行业贡献

作为广西首个交通运输科技示范工程,本项目的实施实现了广西交通科技创新的历史性跨越。通过本科技示范工程,建立了滨海地区高速公路改扩建工程低影响高品质建造成套技术体系,系统解决了高速公路改扩建对交通与环境影响大的行业重大技术难题,树立了"周期短、破坏少、成本低、品质好"的改扩建新标杆。对全国改扩建工程绿色、安全、耐久、智慧转型升级和高质量发展具有示范作用,助推广西交通科技创新跻身全国先进行列。主要贡献包括:

(1)破解了"四改八""四改六"安全快速施工和新旧结构协调匹配的控制难题。

(2)国内首次实现旧混凝土、旧护栏、旧轮胎、蔗渣、钢渣等多源固废的大规模再利用。

(3)提出了绿色建造技术,实现生态环境和红树林的保护。

(4)研发了高温、高湿、高腐蚀环境下工程耐久性提升的系列新材料、新工艺和新技术。

(5)首创了国内产业工人社区化管理新型模式。

(6)打造了"路+交安+服务区"全方位的公路出行服务功能提升技术体系。

参 考 文 献

[1] 申爱琴,李得胜,郭寅川,等.SAP内养生混凝土抗渗性能与细观结构相关性研究[J].硅酸盐通报,2019,38(12):3994-4001.

[2] Li Shaobo, Zhang Hongchao, Sun Lijun. Formation and simulation measurement of hydrodynamicpressure [J]. Journal of Tongji University (Natural Science Edition), 2007 (07): 915-918.

[3] Dong Zejiao, Cao Liping, Tan Yiqiu. Spatial distribution analysis of dynamic response of saturated asphalt pavement [J]. Civil Engineering and Environmental Engineering, 2007, 29 (004): 79.

[4] 胡曙光,周宇飞,王发洲,等.高吸水性树脂颗粒对混凝土自收缩与强度的影响[J].华中科技大学学报(城市科学版),2008,25(1):3-6,18.

[5] 荣美,黎付安,满新耀.GNSS自动化监测系统在高速路边坡表面位移监测中的应用[J].西部交通科技,2020(2):22-26.

[6] 谢勇,张逸圣,辛顺超.基于钢渣骨料的沥青混合料路用性能研究[J].公路,2014(12):186-190.

[7] 郑武西.钢渣在水泥稳定碎石基层中的应用研究[D].西安:长安大学,2018.

[8] 覃峰.蔗渣纤维沥青混合料超薄路面层抗腐性能试验研究[J].新型建筑材料,2017,44(2):10-14.

[9] 陈开群,镯炜安,李祖仲,等.蔗渣纤维沥青胶结料黏度特性及其混合料路用性能研究[J].中外公路,2020,40(3):278-283.

[10] 唐明,易伟建.抗冲切钢筋对板柱中节点抗震性能的影响[J].土木与环境工程学报(中英文),2020,42(3):10.

[11] 扶长生,吕西林,康婧.柱支承双向板及板柱节点的设计与研究[J].建筑结构学报,2009(2):9.

[12] Mallick R B, P S Kandhal, R L Bradbury. Using Warm-Mix Asphalt Technology to Incorporate High Percentage of Reclaimed Asphalt Pavement Material in As-

phalt Mixtures[J]. Transportation Research Record Journal of the Transportation Research Board, 2008, 2051(-1): 71-79.

[13] Xiao F, Amirkhanian S, Putman B, et al. Laboratory investigation of engineering properties of rubberized asphalt mixtures containing reclaimed asphalt pavement[J]. Canadian Journal of Civil Engineering, 2010, 37(11): 1414-1422.

[14] 吕伟民. 沥青混合料设计原理与方法[M]. 上海：同济大学出版社，2001.

[15] 裴建中，徐丽，张久鹏，等. 温拌沥青混合料马歇尔变温变击实功设计方法[J]. 交通运输工程学报，2011，011(004)：1-9，16.

[16] Wang H, Dang Z, You Z, et al. Effect of warm mixture asphalt (WMA) additives on high failure temperature properties for crumb rubber modified (CRM) binders[J]. Construction & Building Materials, 2012, 35: 281-288.

[17] Carrión A, Presti D L, Airey G D. Binder design of high RAP content hot and warm asphalt mixture wearing courses[J]. Road Materials and Pavement Design. 2015, 16(S1): 460-474.

[18] 何锐，黄鑫，仵江涛，等. SBS-胶粉-HDPE复合改性沥青制备工艺[J]. 江苏大学学报(自然科学版)，2018，39(2)：242-248.

[19] 吴正光，陆如洋，蔡冬艳，等. 新型胶粉复合改性沥青混合料及其抗永久变形性能研究[J]. 公路工程，2017，42(2)：255-260.